TAITH I AWSTRALIA

ROGER BOORE

TAITH I AWSTRALIA

DREF WEN

I'M GWRAIG

Mae Roger Boore wedi datgan ei hawl i gael ei adnabod
fel awdur y gwaith hwn yn unol â
Deddf Hawlfraint, Dyluniadau a Phatentau 1988.

© testun a lluniau Roger Boore 2008
Cyhoeddwyd 2008 gan Wasg y Dref Wen,
28 Ffordd yr Eglwys, Yr Eglwys Newydd,
Caerdydd CF14 2EA
Ffôn 029 20617860.

Argraffwyd ym Mhrydain.

Mae'r cyhoeddwyr yn cydnabod cefnogaeth
ariannol Cyngor Llyfrau Cymru.

Cedwir pob hawlfraint. Ni chaiff unrhyw ran o'r llyfr hwn
ei hatgynhyrchu na'i storio mewn system adferadwy
na'i hanfon allan mewn unrhyw ffordd na thrwy unrhyw
gyfrwng electronig, peirianyddol, llungopïo, recordio
nac unrhyw ffordd arall, heb ganiatâd ymlaen
llaw gan y cyhoeddwyr.

CYNNWYS

	Rhestr mapiau	6
	Cyflwyniad	7
1	Melbourne	9
2	Gwladychwyr a Chynfrodorion	23
3	Victoria	38
4	Cairns a'r Great Barrier Reef	58
5	Thursday Island a Chulfor Torres	67
6	Cairns, Kuranda a'r Tjapukai	91
7	Ar y ffordd i Townsville	107
8	Townsville a Charters Towers	121
9	Brisbane	132
10	Sydney	148
11	Mynyddoedd Gleision	164
12	Sydney eto, ac adre	174

Mapiau

Awstralia *186*
Canol Melbourne *187*
Rhan o Victoria *188*
Thursday Island *189*
Rhan o Ogledd Queensland *190*
Canol Brisbane *191*
Canol Sydney *192*

CYFLWYNIAD

Un diwrnod rydych chi'n sylweddoli eich bod yn mynd yn hen.

Y drwg gyda henaint yw ei fod yn gorffen yn wael. Ond, tan hynny, mae iddo ei fanteision.

Un o'r rhain yw bod pobl yn fwy caredig ichi, rwy'n meddwl. Weithiau, wrth ymdrin â hen bobl, datgela'r hil ddynol rinweddau a guddia fel arfer.

Mantais arall yw mai chi biau'ch amser. O fewn cyfyngiadau arian ac iechyd, cewch ryddid i wneud fel y mynnoch pryd y mynnoch: megis teithio ychydig efallai.

Ond y peth gorau, os ydych chi'n lwcus, yw y bydd eich teulu'n ymestyn. Cewch feibion-yng-nghyfraith neu ferched-yng-nghyfraith; ac os ydych chi'n lwcus iawn iawn, cewch wyrion ac wyresau i oleuo'ch dyddiau: dyna rodd annisgwyl, anhaeddiannol, lawn gras.

Un o anfanteision henaint yw bod y cof yn dechrau pallu, a'ch bywyd yn sgrolio heibio i ddifancoll. Wrth sylweddoli hynny, gwelais yr angen am gof allanol, a rhoddais gynnig ar gadw dyddiadur. Ar un olwg, mae dyddiadur yn well na chof go iawn; mae'n fwy dewisol; medrwch gadw'r pethau hyfryd yn unig.

O dro i dro gall dyddiadur ehangu i fod yn "ddyddlyfr" mwy cynhwysfawr. Dyna a geir yn y penodau sy'n dilyn – dyddlyfr o daith a wneuthum gyda'm gwraig yn ôl i'm gwreiddiau, neu i un edefyn ohonynt. Cawsom gymaint o fwynhad nes gobeithio, yn wylaidd iawn, y byddai modd ei rannu ag eraill …

1 Melbourne

Roeddwn i wedi bod yn awyddus ers blynyddoedd i weld Awstralia, achos oddi yno y daeth fy nhad-cu. Aeth allan yn yr 1850au gyda'i deulu pan oedd yn fachgen bach, a dod yn forwr yno, ac yn gapten llongau, ond erbyn 1900 roedd wedi priodi â merch o Fro Morgannwg, sef fy nain, ac ymsefydlu yng Nghaerdydd. Ymfudo o Awstralia i Gymru – doedd hynny ddim mor rhyfedd. Dyna'r pryd roedd y meysydd glo a phorthladd Caerdydd yn cyrraedd eu hanterth, a mewnfudwyr yn llifo i Awstralia a De Cymru fel ei gilydd.

Hon, o bell ffordd, fyddai'r daith hiraf a wnaeth fy ngwraig a minnau erioed – dwy awr ar hugain o Heathrow i Melbourne Tullamarine, gyda saib byr yn Singapore. Buom yn pryde006?u amdani, braidd. Prynon ni "hosanau hedfan" i'n hamddiffyn rhag *deep vein thrombosis*, a dilyn pob math o gyngor i osgoi *jet-lag*, am fod amser dwyrain Awstralia naw awr ar y blaen i Gymru. Ond *jet-lag* a gawsom; ac am ddyddiau ar ôl cyrraedd buom yn cysgu a dihuno ar yr adegau mwyaf anamserol – os rhyfeddwch at rai o'r bylchau yn ein hanes, dyna pam.

Ein rheswm dros fynd nawr, ar ôl bron hanner canrif o oedi, oedd priodas ger Melbourne ym mis Awst. Dyna'r gaeaf yn Melbourne, ond haf bythol Queensland a Torres Strait oedd ein nod wedyn, a byddai'n wanwyn yn Sydney, gobeithio.

Roedd llenni ffenestri'r awyren wedi'u gostwng a'r goleuadau'n isel a melyn, a dim gwahaniaeth rhwng dydd a nos, a dim lle i estyn ein coesau, ac roedd y ddwy awr ar hugain yn dragwyddoldeb. Ond dyna'r amser a gymerai coetsh Cobb & Co gynt i deithio'r 120 milltir o Melbourne i Rosedale (a mwy os oedd yr olwynion yn glynu yn y llaid). A gallai'r fordaith mewn llong hwylio i Awstralia, yn y dyddiau cynnar, bara am chwe mis neu ragor.

Glaniasom yn Tullamarine am 4.30 y bore, awr dduaf y nos a'r ysbryd. Ond roedd pawb ar hyd y lle i'w gweld yn siriol a siaradus – y bobl ddiogelwch, y ferch yn y swyddfa dwristiaeth (ond Cymraes oedd hi, o Lanelli, a'i hacen yn brawf o hynny ar ôl deugain mlynedd yn Awstralia), gyrrwr y Skybus i ganol y ddinas, gyrrwr y minibws i westy'r Radisson on Flagstaff, pobl y Radisson ei hun ... Dyna'n hargraff gyntaf ac arhosol o Awstralia felly – mai pobl hyfryd siriol oedd yr Awstraliaid ... Gwnaeth hynny *ninnau'n* siriol!

Roedd hi tua 6.30 pan gyrhaeddon ni'r Radisson – rhy gynnar i gael mynd i'n stafell, rhy gynnar i frecwast hyd yn oed. Felly aethom am dro yn y nos ...

Rhyw dri chanllath o'r Radisson roedd y Queen Victoria Market, un o farchnadoedd enwocaf Awstralia. Aethom ar hyd William Street, a heibio Parc y Flagstaff, a dyna hi – erwau ac erwau o dywyllwch a thawelwch. Rhy gynnar i Awstraliaid oedd hi; dim ond dyrnaid o Tsieineaid, Indiaid ac Eidalwyr oedd o gwmpas, yn pentyrru eu stondinau â ffrwythau gloyw a llysiau gwyryfol.

Braf oedd crwydro dinas gwsg. Ble'r aem ni nesaf? ... Tua hanner milltir i ffwrdd dechreuai'r Central Business District, yn fforest o gwmwlgrafwyr llachar. Gwelsom CBDs tebyg wedyn yn Brisbane a Sydney, a rhaid bod eraill yn Adelaide a Perth: temlau amldyrog i ieuenctid a golud Awstralia.

Aethom yn ôl heibio'r Radisson ac i lawr William Street, gan groesi La Trobe Street, Lonsdale Street a Bourke Street a throi i Collins Street; ac yn awr roedd y cwmwlgrafwyr o'n hamgylch. Adeiladant yn uchel yng nghanol Melbourne am fod tir yn ddrud yno – mae dros dair miliwn o bobl yn byw yn y cyffiniau. Ond roedd tir yn rhad pan gynlluniwyd y ddinas, tua adeg y Rhuthr Aur gant a hanner o flynyddoedd yn ôl, a gosodwyd priffyrdd rhyfeddol o lydan – digon llydan heddiw i ddwy lôn draffig ar bob ochr a dwy dramffordd ar hyd y canol. Gwnaed y strydoedd i gyd yn syth, fel sgwarau bwrdd gwyddbwyll – "*the Philadelphian, rectangular, parallelogrammic plan*", chwedl Anthony Trollope (nad ysgrifennodd neb yn fwy difyr nag ef am Awstralia). Wrth ymyl y strydoedd codwyd adeiladau balch i ddangos chwaeth a chyfoeth Melbourne – a'u tynnu i lawr ganrif yn ddiweddarach i wneud lle i'r cwmwlgrafwyr.

Ac o'u tynnu i lawr, sylweddolai'r ddinas ei cholled. Dyna'r pryd yr oedd Melbourne – yr oedd Awstralia gyfan – yn dechrau trysori ei "*Heritage*", ac nid lleiaf ei hen adeiladau (yn Awstralia mae'r Edwardaidd yn hen, a'r Fictoraidd yn hen *iawn*). Felly cadwyd rhai creiriau "treftadol" o'r amser a fu, ynghudd blith draphlith ymysg y swyddfeydd enfawr. Creiriau od iawn ydynt weithiau. Heb fod ymhell o'r Radisson gwelsom anferth o floc sgleiniog newydd yn gwisgo am ei odre ffasâd brics coch y warws a ddisodlodd.

Daethom i Collins Street, felly, a phasio swyddfeydd Singapore Airlines a'r Westpac a BT Investor Centre a'r Citibank Centre, a chyrraedd y "Block Arcade" ("codwyd 1890-93") – ogof o oleuni gyda llawr lliwgar o fosäig *art nouveau*, to uchel uchel, potiau o flodau, yr Hopetoun Tea Rooms (*est. 1892*), a siopau crand yn gwerthu gemwaith a siocled. Roedd yn hyfryd! Bob dydd Mawrth a dydd Iau ceir "Heritage Tour" o'r Block Arcade, yn ôl poster wrth y porth.

Ac ymhen ychydig wele eglwys fawr addurnog ryfygus, gyda *loggias* a phileri ac anferth o dŵr – yr hen Collins Street Congregational Church, lle derbyniodd y Parchedig Ddoctor Llewelyn Bevan alwad yn 1886 ac aros am dros ugain mlynedd, gan lwyr gefnu ar ei Sir Gâr dreftadol a dod yn un o sêr bywyd crefyddol a diwylliannol Victoria.

Cyraeddasom ben pellaf Collins Street, wrth Senedd-dy Talaith Victoria, a dod yn ôl ar hyd Bourke Street. Yn y Bourke Street Mall roedd un o *department stores* David Jones, math o Harvey Nichols *cum* Marks & Spencer sydd â deg ar hugain o ganghennau ar draws y cyfandir. Ganed David Jones yn Llandeilo yn 1793, ymfudo yn 1835, ac agor ei siop gyntaf yn Sydney yn 1838: Cymro i ymfalchïo ynddo; ond rhaid bod pob ymwelydd ag Awstralia, o ble bynnag y daw, yn medru ymfalchïo mewn rhyw gydwladwr a gafodd lwyddiant ysgubol yno.

Ond erbyn hyn roedd yr awyr yn llwydo, a phobl yn arllwys o'r tramiau ar eu ffordd i'r gwaith: amser dychwelyd i'r Radisson am frecwast.

Doedd fy ngwraig ddim eisiau bwyta y noson honno, felly euthum allan i chwilio am ginio ar fy mhen fy hun – antur, ontefe! Cerddais i lawr William Street; roedd hi fel y bedd. Dechreuais grwydro ymysg y strydoedd bwrdd gwyddbwyll; neb yno; pobman yn dywyll. Gwelais fwyty *sushi*: newydd gau; ac un Eidalaidd, ar gau hefyd. Hanner awr wedi naw, a Melbourne yn farw. Cyfarchodd merch ifanc fi'n hynod o gyfeillgar, a brysiais i ffwrdd mewn braw. Ond yn sydyn deuthum i Swanston Street, yn llawn golau a sŵn a phobl, a byrddau caffes ar balmentydd eang. Dyma'r stryd i fod! Eisteddais, ac astudio bwydlen, a gofyn i'r gweinydd ifanc am *seafood pizza*.

"Fuaswn i ddim yn cael hwnnw," meddai.

"Pam lai?"

"Dyw *seafood* ddim yn mynd gyda *pizza*."

Bachgen da oedd y gweinydd; Awstraliad iawn. Roedd yn agored a chyfeillgar, a heb fecso ffeuen am y pwerau a gyfansoddodd y fwydlen.

Gofynnais iddo beth a awgrymai.

"*Pizza super special* sy orau."

Roedd *pizza super specials* i'w cael yn fawr, yn gyffredin neu yn fach, felly cymerais un bach, ac roedd yn ardderchog – ac yn rhy fawr imi suddo ei hanner. Yna cerddais ymlaen ar hyd Swanston Street, ac wrth edrych i'r naill ochr gwelais ryw fwa lliwgar rhyfedd yn pontio Little Bourke Street; felly camais odano a'm cael fy hun ymysg arwyddion dieithr ac wynebau caeëdig Chinatown. Ond roedd hi'n hwyr, a'r strydoedd yn gwagio; euthum yn ôl am noson o *jet-lag* yn y Radisson.

Fore trannoeth aethom i La Trobe Street i ddal y tram rhad sy'n tywys twristiaid o gwmpas canol Melbourne. A'r peth cyntaf a ddywedodd y llais tâp oedd "*On your right is the Welsh Church, built in 1871, which belongs to the Calvinist persuasion, where services are still held in the Welsh language.*" Wel dyna wefr! Capel llwyd urddasol oedd e, gyda ffenestri del a dau dŵr pigfain. Yn ôl y wefan cynhelir oedfaon Saesneg yno ddwywaith bob Sul, a rhai Cymraeg ddwywaith bob mis – a "ni yw'r unig eglwys o gwmpas y Môr Tawel sy'n parhau i gynnal oedfaon yn rheolaidd yn Gymraeg." A cheir llun o'r gweinidog, y Parch. Siôn Gough Hughes, yn chwarae gitâr. Unwaith roedd dros ugain o gapeli Cymraeg yn Victoria; erys dwy, yma ac yn Ballarat.

Gadawsom y tram wrth yr hen ddociau ac ymweld â'r Immigration Museum – dan ei sang o blant ysgol yn gwneud projectau! Yna daethom i Federation Square, a grëwyd yn 2001 i goffáu canmlwyddiant Cymanwlad Awstralia. Y lle rhyfeddaf! – adeiladau di-siâp, fel blychau cardbord wedi'u crensian a'u dympio; muriau pob lliw fel *collages* o wydr toredig. Oedd yn wirion ynteu'n ddisglair o wreiddiol?

"Cewch chi'r pedwar tymor yr un diwrnod yn Melbourne," meddir. Fel gwanwyn roedd hi am y tro – dyna gyfle i fynd i'r Royal Botanic Gardens, lle bu'r Barwn Syr Ferdinand Jacob Heinrich von Mueller unwaith yn Gyfarwyddwr; ac roedd gen i ddiddordeb yn von Mueller am iddo ddisgrifio'r planhigion a ddarganfuwyd yn ystod un o fordeithiau fy nhad-cu. Ganed von Mueller yn yr Almaen yn 1825, a symud i Awstralia er mwyn ei iechyd, a'i benodi'n Gyfarwyddwr y Gerddi yn 1857. Dyn hael a charedig oedd e, ac yn llysieuydd byd-enwog, ond yn anffodus mynnodd blannu'r Gerddi'n "wyddonol", gyda llawer o goed a llwyni, tra oedd pobl Melbourne eisiau blodau pert i'w mwynhau ar y Sul. Felly yn 1873 diswyddwyd von Mueller a dethol William Guilfoyle yn ei le. A lluniodd Guilfoyle Erddi sy'n enwog am eu harddwch – dyna reswm arall dros eu gweld.

Felly cychwynnon ni tua'r Gerddi: dros bont afon Yarra ac ar hyd y St Kilda Road, yn llawn ceir a bysiau a thacsis melyn. Daethom at lwybr trwy Queen Victoria Gardens, lle roedd loncwyr allan yn yr heulwen a phobl yn cerdded eu cŵn …

Ni welsom byth mo'r Gerddi! … Yn ddirybudd, ar y llwybr llyfn, baglodd fy ngwraig a chwympo ar ei hyd, gan estyn ei braich i arbed ei hwyneb; cwymp caled, erchyll; roedd hi bron â llewygu. Tyrrodd loncwyr o'n cwmpas, rhai yn ei helpu at fainc, eraill yn gwybod lle roedd meddygon i'w cael. "Petaen ni gartre, byddwn i'n chwilio am *Accident & Emergency*," meddwn. Rhedodd lonciwr draw at y St Kilda Road ac atal tacsi, ac i ffwrdd â ni. Mor sydyn y gall y byd newid! …

Lwc wedi anlwc: ddwy filltir i lawr y St Kilda Road safodd y tacsi wrth ddrws "Critical Care Complex" yr Alfred Hospital. Un o brif ysbytai Awstralia yw'r Alfred, heb ei well rhwng Cape Town a San Francisco, meddai pobl wrthym wedyn.

Roedd yn gwbl amlwg bod fy ngwraig wedi torri ei braich neu arddwrn. Chwap roedd hi wedi diflannu mewn cadair olwyn, a minnau'n llenwi ffurflen gyda'r dyn moel wrth y dderbynfa. Dywedodd hwnnw fod trefniant cilyddol rhwng Prydain ac Awstralia – fod Awstraliaid yn cael triniaeth am ddim ar y GIG, a ninnau ar Wasanaeth Iechyd Awstralia: dim rhaid inni boeni am yr yswiriant, diolch byth …

Roeddem mewn ward brysur, a staff ifanc yn mynd a dod: Nyrs Caroline; Nyrs Tim; Dr Eli; Dr Alan … "*How did you get that, doll?*" holodd Nyrs Caroline … Enwau cyntaf oedd hi i gyd. Dr Alan oedd y llawfeddyg ymgynghorol – a phan holais i'r nyrsys wedyn beth oedd ei gyfenw, doedd neb yn gwybod.

Daeth y dyn o'r dderbynfa heibio. "*You're from Wales? My uncle was from Wales.* Cymru am byth! *That's all the Welsh he taught me!*"

Tynnwyd pelydr-X. Yna roeddem mewn stafell driniaeth, lawn offer sgleiniog cyfoes. Ond dim ond tair wal oedd iddi! Yn lle'r bedwaredd roedd coridor cyhoeddus lle tramwyai staff, cleifion, trolïau ac ymwelwyr. "*Is this an operating theatre?*" holais. "*Does it look like one?*" meddai Nyrs Tim.

Roedd y pelydr-X ar sgrîn, a gwahoddodd nyrs fi i edrych arno. Golwg gas iawn oedd ar y fraich, a'r asgwrn wedi torri ac wedi gyrru dros yr arddwrn. Credaf mai *Colles' fracture* yw'r term technegol.

Ymgasglodd grŵp bach o nyrsys a meddygon ifanc o gwmpas Dr Alan, ac eglurodd iddynt sut byddai'n trin y toriad. Anwybyddodd yr holl offer sgleiniog ac eithrio'r pelydr-X – *bonesetter* oedd e, fel yn oes Galen neu Paracelsus. "Mi wna i dynnu'r llaw at allan fel hyn," meddai, "wedyn i lawr fel hyn ..."

Yna gwnaeth hynny, ac ar unwaith lapiodd rwymyn plastr paris am y fraich: eiliadau tyngedfennol, ond doedd gennym ddim syniad a fu'r driniaeth yn llwyddiant. Wedyn dodwyd y fraich mewn sling.

Siarsiwyd fy ngwraig i wisgo'r sling am bythefnos, gan orffwys y fraich ar glustog wrth gysgu; a chadw'r plastr yn sych; a dod yn ôl ar unwaith os oedd ei bysedd yn oer, poenus, gwelw neu ddideimlad. Rhoddwyd pils iddi i leddfu'r boen, ac apwyntment yn Adran Trawma'r Alfred ymhen chwe diwrnod.

A thrannoeth roedd y briodas! Byddai'r seremoni yn gynnar y prynhawn yn y Dandenong Hills, tu allan i Melbourne, a gwledd wedyn yn y Yarra Valley gerllaw. Roeddem wedi paratoi pob dim – cael cyfarwyddiadau am y ffordd gan ein ffrindiau, a threfnu car o Hertz am ychydig ddyddiau, a bwciwyd gwely-a-brecwast inni yn y Yarra Valley. Ond a fyddai fy ngwraig yn ddigon da i fynd? Roedd hi'n siwr y byddai hi! Cafodd swper ysgafn yn y Radisson, o gawl *mulligatawny* gyda *crème brûlée* i ddilyn. Rhoddais innau gynnig ar *barramundi*, pysgodyn a ystyrir yn ddanteithfwyd gan Awstraliaid; ac nid heb reswm.

Prif eitem y newyddion fore trannoeth oedd bod Mr John Brogden, 36, arweinydd yr Wrthblaid Ryddfrydol yn senedd New South Wales, wedi ymddiswyddo, gan gyfaddef fod cyhuddiadau yn ei erbyn, a wadodd yn gynharach, yn wir. Ar ôl yfed chwe pheint o gwrw, roedd wedi mynd i barti Cymdeithas Gwestyau Awstralia, pinsio pen ôl golygyddes newyddion y Sydney *Sunday Telegraph*, rhoi ei fraich am ohebyddes y *Sun-Herald* gan ofyn a oedd hi "ar gael", ac – yn waeth na dim – galw gwraig cyn-Brif Weinidog y dalaith, oedd o dras Indo-Tsieineaidd, yn "*mail-order bride*". "Dim ond jôc oedd e," meddai. Ganrif a chwarter yn ôl disgrifiwyd gwleidyddion Awstralia gan Syr Arthur Gordon, Llywodraethwr Ffiji, fel "*pot-house politicians*"; ac wele, mae'r hwyl yn parhau.

Euthum i Hertz i gasglu'r car i fynd i'r briodas. Roeddwn eisiau un gyda gêr llaw, ac achosodd hyn dipyn o oedi, oherwydd – meddai'r gŵr ifanc wrth y cownter – "mae naw deg y cant o geir Awstralia yn awtomatig." Ond unwaith erioed, dros ddeng mlynedd ar hugain yn ôl, y gyrrais gar awtomatig, a bu'n arbrawf rhy frawychus i'w ailadrodd mewn gwlad estron, er bod Awstraliaid yn gyrru ar y chwith.

Rhoddodd y gŵr ifanc rybudd dwys ac ofnadwy imi am y *Melbourne hook turn*. "Lle mae tramffordd ar ganol y stryd," meddai, "a chithau eisiau troi ar ei thraws, rhaid gwneud *hook turn*: hynny yw, troi o'r lôn *bellaf* – o'r lôn chwith-chwith." Edrychais ar ei sgets. Bobol bach, o'r lôn *chwith-chwith* – gan groesi'r traffig oedd am fynd yn syth ymlaen? "Yn Melbourne mae'r *hook turn* yn Gyfraith," meddai.

A doedd y gŵr ifanc ddim yn hoffi ein cyfarwyddiadau i'r Dandenongs, a olygai gymryd tollffordd CityLink. "*Too many complications!*" meddai. System camerâu a chyfrifiaduron oedd gan CityLink, gyda *overhead scanning gantries* ac *e-tags*, a rhaid oedd agor cyfrif gyda CityLink i dalu'r bil ... Awgrymodd ffordd arall, ar hyd William Street, La Trobe Street, Toorak Road a'r Burwood Highway. Edrychai'n fyrrach hefyd, ar y map.

Codais fy ngwraig o'r Radisson, a chychwyn ar hyd William Street. Ond i gyrraedd La Trobe Street roedd angen gwneud *hook turn*. A thros fy nghrogi fedrwn i ddim – roedd yn groes i natur! Felly ceisiais droi, fel arfer, o'r lôn allanol; a disgynnodd tramiau arnaf o bob cyfeiriad; a chododd storm o bwp-pwpian wrth i lu o'r Awstraliaid hynaws hynny forthwylio ar eu cyrn ... Ac os oedd ffordd Hertz i'r Dandenongs yn fyrrach na CityLink, yn siwr iawn doedd hi ddim yn gyflymach. Ar Toorak Road roedd goleuadau bob canllath; ac er bod Burwood Highway yn llydan ac yn syth fel saeth, 80 kilometr yr awr oedd y cyflymdra uchaf, a'r traffig yn ymlusgo ar hyd-ddi ysgwydd wrth ysgwydd fel ras malwod ... Gwawriodd arnaf pam fod Hertz yn erbyn CityLink: wedi i gwsmeriaid ddychwelyd eu ceir a diflannu i bedwar ban byd, at Hertz y danfonai CityLink eu biliau.

Ar ôl y briodas cawsom sgwrs ddiddorol gydag un o'r gwesteion, dyn tua'r saith deg oed. Cafodd ei eni yn Tyneside, meddai, o deulu Catholig, ond syrthiodd ei rieni ar amserau caled, a'i roi dros dro mewn cartref plant. Dyna'r adeg y byddai Brodyr Catholig yn anfon llawer o blant amddifad i "fywyd gwell" yn Awstralia, ac anfonwyd yntau er nad oedd yn amddifad, ac aeth hanner can mlynedd heibio cyn iddo weld neb o'i deulu eto (a hynny trwy ymdrechion ei wraig). Roedd wedi llwyddo yn Awstralia. Roedd ganddo ei fusnes ei hun a thŷ helaeth mewn maestref ddeiliog. "Lle da yw Awstralia," meddwn. "Mi roedd hi," atebodd, "cyn i'r Asiaid ddechrau cyrraedd a'r Cynfrodorion godi eu cloch ..."

Aethom i chwilio am ein gwely-a-brecwast, y "Myers Creek Cascades", ger Healesville, prif dref y Yarra Valley. Gyrasom ar hyd y Maroondah Highway – rhyfedd o *highway* igam-ogam gul, lle roedd rhaid arafu pan ddeuai lori i'ch cyfarfod – trwy gefn gwlad ffrwythlon heulog, dros fryn a dôl, rhwng tir âr a glaswelltir gwelw lle porai gwartheg a defaid. Roedd gwinllannau a chlytiau o goedwig ar y llethrau, a mynyddoedd tywyll fan draw … Buasai calonnau'r gwladychwyr cyntaf wedi llawenhau wrth weld y dyffryn hwn, er mai fforest a'i gorchuddiai'r pryd hynny.

Doedd Healesville ddim mor hardd! Fawr mwy nag un stryd lydan oedd hi, efo ambell dafarn lom a chapel tun, a siopau unllawr y byddai gwynt cryf yn eu chwythu ymaith, gallech feddwl, a maes parcio anferth archfarchnad Coles yn ganolfan i'r dref. A dyna siom oedd byngalos y faestref fach, gyda'u toeau sinc a'u waliau o estyll pren, a'u gerddi di-liw, aflêr – ble'r oedd y moethusrwydd a ddisgwyliem yn Awstralia? Gwelsom sawl tref fach fel hon wedyn ar ein teithiau. Ond nid yw unlle'n hollol hyll yn yr heulwen …

Tu draw i Healesville daethom i'r Myers Creek Road, a droellai i fyny tua'r bryniau am rai milltiroedd, ag afonig yn llifo wrth ei hymyl, a ffermdai i'w canfod weithiau mewn llennyrch yn y coed. Gwelsom arwyddbost i'r "Cascades", a throi i lôn fach dyllog o laid a graean, a bwmpio heibio rhyw wersyll pren lle'r oedd plant yn chwarae mewn cae, a dringo trwy'r fforest am ychydig nes cyrraedd Myers Creek Cascades.

Ond welais i erioed *bed and breakfast* fel hwn o'r blaen! Pedwar *chalet* pren gwyn oedd yno, hanner canllath oddi wrth ei gilydd a bron wedi'u celu gan goed a rhedyn. "Silverbrook" oedd ein *chalet* ni. Roedd feranda ar draws y ffrynt a grisiau'n arwain i fyny ato, a llyn bach o'i flaen efo hesg a cherrig mân a broga'n crawcian. Ar y tair ochr arall, roedd y coed a'r rhedyn yn gwasgu'n glòs.

Felly aethom i mewn. Dwy stafell oedd iddo: un fach – y stafell ymolchi (gyda chawod ddwbl); a stafell enfawr ar gyfer popeth arall. Roedd yno encil gyda chegin loyw a bwrdd cinio gyda dwy gadair; a llawr o estyll sgleiniog ffasiynol; a chlamp o deledu efo cypyrddaid o *dvds* a chryno-ddisgiau; a soffa fawr ddofn gyda chlustogau glas golau; a *spa* dwbl o dan ffenestr anferth – a thu allan i'r ffenestr roedd clogwyn o graig a rhedyn, a ffrwd fechan yn pistyllio drosto: anhygoel o ddel! Dyma nyth garu os bu un erioed; neu gysegr i Aphrodite yn y fforest; a dacw'r allor – llwyfan isel ac arno'r gwely mwyaf yn y byd, llathenni o led, gydag erwau o gwrlidau a gobenyddion gwyn ...

Cawsom gip ar y llyfr ymwelwyr: tudalen ar ôl tudalen o sylwadau serchus. "*A truly breathtaking environment to spend a romantic weekend,*" meddai Llianm ac Annette. "*We can't wait to visit this amazing place again ... Heaven on earth!*" (Madeline a Paul). "*We have enjoyed our weekend so much we don't want to go back to reality! ... Just wish we could fit the spa, couch and bed in the car!*" (Sharyn a Lance). "*We will definitely be back for another romantic stay at this magic place*" (Leree a David) ... Dim ond Andy drawodd nodyn sur, ar ôl anghofio am ris y llwyfan a mesur ei hyd ar yr estyll ffasiynol.

Daeth James y perchennog heibio, gŵr diymhongar, canol oed, yn dechrau colli ei wallt. Bu'n rhedeg y gwersyll a welsom, meddai, nes blino ar arlwyo cinio i gannoedd o blant, a'i werthu beth amser yn ôl a phrynu'r safle hwn. Cododd ddau *chalet* i gychwyn, a chael llwyddiant, ac ychwanegu'r ddau arall.

"Ond pam ych chi'n eu galw'n *bed and breakfasts*?" holais. "Dydyn nhw ddim byd tebyg i'r *bed and breakfasts* welwn ni gartre wrth fin y ffordd ..."

"Dyma'r *bed and breakfast* ffasiwn newydd," meddai James. "Mae pobl eisiau eu gofod eu hun. Dydyn nhw ddim eisiau brecwast gyda'r *landlady*. Ac mi allan nhw edrych am y lle hwn ar y wefan cyn bwcio."

Daeth fy ngwraig i mewn. "*How did you get that, darling?*" holodd James, a chael holl hanes y cwymp, a'r Alfred, a chadw'r plastr yn sych ...

"*You'll have to go in the spa by yourself, mate!*" meddai wrthyf.

Petai gennyf hanner miliwn yn sbâr, byddwn yn ystyried cychwyn menter fel hon fy hunan – ar lannau Sir Benfro, efallai, neu ym Mannau Brycheiniog, ger y ffin ... A threulio gweddill fy nyddiau yn dadlau â'r Cyngor am ganiatâd cynllunio.

Y brif eitem newyddion fore trannoeth oedd bod y chwarae wedi troi'n chwerw, a John Brogden wedi cael ei ruthro i'r ysbyty ar ôl ei ddarganfod yn anymwybodol ar lawr ei swyddfa, wedi'i drywanu ei hun. Ond doedd e ddim mewn cyflwr difrifol.

Aethom i Badger Creek, ychydig tu allan i Healesville, i weld yr Healesville Sanctuary ("*Australia's premier wildlife park*", meddai'r hysbyseb). Roedd llawer o geir yn y maes parcio, a nifer o fysys o Melbourne; hwn oedd y lle i ddod ar ddiwrnod mwynaidd ddiwedd gaeaf.

Dim ond creaduriaid brodorol Awstralia oedd yn y Noddfa; ond dyna roeddem am eu gweld – adar pert a marswpialod, ac yn enwedig coalas a phlatypysiaid pig-hwyaden. Waeth heb â chwilio am anifeiliaid mawr peryglus, achos does dim ar dir mawr Awstralia ac eithrio'r crocodeilod arswydus sy'n mynychu afonydd ac arfordir y gogledd; ond credaf fod Healesville yn rhy oer i'r rheiny. Mae'n wir fod gan Awstralia sawl creadur bach gwenwynig, fel y *death adder* a'r enwog "gorryn cefngoch" y canodd Slim Newton mor huawdl amdano:

> *There was a redback on the toilet seat*
> *When I was there last night;*
> *I didn't see him in the dark,*
> *But boy I felt his bite.*
> *And now I'm here in hospital,*
> *A sad and sorry sight,*
> *And I curse the redback spider,*
> *On the toilet seat last night.*

Ond doedd fy ngwraig ddim eisiau gweld nadredd a chorynnod ...

Cawsom "Restr Digwyddiadau" ar y ffordd i mewn. Roeddem yn rhy hwyr i weld y cyflwyniad am adar ysglyfaethus, ond byddai ceidwad yn sgwrsio am coalas am hanner wedi tri.

Roedd gan yr adar a'r anifeiliaid lociau helaeth a atgynhyrchai eu cynefin, gyda digonedd o le i hedfan, rhedeg a chuddio – amhosibl gweld y *lyre-birds* cynffon delyn gan mor drwchus eu coedwig. I ni, sy'n gorfod bodloni ar frain a cholomennod yn ein gardd, roedd lliwgarwch adar Awstralia yn rhyfeddod: parotiaid a chocatŵod, *lorikeets* a *cockatiels* a *rosellas*, gwybed-ddalwyr a mêl-fwytawyr, *pittas* a *bower-birds* ac ibisod a llinosod, yn bob rhyw gymysgedd o goch a glas a gwyrdd a melyn. Gwelsom rai adar lliwgar wedyn yn y gwyllt ac ambell ibis yn pigo am bryfed mewn parciau.

Roedd y cangarŵod i gyd yn cysgu yn eu cae. Dywedodd bachgen bach wrth ein hymyl, "*Mum, I want to see them hop!*" Roeddem i gyd eisiau eu gweld yn hopian! Ond dim ond gorwedd yn swrth a wnaethant.

Cartref y platypysiaid pig-hwyaden oedd tanc gwydr wedi'i ddodrefnu fel darn o afon, gyda boncyffion coed a thorlan dyllog. Creaduriaid ffrantig oedd y platypysiaid, yn gwibio yma a thraw dan y dŵr.

Gwelsom ddingo lliw sinsir yn eistedd dan bren, fel sffincs o lonydd ac urddasol; ac elyrch du mewn llyn; a diawl Tasmania yn prowlan o gylch craig ... Y wombat oedd orau: creadur isel a solet fel corgi, gyda blew trwchus ac wyneb crwn, gwirion – cystal â choala fel model i degan meddal. Ceisiais dynnu ei lun, ond y cyfan a gefais oedd ei gwt wrth iddo redeg i'w dwll ...

Ond roedd hi bron yn chwarter i bedwar – roeddem wedi anghofio am y coalas, a byddai'r wyrion a'r wyresau eisiau clywed amdanynt! Prysuron ni ar hyd llwybrau rhwng y coed, heibio'r *Frog Bog* a'r Fforest Gorsiog ac Anifeiliaid y Nos; ac erbyn inni gyrraedd y llwyn ewcalyptws lle'r oedd y coalas yn byw, roedd y ceidwad eisoes yn darlithio. Wyddech chi fod bwyd arferol y coala, sef dail ewcalyptws, yn wenwynig i bron pob creadur arall? Mae'r dail yn cymryd amser hir i'w treulio, ac yn rhoi ychydig iawn o faeth, ac o ganlyniad mae coalas yn hepian am tua ugain awr y dydd. Ceisiodd y ceidwad ddenu rhai o'u cuddfannau i'w dangos inni; ond roedden nhw i gyd yn rhy gysglyd i fentro allan.

Ddylen ni ddim fod wedi rasio. Roedd braich fy ngwraig yn brifo, ac roedd yn bryd troi am Silverbrook.

Holodd y ferch yn y siop wrth y fynedfa, *"How did you get that, darling?"* … Gofynnais iddi am yr enw Badger Creek – doedd dim brochod yn Awstralia, oedd 'na? "Hwyrach fod gwladychwr cynnar wedi gweld poswm a meddwl taw broch oedd e," awgrymodd.

Mae'r dyn gwyn a'r anifeiliaid a ddaeth gydag ef yn peryglu llawer o greaduriaid brodorol Awstralia, yn enwedig marswpialod. Meddiannir eu cynefin gan ddefaid, gwartheg, cwningod a'r torrwr coed; cystadla'r gath ddihangol a'r llwynog am brae'r *quoll*, a helant y *bilby* a'r *numbat*. Colli tir y mae hyd yn oed y coala, y wombat a'r platypws pig-hwyaden (er bod y cangarŵ coch ar gynnydd, meddir). Noddfa iawn yw'r Healesville Sanctuary felly; a hynny am yr ail dro; oherwydd cyn bod sôn am Sanctuary yma, roedd noddfa arall ar yr un safle i greaduriaid mewn perygl – sef y Coranderrk Aboriginal Reserve.

Triniaeth y Dyn Gwyn o'r Cynfrodorion yw'r smotyn du annileadwy ar hanes heulog Awstralia. Dylem ei thrafod …

2 Gwladychwyr a Chynfrodorion

Unwaith nid oedd neb ond Cynfrodorion yn byw yn Awstralia. Daethant yno tua 50,000 o flynyddoedd yn ôl, pan oedd pontydd tir yn dal i gysylltu Awstralia â New Guinea a Tasmania. Yn dilyn eu dyfodiad, newidiodd yr amgylchfyd yn sylweddol, ond mae'n anodd gwybod i ba raddau hwy oedd yn gyfrifol. Diflannodd rhai anifeiliaid, megis y cangarŵ cigysol a'r crwban maint car; ond hwyrach bod dyddiau'r rheiny wedi'u rhifo beth bynnag. A throdd tanau ofnadwy goedwigoedd mawr yn borfa, a phorfa'n anialwch – ond ai tanau hela'r Cynfrodorion a achosodd hynny ai tanau naturiol (wedi eu cychwyn gan fellt, er enghraifft)? Bu tanau naturiol yn Awstralia erioed; ac fe'u ceir o hyd; ac mor aml fel bod rhai planhigion *angen* tân er mwyn egino. Yn sicr ni ellir cymharu'r difrod a wnaeth Cynfrodorion yn Awstralia â difrod yr Ewropeaid, pa un ai yn Awstralia neu yn Ewrop. Pobl syml oeddent – yn *rhan* o'r ecoleg, yn hytrach na gelynion iddi.

Am ddegau o filoedd o flynyddoedd cafodd y Cynfrodorion lonydd. Yna dechreuodd llongau o Ewrop gyrraedd. O tua 1600 oc bu Iseldirwyr yn ymweld â gorllewin Awstralia ar eu ffordd i fasnachu yn Java a'r Ynysoedd Perlysiau. Rhoesant yr enw "Nieuw-Holland" i'r wlad, ond heb ymsefydlu yno. Un o'r Cyfleoedd Mawr Coll, onid e?

Yn 1770 daeth Capten James Cook heibio yn HMS *Endeavour*. Archwiliodd arfordir dwyreiniol Awstralia a'i alw'n "New South Wales", a nodi hwnnw yn ei ddyddlyfr. Ond fe'i hysgrifennodd dros enw arall a ddileodd – "New Wales", ym marn ysgolheigion. Pam "New Wales"? Am fod New Britain, New England, New Ireland a Nova Scotia yn bodoli eisoes, mae'n debyg. Pam ei ddileu? Efallai am iddo sylweddoli bod "New Wales" yn bodoli hefyd, ar lannau Bae Hudson. Pam "New South Wales" yn hytrach na "New South England", "New Northern Ireland" neu "New Rhywle Arall"? ... Dyna gwestiwn rhy ddwfn imi, rwy'n ofni ...

Gwnaeth Cook ei ddarganfyddiadau ar adeg gyfleus iawn, oherwydd yn 1783 collodd Prydain y gwladfeydd Americanaidd lle bu'n arfer alltudio troseddwyr, a llenwodd New South Wales y bwlch i'r dim. Glaniwyd y carcharorion cyntaf yn Botany Bay yn 1788, a'u symud i Sydney yn fuan wedyn. Roedd oddeutu 780 ohonynt (gan gynnwys rhyw 150 o ferched) – dyrnaid bach o'i gymharu â'r 162,000 a ddanfonwyd i Awstralia erbyn 1868, pan ddaeth trawsgludiaeth i ben. Alltudiwyd rhai am achosion pitw, fel William Edmunds o Drefynwy, a arbedwyd ar ôl ei ddedfrydu i farwolaeth am "ddwyn un heffer" (rwy'n ddyledus am y ffaith ddiddorol hon, a sawl un arall am Gymry Awstralia, i ysgrifau dysgedig Arthur Festin Hughes); a gellid cyfrif eraill – megis Lewsyn yr Heliwr, a John Frost a Zephaniah Williams (y Siartwyr o Sir Fynwy) – fel "merthyron". Ond dihirod oedd llawer, a chymdogion gwael i'r Cynfrodorion syn.

Tybir (ond mae'n dybiaeth amrwd iawn) bod tua 300,000 o Gynfrodorion yn Awstralia yn 1788, wedi'u rhannu'n rhyw 500 o lwythau, pob un â'i iaith neu ei dafodiaith ei hun. Dyna boblogaeth anhygoel o denau – oddeutu un person ar gyfartaledd i bob 25 kilometr sgwâr. Ond roedd hynny i'w ddisgwyl, nid yn unig am fod rhan helaeth o Awstralia'n ddiffeithwch ond am mai helwyr-gasglwyr oedd y Cynfrodorion, yn crwydro o le i le wrth gywain ffrwythau a gwreiddiau ac erlid cangarŵod ac anifeiliaid gwyllt eraill. Ac eto gwyddai pob llwyth union ffiniau ei diriogaeth, a gwae'r neb a dresmasai arni. Pobl rydd oeddent, yn dilyn barn Hynafgwyr, nid gorchymyn brenin; ac roedd ganddynt chwedloniaeth gyfoethog – y "Breuddwydio" – a esboniai'r Cread, a rhoi ystyr i fryn a chraig ac afon, a chyfiawnhau eu harferion a'u cyfraith.

Ond i'r Gwladychwyr, tywyllwch dudew oedd bywyd meddyliol y Cynfrodorion. Yr hyn a wyddent oedd yr hyn a welent: sef bod yma drueiniaid heb ysgrifen na metel na'r olwyn nac amaeth nac anifeiliaid dof (ar wahân i'r dingo) na hyd yn oed dillad; tlodion a ddefnyddiai arfau o bren a charreg, a byw mewn *gunyahs* – cytiau dros dro o frigau a rhisgl; pobl mor gyntefig â neb ar wyneb daear; mor agos at anifeiliaid ag y gallai dynion fod.

Roedd diwylliant y Cynfrodorion, gyda chant a mil o fân amrywiadau lleol, yn ymestyn ar hyd a lled Awstralia a Tasmania, gan orffen wrth Gulfor Torres, lle cychwynnai diwylliant tra gwahanol Melanesiaid New Guinea, gyda'u canŵs gwych, a'u tai parhaol, a'u moch pasgedig, a'u planigfeydd.

Os oedd y Cynfrodorion ar waelod ysgol gwareiddiad, roedd y Gwladychwyr cynnar – neu yn hytrach Prydain eu mamwlad, neu o leiaf *élite* deallusol Prydain – ar lefel uchel iawn: yr uchaf a welsai'r byd hyd yna; ac yn dal ar i fyny. Dyna oes syniadau goleuedig newydd am oddefgarwch crefyddol, a rhyddid cydwybod, a Gwyddoniaeth, ac amrywiaeth diwylliannau, a hyd yn oed yr "Anwar Nobl". A dyna oes y Moesoldeb dyngarol newydd, oes Wesley, Wilberforce, cenhadon, diwygwyr cymdeithasol a swyddogion milwrol uchelfrydig. Roedd caethwasiaeth dan bwysau, a democratiaeth ar wawrio. Byddai Prydain Imperialaidd y bedwaredd ganrif ar bymtheg yn wahanol iawn i'r Sbaen farbaraidd a anrheithiai'r Byd Newydd dair canrif ynghynt.

Ac eto tybir bod nifer y Cynfrodorion wedi disgyn o 300,000 yn 1788 i tua 50,000 erbyn 1939. Ac mae'r ail ffigwr yn fwy annelwig hyd yn oed na'r cyntaf. Oherwydd sut yn union y diffinnir Cynfrodor, ar ôl cenedlaethau o ddiwreiddio a chymysgu gwaed?

Credir mai'r clefydau newydd a ddaeth gyda'r Gwladychwyr i Awstralia, gan chwythu ymaith y trigolion di-imiwnedd fel dail hydref, a achosodd 80 neu 90 y cant o'r cwymp. Ond roedd triniaeth y Gwladychwyr o'r Cynfrodorion yn bwysig hefyd, yn enwedig wrth ymwneud â hawliau tir.

Nid bod Prydain Imperialaidd yn diystyru hawliau tir y pobloedd a ddarostyngai. I'r gwrthwyneb, deallai'n berffaith hawliau *amaethwyr*. Yn ystod y bedwaredd ganrif ar bymtheg, wrth oresgyn India, Seland Newydd, New Guinea a mannau eraill, parchai llywodraeth Prydain diroedd amaethwyr brodorol, ac yn wir eu hamddiffyn rhag rhaib gwladychwyr. Ond ni ddeallai'r Imperialwyr fod tir yr un mor bwysig i helwyr-gasglwyr. Neu efallai deallent hynny ond dewis ei anwybyddu. Onid gwastraffu eu tir yr oedd y Cynfrodorion? Onid gwell, er lles Dynoliaeth, ei drosglwyddo i rai a fyddai'n ei ddefnyddio'n fwy cynhyrchiol? Felly deddfwyd mai *terra nullius* oedd tir Awstralia – nid oedd yn perthyn i neb; neu yn hytrach roedd yn perthyn i'r Goron, a ragwelai ei ddosbarthu'n araf deg i Wladychwyr gwyn.

Yn 1796 dechreuodd yr enwog John Macarthur fridio defaid merino yn New South Wales, a gwnaeth ffortiwn trwy allforio'r gwlân, oherwydd lle gwych at fagu defaid oedd Awstralia. Cyn hir dilynwyd ef gan eraill, a gâi'r enw "sgwatwyr" am iddynt bori eu preiddiau ar dir oedd yn dal i berthyn i'r Goron. Nid sgwatwyr tebyg i'n rhai ni mohonynt, ond dynion o sylwedd a chyfalaf, fel hwnnw a fynnai restio *swagman* Banjo Paterson am ddwyn *jumbuck* (sef dafad):

> *Down came the Squatter a-riding his thoroughbred,*
> *Down came Troopers – one, two and three:*
> *"Whose is the jumbuck you've got in the tucker bag?*
> *You'll come a-waltzing Matilda with me."*

Cipiodd y sgwatwyr ddibendrawdod o dir – ystad *fach* fyddai'n mesur deugain milltir sgwâr a chynnal ugain mil o ddefaid. A phan ddeuai'r Cynfrodorion heibio i'r ystad a fu tan hynny yn gynefin iddynt, er mwyn hela walabi neu gasglu gwreiddiau neu ymweld â man sanctaidd, caent eu gyrru ymaith. Ac yna byddent yn newynu ac yn ysu am ddialedd, a rhyw noson dychwelent, a dwyn cant o ddefaid efallai, neu ladd ceffyl neu ddau, neu fugail neu ddau; a'r dyn gwyn, mor aml â pheidio, heb ddeall pam ...

A fedrwn ddychmygu teimladau dyn y lladdwyd ei gyfaill yn ddiachos (hyd y gwyddai ef)? ... Yn 1843, roedd J. Beete Jukes – cymeriad o'r mwyaf hoffus a charedig, a gwyddonydd adnabyddus wedyn – yn teithio ar hyd glannau gogledd-ddwyrain Awstralia gyda'r llong syrfëo HMS *Fly*. Un diwrnod glaniodd ef a nifer o'r morwyr ar draeth anghysbell a dechrau cyfeillachu â grŵp o Gynfrodorion. Yn ddirybudd cododd un o'r rhain ei waywffon, a thrywanu morwr yn ei gefn, a'i ladd. Doedd dim rheswm, dim esgus, dros y peth. Dyma rai o sylwadau Jukes – a fyddem ninnau'n ymateb yn amgenach?

> Roedd fy adwaith mor newydd imi ag yr oedd o annifyr. Llanwyd fy nghalon â rhyw gymysgedd tanllyd o gynddaredd a galar, rhyw ysfa anifeilaidd am ddial; a doeddwn i ddim eisiau gadael y lle heb rywsut dalu'r pwyth ... Rwyf bob amser wedi gwrthwynebu'r niwed direswm a wneir weithiau gan ddynion "gwaraidd" i bobl gyntefig ... A heb adnabod dim yn bersonol ar y rhai a elwir yn "anwariaid", rwyf bob amser wedi edrych arnynt â rhyw ffafriaeth neu hoffter sentimental – fel llawer o bobl eraill, mi gredaf. Roeddwn wedi tueddu i feddwl mai eraill, nid hwy, a arferai gychwyn helbul; mai hwy gan amlaf a ddioddefai gam. Ond yn wyneb un enghraifft ymarferol fel hon, newidiodd fy agwedd yn llwyr. Ni fyddwn byth, gobeithio, yn cefnogi creulondeb. Ond dan amgylchiadau fel y rhain, gallwn gydymdeimlo ag unrhyw un a fynnai ddial yn fwy helaeth nag oedd yn fanwl gyfiawn. Roeddwn yn teimlo bod bywyd un o'm cydforwyr, beth bynnag fo'i reng, yn anwylach o bell ffordd imi na llond anialwch o anwariaid, ac y byddwn yn hapus i saethu dwsin o'r *blackfellows* yma er mwyn achub ei fywyd neu ddial am ei

farw; a medrwn ddarllen yr un teimladau yn llygaid y dynion o'm cwmpas. Ac nid ar fyrder yr aeth y teimlad hwnnw heibio. Am ddyddiau ac wythnosau wedyn, buasai'n rhyddhad i bob un a welodd gwymp Bayley petaent yn cwrdd â rhyw fintai o *blackfellows* a chael esgus i saethu arnynt.

Os dyna agwedd Jukes, sut ymatebai hogiau garw y ffiniau, lle roedd gwynion gwyllt a duon gwylltach yn cydgyfarfod, a pheth merchetaidd oedd cydwybod tyner? Ceir llu o straeon am erchyllterau – du yn erbyn gwyn, gwyn yn erbyn du – ac âi'r dynion gwyn weithiau ymhell tu hwnt i gosb neu ddial: treisio *gins* (sef Cynfrodoresau), hela *myalls* (Cynfrodorion) "fel cangarŵs" ... Dyma dalfyriad o erthygl a gyfrannodd rhyw "H.7.H" i'r *Townsville Herald*, am yr adeg y bu'n gweithio ar fferm yn y Northern Territory. Ceid cymaint o drafferth gyda'r "*niggers*" lleol, meddai "H.7.H", nes i feistr y fferm benderfynu manteisio ar yr esgus cyntaf i roi "gwers" iddynt. Maes o law darganfuwyd bustach wedi'i fwtsiera ar fin y ffordd, felly casglodd y meistr y dwylo, dosbarthu bwyd a Winchester i bob un, a chychwyn ar drywydd y llwyth euog. Daethpwyd o hyd i'w wersyll liw nos, yng ngwaelod cwm cul, a ffurfiodd yr helwyr gylch o'i gwmpas i aros am y wawr:

> Roedd hi megis oesoedd cyn i seren y bore saethu i fyny yn loyw a llawen yn y dwyrain, yng nghyfeiriad gwareiddiad lle'r oedd ein hanwyliaid yn ddiau yn cysgu'n drwm ac efallai'n breuddwydio amdanom, heb ystyried y byddai'n dwylo toc yn goch gan waed ein cyd-ddyn – er mai *myall* anwar gwyllt oedd hwnnw, a llaw pawb yn ei erbyn, a difodiant yn dynged iddo fel y gallai'r dyn gwyn gymryd ei dir i'w bwrpasau ei hun. Rhyw feddyliau fel yna oedd gen i, wrth inni orwedd yno a'n reifflau'n anelu tua gwersyll y *niggers*, a'r *magazines* yn llawn, a phob bwled yn golygu diwedd un o'r trueiniaid croenddu a gysgai mor heddychlon oddi tanom ... Cefais fy neffro

o'm breuddwydion gan ffrwydrad reiffl, a dilynodd eraill i'r chwith a'r dde, ac yn gymysg â thwrw'r reifflau atseiniai sgrechiadau main y *gins* a'r *piccaninnies* wrth i'r *bucks* syrthio o'u cwmpas fesul dwsinau. Wedi'u dal yn ddirybudd, ac wedi llwyr ddigalonni, safai'r *myalls* am ychydig eiliadau fel petaent wedi'u troi'n garreg, ac yna, gyda llef wyllt o arswyd, ffoesant i bob cyfeiriad ... Ceisiai eraill grafangu i fyny'r clogwyn a dianc i'r bryniau, ond cawsant eu saethu i lawr cyn esgyn yn bell i fyny'r creigiau serth. Amcangyfrifwyd bod dros gant a hanner o *myalls* wedi "brathu'r llwch" y bore hwnnw, gan gynnwys, yn anffodus, llawer o wragedd a phlant. Yn y dorf groch afreolus o bobl ddu, roedd yn anodd osgoi saethu'r gwragedd a'r babanod; ac ymhlith y criw o ddynion gwyn roedd rhai a fyddai'n dinistrio'n ddidrugaredd unrhyw beth a feddai ar groen du – yn ŵr, gwraig neu blentyn – ac o ystyried un neu ddwy o'r llofruddiaethau gwaedlyd a gyflawnwyd gan *niggers* yn y Northern Territory, gellid bron â maddau iddynt.

Bustach drudfawr! Bu tipyn o ohebu yn sgîl erthygl "H.7.H", rhai'n collfarnu'r awdur, rhai'n ei ganmol. Ond mor drawiadol â dim yw dyddiad y rhifyn o'r *Townsville Herald* lle cyhoeddwyd ei erthygl: 2 Chwefror 1907 – echdoe!

Ond anifail oedd "H.7.H" efallai (er gwaethaf ei ysgrifennu sionc) ... Cymerwn enghraifft Frank Lascelles Jardine, oedd yn byw yn Somerset, Cape York, yn ymyl Culfor Torres, rhwng 1864 ac 1919. Roedd Jardine yn enwog am ei orchestion arwrol (er nad dyma'r lle i'w hadrodd); ac yn berchennog gorsaf berlgragen lewyrchus (a brawd fy nhad-cu'n rheolwr arni am gyfnod!); a mwy na hynny, bu'n Ynad Heddlu – *Police Magistrate* – sef prif swyddog y Gyfraith yn ei ardal ef o Queensland. Ond roedd yn nodedig hefyd am ei gasineb at Gynfrodorion. Cylchredai straeon amdano'n eu saethu allan o ganghennau'r coed "fel parotiaid". Unwaith, pan oedd eisiau dangos ei ddawn fel saethwr, gwelodd Gynfrodor diniwed yn eistedd ar graig ymhell allan yn y môr, ac yn gwisgo addurn perlgragen ar ei frest. Cododd Jardine ei reiffl a chwalu'r berlgragen â'i fwled cyntaf – a'r frest tu ôl iddi wrth gwrs. Ond cymaint oedd parch pobl tuag at Jardine fel y byddai llongau, wrth basio Somerset, yn tanio gwn i'w saliwtio.

Byddai pob llwyth o Gynfrodorion yn gwrthsefyll y Gwladychwyr am gyfnod. Ond buan y dysgai gynnau iddynt mai gwell oedd plygu'r glin. Ni allent fyw ar hela a chasglu mwyach, felly deuent i wersylla ger y ffermydd, neu ar gyrion trefi, a byw ar gyflog pitw weithiau, ac weithiau ar gardod. Ond daliai eu nifer i leihau, oherwydd salwch, newyn, alcohol ac opiwm.

Lledai'r Gwladychwyr o amryw ganolfannau: Sydney, Hobart, Brisbane, Adelaide, Melbourne, Perth ... Lledent fel y môr, a dim ond ar y ffin, lle torrai'r tonnau, y byddai trafferth am ychydig. Tu draw i'r ewyndon roedd Cynfrodorion gwyllt; tu ôl iddi, eu gweddillion dof drylliedig.

Dyna hanes llawn euogrwydd y dyn gwyn, onid e? "*Black armband history*" yw enw gwawdlyd rhai Awstraliaid arno. Gwell ganddynt fersiwn hapusach o'u gorffennol, am Wladychwyr anturus yn cerfio gwlad newydd allan o ddiffeithwch; ac mae i honno hefyd ei gwirionedd.

Yn 1803 danfonwyd parti o garcharorion, yng ngofal Capten David Collins, i sefydlu gwladfa newydd yn Port Phillip, yr ardal lle saif Melbourne heddiw. Gwelai Collins y safle'n anaddas, felly symudodd ymlaen i Tasmania. Ond dihangodd William Buckley, un o'r carcharorion, a chael ei dderbyn gan lwyth y Wautharong. Daeth fel Cynfrodor ei hun, ac anghofio'i Saesneg.

Roedd tua 8,000 o Gynfrodorion yn byw yn Tasmania pan gyrhaeddodd Collins. Cawn ddilyn eu hanes ym mherson merch o'r enw Truganini, a anwyd tua 1812. Bu fyw trwy'r cyfnod o wrthdaro a elwir y "Rhyfel Du", pryd y lladdwyd ei dyweddi gan goedwigwyr, llofruddiwyd ei mam gan helwyr morfilod, a herwgipiwyd ei dwy chwaer a'u gwerthu fel caethforynion. Bu fyw wedyn trwy ymgyrch y "Llinell Ddu" yn 1830, pan orymdeithiodd y Gwladychwyr yn rhes ar draws Tasmania gan geisio gyrru'r holl frodorion i un gorlan ar Benrhyn Tasman. Cododd hynny gymaint o fraw ar y Tasmaniaid – nid oedd ond rhyw 300 ohonynt erbyn hyn – nes iddynt gytuno i awgrym y llywodraeth a symud yn eu crynswth i warchodfa ar Flinders Island, lle bu farw gŵr Truganini. Yn 1847 trosglwyddwyd y 47 oedd yn weddill i Oyster Cove, a threngi yno o un i un. Yn 1869 bu farw eu pennaeth olaf, "King Billy" Lanne, a chymerodd rhywun ei sgrotwm i wneud pwrs baco. Ar ôl 1873 nid arhosai o'r Tasmaniaid ond Truganini, a bu hithau farw ar 8 Mai 1876, yr olaf o'i hil, a symbol oesol o dristwch ac unigrwydd. Arddangoswyd ei chorff yn Amgueddfa Tasmania.

Felly dyna ddiwedd y Tasmaniaid.

Wrth i bresenoldeb Prydain yn Awstralia gryfhau, sefydlwyd cyfres o drefedigaethau newydd: ar ôl New South Wales yn 1788 a Tasmania yn 1803, dilynodd Western Australia (1826), South Australia (1836, ac ychwanegu'r Northern Territory yn 1863), Victoria (1851), a Queensland (1859). Yn 1901 daeth y trefedigaethau'n daleithiau a chyfuno'n Gymanwlad annibynnol Awstralia. Roedd gan bob trefedigaeth, a phob talaith yn nes ymlaen, gyfrifoldeb am ei Chynfrodorion ei hun. Triniaeth debyg gâi Cynfrodorion ymhobman ar unrhyw adeg benodol; ond newidiai yng nghwrs amser a chydag ysbryd yr oes.

Yn yr 1830au dechreuodd ffermwyr da byw symud o Tasmania i Port Phillip. Yn eu plith roedd John Batman, mab i garcharor. Pwy ddaeth i'w gyfarfod, ar ôl 32 o flynyddoedd, ond William Buckley, yn gwisgo crwyn cangarŵ. Batman, wrth weld y safle lle tyfodd Melbourne wedyn, a lefarodd y geiriau cofiadwy, "*This will be the place for a village.*" Dywedodd hefyd, am y tir cyfagos, "*Land of the best description, equal to any in the world ... The most beautiful sheep pasturage I ever saw in my life*" – newydd drwg i'r Cynfrodorion.

Yn 1834 llwyddodd dyngarwyr Prydain i ddiddymu caethwasiaeth o fewn yr Ymerodraeth – gorchest ryfeddol, heb gynsail yn hanes y byd. Bu'r un dyngarwyr yn ymgyrchu dros hawliau "pobloedd cyntefig", ac o ganlyniad penodwyd sawl Gwarchodwr Cynfrodorion – *"Protector of Aborigines"* – yn Awstralia. Gwaith y rhain oedd dod yn ffrindiau â'r Cynfrodorion lleol, gwrando ar eu cwynion, a chymodi rhyngddynt â'r dyn gwyn (heb rwystro lledaeniad y preiddiau, fodd bynnag). Yn 1838 enwyd Gwarchodwr ar gyfer Cynfrodorion cylch Port Phillip; ond methodd ag arafu eu diflaniad; a methiant tebyg gafodd y Gwarchodwyr cynnar eraill.

Gobaith y dyngarwyr oedd gwareiddio a Christioneiddio Cynfrodorion. Ac wrth i'r rhain ddod yn fwy dof ac yn llai niferus, âi hynny'n haws. Yn 1860 sefydlodd llywodraeth Victoria yr *"Aborigines Protection Board"*, a'i aelodau'n cynnwys ffermwyr cefnog, swyddogion ac eglwyswyr. Agorodd y Bwrdd nifer o warchodfeydd, ac yn eu plith roedd Coranderrk (safle presennol yr Healesville Sanctuary, fe gofiwn), lle casglwyd dros gant o Gynfrodorion lleol dan ofal goruchwyliwr. Roedd disgyblaeth Coranderrk yn llym. Câi'r plant eu lletya ar wahân i'w rhieni, a'u gwahardd rhag siarad eu hiaith. Ond dyna natur dyngarwch yr oes – oes y tloty a thwf ysgolion bonedd, pan oedd ein cyndeidiau'n dyfeisio'r Welsh Not. A gwell unrhyw beth na newyn a chyflafan.

Neilltuwyd bron pum mil o erwau i Coranderrk. Ond gwerthwyd cyfran o'r rhain i ffermwyr gwyn y Yarra Valley ar ôl iddynt gwyno mai gwastraff oedd rhoi tir da i Gynfrodorion.

Daeth newid pellach ar ysbryd yr amserau. Yn 1859 cyhoeddodd Darwin ei *Origin of Species*, gan ledaenu syniadau megis "Detholiad Naturiol" a "Goroesiad y Cymhwysaf", a esgorodd yn eu tro ar *"Social Darwinism"*, yr athrawiaeth mai tynged hiliau israddol oedd diflannu o flaen hiliau uwch. Dyna syniad wrth fodd calon Gwladychwyr Awstralia – golygai nad hwy ond y Fam Natur oedd yn gyfrifol am ddifodi'r Cynfrodorion ... Rhagdybiai *Social*

Darwinism oes fer i warchodfeydd fel Coranderrk, oherwydd maes o law byddai eu preswylwyr yn marw allan ...

Y preswylwyr o waed Cynfrodorol pur, hynny yw ... Ond beth am y rhai gwaed cymysg, ffrwyth trais Gwladychwyr neu buteindod Cynfrodoresau? Nid oedd y rheina'n debyg o farw allan; roedd eisiau cynllun arall ar eu cyfer; a daeth llywodraeth Victoria o hyd i un, sef yr "*Half-caste Act*" 1886, a ddeddfodd fod pob person o waed cymysg dan 34 oed i'w ddiarddel o'r gwarchodfeydd. Pwrpas hyn oedd eu hagosáu at y boblogaeth gyffredinol. Ond ei effaith oedd chwalu cartrefi a rhwygo teuluoedd. Dyna enghraifft arall o ddyngarwch yr oes.

Wedi hynny aeth Coranderrk ar i waered, nes ei chau yn 1924 a throsglwyddo'r mwyafrif o'r trigolion i warchodfa arall. Ar ôl dwy neu dair cenhedlaeth o ddiwreiddio, doedd fawr o debygrwydd rhwng y dofedigion a adawodd Coranderrk a'r anwariaid a gasglwyd iddi drigain mlynedd ynghynt.

Rhagflas o bethau mwy oedd yr *Half-Caste Act*. Tyfodd cred yn Awstralia na ellid gwareiddio plant Cynfrodorol yn eu cynefin; rhaid eu symud i amgylchedd mwy ffafriol; i gartrefi plant, er enghraifft, neu aelwydydd rhieni maeth gwyn ... Rhwng 1900 ac 1970 cymerwyd o leiaf 35,000 o blant Cynfrodorol neu waed-cymysg oddi ar eu rhieni, trwy rym corfforol, bygythion neu dwyll. Gwnaed y cyfan er lles y plant; a derbyniodd plant gwynion yr un gymwynas, fel y dengys hanes ein ffrind o Tyneside, y soniwyd amdano gynnau. Ond dyma atgof un plentyn Cynfrodorol:

"Roeddwn i yn swyddfa'r post gyda fy mam a'm modryb a'm cyfnither fach. Cawson ni i gyd ein rhoi mewn car heddlu, a dywedon nhw eu bod yn mynd â ni i Broome. Ond ar ôl rhyw ddeng milltir, stopion nhw'r car a thaflu'r mamau allan. Neidion ni ar gefnau'n mamau gan wylo a cheisio peidio â chael ein gadael ar ôl. Ond tynnodd y plismyn ni i ffwrdd a'n taflu'n ôl i'r car. Gwthion nhw'r mamau ymaith a gyrru i ffwrdd, a'r mamau'n cwrso'r car, a rhedeg, a llefain ar ein hôl ..."

Cyfiawnhad y polisi, yn ôl yr awdurdodau, oedd bod y plant yn well eu byd mewn gofal na gyda rhieni naturiol a'u hesgeulusai. Ond sut ofal a gawsant? Yn ôl adroddiad a gomisiynwyd gan Dwrnai Cyffredinol Awstralia oddi wrth yr "Human Rights and Equal Opportunity Commission" yn 1995: "*The physical infrastructure of missions, government institutions and children's homes was often very poor and resources were insufficient to improve them or to keep the children adequately clothed, fed and sheltered.*" Ar ben hynny dioddefodd rhyw 17 y cant o'r merched ac 8 y cant o'r bechgyn gamdriniaeth rywiol tra mewn gofal.

"Cymathu" Cynfrodorion oedd dymuniad Awstralia: nid hilladdiad ond cymdeithas-laddiad neu ddiwylliant-laddiad.

Daeth yr 1960au, a newid arall yn ysbryd yr oes. Ledled y byd gorllewinol gwawriodd dydd yr anfanteisiedig – gwragedd, pobl liw, y methedig, y Cymry efallai… Ac wele'r Cynfrodorion, fel pawb arall, yn mynnu eu hawliau – i'r graddau hynny roedd Cymathiad wedi llwyddo… Sylweddolodd Awstraliaid gwyn mor ddychrynllyd fu eu triniaeth o'r Cynfrodorion. Cafodd Cynfrodorion y bleidlais. Dad-wnaed rhai cyfreithiau a'u gormesai. A bu edifeirwch am yr amarch gynt: dechreuodd amgueddfeydd ddychwelyd darnau cyrff Cynfrodorion a ysbeiliwyd gan "anthropolegwyr" yr oes o'r blaen; yn Tasmania amlosgwyd gweddillion Truganini…

Bellach roedd angen trin materion Cynfrodorol ar lefel genedlaethol, nid taleithiol. Mewn refferendwm yn 1967 bu pleidlais o 90 y cant dros drosglwyddo'r grym i ddeddfu am Gynfrodorion o'r taleithiau unigol i Senedd y Gymanwlad. Roedd hynny'n fuddugoliaeth fawr i'r Cynfrodorion: fe'u trodd, rywsut, yn genedl o fewn cenedl Awstralia.

Roedd dyn o'r enw Eddie Mabo, o Ynys Mer, yng Nghulfor Torres… Ffermwyr a physgotwyr oedd pobl Mer, a buont yn cynaeafu eu tir a'u riffiau erioed – ers cyn dyfodiad y dyn gwyn. Nawr darganfu Mabo nad pobl Mer oedd perchnogion Mer: i'r gwrthwyneb, *terra nullius* oedd hi, ac yn perthyn i'r Wladwriaeth.

Yn 1982 dygodd Mabo achos gerbron llysoedd Queensland gan honni nad y Wladwriaeth ond pobl Mer oedd gwir berchnogion yr ynys, a hynny ar sail "teitl brodorol". Ymateb Senedd Queensland oedd deddf i ddiffodd pob "teitl brodorol", os oedd y ffasiwn beth yn bod; felly apeliodd Mabo at lysoedd y Gymanwlad. Ym mis Ionawr 1992 bu Eddie Mabo farw. Chwe mis yn ddiweddarach barnodd Uchel Lys Awstralia o'i blaid: barnodd na fu Awstralia erioed yn *terra nullius*; fod hen gyfraith y Cynfrodorion yn ddilys; mai pobl Mer oedd perchnogion Mer; fod *pob* llwyth yn berchen ar ei diroedd. Penderfyniad cwbl chwyldroadol oedd; ac fe'i hymgorfforwyd gan Senedd y Gymanwlad mewn deddf newydd, y *Native Title Act 1993*.

Wel ... penderfyniad eithaf chwyldroadol, efallai. Oherwydd os oedd llwyth unwaith wedi colli cysylltiad â'i dir, roedd wedi colli'r tir am byth. Doedd dim troi'n ôl. Felly nid Cynfrodorion wedi'r cyfan sydd biau canolfan dinesig Sydney, nac unrhyw dref na phentref na thir amaeth, nac unrhyw fan sydd wedi pasio'n ddiamwys i ddwylo eraill ... Ar y llaw arall, gall teitl brodorol gydfodoli â theitl ffermwyr ar dir porfaol ... Rhwng popeth, mae'r *Native Title Act* yn helpu llwythau sy'n dal yn gymunedau byw, gan mwyaf yn y Northern Territory, Western Australia a rhannau o Queensland. Ac mae'n tueddu i'w cryfhau fel *llwythau*, gan mai i'r llwyth yn gyffredin, nid i unigolion, y perthyn y tir.

Aeth ton o euogrwydd trwy Awstralia am y plant a gipiwyd: y "*Stolen Generation*", fel y gelwir gan rai; y "*so-called Stolen Generation*" gan eraill. Yn 1998 cychwynnwyd coffâd blynyddol "National Sorry Day" ... Mae edifeirwch yn rhad, ond nid yw'n gwbl ddibwynt os golyga y bydd y dyfodol yn wahanol i'r gorffennol. Ond nid pawb sy'n edifaru.

Mae tuedd gan Awstraliaid heddiw i ymfalchïo yn eu Cynfrodorion. Fel yr ychydig adeiladau "hen", a'r carcharorion gynt, maent yn rhan o "dreftadaeth" Awstralia fel cenedl – y rhan fwyaf ystyrlon, o lawer safbwynt. Ond nid pawb sy'n ymfalchïo.

Yn ôl cyfrifiadau diweddar, mae nifer y Cynfrodorion yn

cynyddu ar frys gwyllt – mae mwy ohonynt nawr nag yn amser Capten Cook (ond nid o Gynfrodorion gwaed digymysg). Un rheswm am y cynnydd yw bod Cynfrodorion yn planta'n drymach nag Awstraliaid eraill. Rheswm arall yw eu bod yn fwy parod heddiw i arddel eu Cynfrodoriaeth. Ychydig dros 2 y cant o Awstraliaid a ddywedodd wrth swyddogion cyfrifiad 2001 mai Cynfrodorion oeddent:

Ystadegau Cyfrifiadau Diweddar ar gyfer Awstralia

	Cynfrodorion (mae tua 90% o'r rhain yn Gynfrodorion Awstralia, a 10% yn hanu o Ynysoedd Culfor Torres)				Cyfanswm Awstraliaid
	1971	*1981*	*1991*	*2001*	*2001*
New South Wales	23,873	35,367	69,999	119,865	6,532,459
Victoria	6,371	6,057	16,729	25,078	4,828,968
Queensland	31,922	44,698	70,102	112,772	3,627,816
South Australia	7,299	9,825	16,223	23,425	1,502,397
Western Australia	22,181	31,351	41,769	58,496	1,909,751
Tasmania	671	2,688	8,882	15,773	470,272
Northern Territory	23,381	29,088	39,893	50,785	197,590
Capital Territory	255	823	1,592	3,576	314,171
Awstralia	*115,953*	*159,897*	*265,189*	*409,770*	*19,383,424*

Mae ffigyrau Tasmania'n rhyfedd, on'd ydynt? Roedd y Tasmaniaid i fod wedi marw allan, ac yn 2001 wele 15,773 ohonynt. Mae llawer o'r rhain yn disgyn o ddwy Dasmanes, "Dolly Dalrymple", a gafodd ddeg o blant gwaed cymysg, a "Fanny Cochrane" a gafodd un ar ddeg. Ymgyrchydd blaenllaw dros hawliau'r Tasmaniaid yw Michael Mansell, bargyfreithiwr sydd o dras Dasmanaidd ar ddwy ochr ei deulu. Rwyf wedi darllen peth o'i ysgrifennu coeth, ac mae'n anodd ei ddychmygu'n byw mewn *gunyah*.

"Cenedl heb iaith, cenedl heb galon," medd y Cymry. Mae'r

mwyafrif o ieithoedd Cynfrodorol Awstralia wedi hen ddiflannu, ond erys tua ugain, mewn ardaloedd anghysbell, a ystyrir yn gymharol "gryf". Cyfanswm o tua 50,000 o bobl sy'n eu siarad, sef oddeutu 12 y cant o'r holl Gynfrodorion. Nid oes gan yr un o'r ieithoedd cryfaf fwy na rhyw 4,000 o siaradwyr, a'r rheiny'n tueddu i berthyn i'r genhedlaeth hŷn. Nid yw Awstralia at ei gilydd o ddifrif dros achub ieithoedd Cynfrodorol: y cam mwyaf ymlaen oedd cychwyn addysg ddwyieithog mewn dyrnaid o ysgolion y Northern Territory yn yr 1970au; a'r cam mwyaf yn ôl oedd ei diddymu yn yr 1990au. Mae'r rhagolygon yn ddu.

Er mor fach yw nifer y Cynfrodorion, mae ganddynt safle neilltuol yng nghymdeithas Awstralia heddiw: gwaetha'r modd. Mewn dinas, tref a gwlad, ffurfiant ddosbarth difreintiedig. Yn 2001 gallent ddisgwyl byw, ar gyfartaledd, am tua 62 o flynyddoedd, o'i gymharu â 80 mlynedd ar gyfer Awstraliaid yn gyffredinol. Roedd 20 y cant ohonynt yn ddiwaith (Awstraliaid: tua 6-7 y cant), a 3.7 y cant yn meddu ar radd baglor neu uwch (Awstraliaid: 16.9 y cant). Roedd plant Cynfrodorol yn ddwywaith debycach na phlant Awstralaidd eraill o farw cyn cyrraedd un oed, ac roedd 20.5 y cant o dan "orchmynion gofal a gwarchod" (Awstralia: 3.5 y cant) – ai mor wirion plantgipwyr y Genhedlaeth Ladrad? A Chynfrodorion yn 2 y cant o boblogaeth y wlad, cyfrannent 20 y cant o boblogaeth y carcharau. Yng nghanol moeth a golud Awstralia, wele'r Cynfrodorion yn gymdeithas drydydd byd; neu yng ngeiriau adroddiad ar gyfrifiad 2001: "*Similar to that of people in low development states … approximating that of the people of Pakistan.*"

Droeon yn ystod ein teithiau daeth fy ngwraig a minnau ar draws Cynfrodorion a phobl o ynysoedd Culfor Torres. Fe'u cawsom yn wahanol iawn i'r Awstraliaid siriol. Fel rheol rhai sarrug, diserch oeddent (er bod eithriadau, yn enwedig ymhlith yr Ynyswyr). Ond pam dylent wenu ar bobl wyn fel ni; neu o gwbl?

3 Victoria

Nid oeddwn yn fodlon ar arian Awstralia. Pan ystyriwch rai o'r ariannau difyr sydd i'w cael yn y byd – y Won a'r Leu, y Ringgit, Birr a Dong, hyd yn oed y Rand a'r Ewro – mae AUS$ yn ddi-liw a hirwyntog. Beth am y Canga, wedi'i rannu'n 100 Rw? Byddai hynny'n plesio Christopher Robin o leiaf.

Gadawsom Myers Creek ganol bore a gyrru i fyny'r cwm i weld y Maroondah Reservoir. Wrth droed y gronfa roedd parc gyda chae a choed, yn frith o fyrddau a phentanau barbeciw, a dyna lle gorffwysai fy ngwraig tra dringais i ben yr argae. O gylch y llyn codai bryniau fforestog, ac roedd y gwynt yn gyrru cesig gwyn dros wyneb y dŵr: man gwyllt, gwgus – gallasai fod yn unrhyw gronfa lom yng Nghymru.

Pan ddes i lawr roedd fy ngwraig yn eistedd ar fainc yn sgwrsio â gwraig dipyn yn hŷn na ni – tipyn yn fwy anturus hefyd ... Un o Hobart, Tasmania, oedd hi, ac yn meddwl bod Tasmania'n hyfryd ac yn dda am bysgota brithyll. Ond roedd yn oer yn y gaeaf, felly bob mis Mehefin roedd hi a'i gŵr yn dod â'u fan wersylla draw i'r tir mawr i chwilio am wres. Roedden nhw wedi bod i lawer lle, gan godi eu pabell mewn mannau clyd yn yr Outback a choginio ar *hot box* (dwi'n dal heb wybod beth yn union yw *hot box*). Ond Queensland oedd orau, ac ar eu ffordd adre o Queensland roedden nhw nawr.

Roeddem eisiau gweld rhai o winllannoedd y Yarra Valley. Mae'n enwog am ei winllannoedd; mae dwsinau ohonynt ...

Gwin, y gwirod gwaraidd. Beth allai fod yn fwy soffistigedig na'r poteli gwylaidd hynny gyda'u lluniau o *châteaux* cymen a'u henwau'n tarddu o dirweddau Ffrainc? A phryd y teimlwn yn well ein byd nag wrth eistedd gydag un o'r rhain fin nos ar ryw deras uwchben y Med?

Ac wedyn, dyna'r *mystique*! Y ffansïo barddonllyd hwnnw am "drwyn" a "thaflod" a *bouquet* a sawr; am ba win sy'n cyd-fynd â pha fwyd. Aruchededd synhwyrus, neu fursendod, neu jôc?

Ond "gwatwarwr yw gwin, a therfysgwr yw diod gadarn; nid doeth mo'r sawl sydd dan eu dylanwad." Melltith oeddent i'n cyndeidiau, dinistr ydynt i'n hieuenctid ffôl. Pa Gymro o dras anghydffurfiol all gyffwrdd â nhw heb bang o euogrwydd? Ac mae elfen bersonol i'r peth. Cyfnither bell imi, genedlaethau yn ôl, oedd yr arwres ryfedd honno Cranogwen, sefydlydd Undeb Dirwestol Merched y De.

Felly dyna oedd diwrnod braf pan gyhoeddwyd y dylem i gyd yfed gwydraid o win coch bob dydd *er lles ein hiechyd* ...

Nodwedd gwinllannoedd y Yarra Valley, a holl winllannoedd Awstralia am wn i, yw'r *Cellar Door*. Nid am ddrws seler rwy'n sôn. Y *Cellar Door* yw'r stafell lle gosodir allan botelau enghreifftiol o win a chynnig ffioleidiau bach i ymwelwyr eu blasu. A lle trist fyddai'r *Cellar Door* nad oedd ganddo fwyty hefyd.

Y ffordd orau i ymweld â gwinllannoedd, mae'n siwr, yw gwneud taith dywysedig mewn bws; yna medrwch flasu faint fyd fynnoch chi o winoedd heb ofni gyrru i'r ffos. Roedd teithiau felly i'w cael yn y Yarra Valley, ond pan aethom i swyddfa dwristiaeth Healesville roeddem yn rhy hwyr i fwcio un. Felly rhoddodd y fenyw garedig fap pert o winllannoedd y Yarra Valley inni, ac awgrymu ein bod yn cychwyn gyda gwinllan River Stone, nad oedd yn bell o Healesville. Gyrasom ar hyd y Maroondah Highway, ac yna dilyn lôn gul trwy'r caeau ac i fyny llethr, oherwydd roedd *Cellar Door* River Stone ar ben bryn.

Lletchwith yw mynd ar ofyn gwinllannwr am flasiad rhad o'i

win os nad oes gennych fwriad prynu. Ac o ystyried ein lwfans pwysau ar awyrennau, a'r galwyni o win Awstralia sydd i'w gweld ar silffoedd siopau gartref, nid oeddem am brynu defnyn, felly ni phrofasom winoedd River Stone. Ond cawsom ginio arbennig o dda: *antipasto* oer, gydag olifau gwyrdd wedi eu stwffio, olifau du gyda'u cerrig, cnau, salami, tomatos heulsych, stribedi *aubergine* a chalonnau *artichoke*; ac yna caws Camembert Awstralaidd a chaws Cheddar Awstralaidd o'r Mersey Valley, Tasmania; ac ni chofiaf gael Cheddar gwell. A chawsom un gwydraid bach iachusol sobr o Cabernet Sauvignon. Buasem wedi bwyta yn yr awyr iach, gan edrych dros rengoedd y gwinwydd ar y llethrau, ond bod y gwynt a fu'n tarfu gynnau ar lyn Maroondah bellach yn chwipio feranda River Stone.

Man diarffordd oedd pen bryn River Stone, a ni oedd yr unig gwsmeriaid. Dywedodd y weinyddes – y berchenoges efallai – mai gwinllan fach oedd, a'r gwin heb fod ar werth ym Mhrydain. Dywedodd hefyd fod hwn yn amser caled ar winllannoedd bach Awstralia, oherwydd gorgynhyrchu gan winllannoedd mawr.

Yna aethom am daith o gwmpas rhai o winllannoedd eraill y Yarra Valley; heibio Dominique Portet, a Badger's Brook, ac Oakridge, hyd at Domaine Chandon, sy'n gangen o gwmni siampaen Moët et Chandon. Roedd bysys ym maes parcio Domaine Chandon, a thwristiaid yn heidio hyd y lle, ond roedd braich fy ngwraig yn boenus a'r *Cellar Door* yn bell, felly ymlaen â ni heibio gwinllan St Hubert's, a heibio pentre Coldstream, lle'r oedd cartref Dame Nellie Melba, nes dod at Yering Station a Yering Farm.

Roedd Yering Station yn fawr a hen, y winllan hynaf yn Victoria. Cychwynnwyd yn 1838, ddwy flynedd ar ôl i John Batman gyrraedd Port Phillip. Roedd Yering Farm hefyd yn hen; edrychai o bell fel murddun, a'r to sinc yn rhwd i gyd. Ond roedd golwg "dreftadol" ar y rhwd – oedden nhw'n ei *feithrin*, tybed?

Pan oedd Anthony Trollope yn Awstralia, yn 1871-2, roedd hi eisoes yn cynhyrchu lliaws o winoedd, a bu yntau'n bur ddirmygus ohonynt. Ond gwnaeth un eithriad: "*There is now on sale in Melbourne, at the price of, I think, threepence a glass, – the glass containing about half a pint, – the best vin-ordinaire that I ever drank. It is a white wine, made at Yering, a vineyard on the Upper Yarra ...*" Yering Farm neu Yering Station fyddai honno.

Ac yn Yering Farm mi flason ni'r gwin. Doedd hynny ddim yn lletchwith o gwbl – cododd y ferch ddau ganga arnom am y fraint! Rhoesom gynnig ar y Pinot Noir a'r Shiraz. Tarddodd grawnwin Shiraz yn Iran, a phleser yw diolch i'n cyfeillion Islamaidd amdanynt; ys dywedodd Edward Gibbon: "*In every age the Persians have been addicted to intemperance, and the wines of Shiraz have triumphed over the law of Mahomet.*"

Sawr "*pepper, spice, plum, dark cherry and vanilla*" oedd i fod gan y Shiraz, a "*sweet strawberries and cherries*" gan y Pinot Noir. Methais â'u canfod, ond roedd y gwin yn hyfryd, a phrynasom gwpwl o boteli wedi'r cyfan, i'w rhoi i'n ffrindiau yn y Dandenong Hills. Ac o ganlyniad cawsom ein dau ganga yn ôl.

Cuddir y Dandenong Hills gan fforestydd tywyll o goedredyn ac o'r pren tra uchel hwnnw, gyda boncyff noeth unionsyth fel llumanbren, a eilw'r Awstraliaid "*mountain ash*". Mae ychydig o dai ar wasgar yn y fforest, ond nid ychwanegir llawer atynt, am na cheir cwympo coeden mwyach heb ganiatâd. Os byddwch yn lwcus, meddir, mi welwch *lyre-bird* yn lledu ei gynffon ymysg y canghennau. Ymddolenna ffordd rhwng pentrefi clyd y goedwig: Ferntree Gully, Ferny Creek, Sassafras, Olinda, Kalorama. Weithiau, wrth yrru ar hyd-ddi, caem gip trwy'r dail ar ddinas Melbourne, a dyfroedd Port Phillip tu hwnt, a mynydd Arthur's Seat ar y gorwel tua'r môr.

Un noson, mewn bwyty yn Olinda, cawsom stecen ffiled cangarŵ gyda phigoglys, tatws melys a saws Pinot Noir; roedd yn dyner a blasus ac nid annhebyg i gig carw. Noson arall aethom i lawr i *noodle house* Maleiaidd yn Knox City, ar gyrion Melbourne, a chael *nasi lemak* (sef reis wedi'i goginio mewn llaeth cnau coco), *achar* (picl Indonesaidd) ac *ikan bilis* (math o *anchovy*), gyda chnau, wy a chyrri cyw iâr. Does dim diwedd ar bosibiliadau bwyta yn Awstralia.

Oesoedd yn ôl, pan oeddwn yn yr ysgol, roedd gennym athro daearyddiaeth bythgofiadwy: dyn tal, tenau, cefngrwm, ffromllyd, ffraeth, fel crëyr glas am lowcio bechgyn drwg. "*Bendigo-and-Ballarat*", dwy brif ganolfan diwydiant aur Victoria, oedd un o'i bynciau. A dyma ni, yn Melbourne, o fewn cam ceiliog iddynt. Rhaid oedd mynd i'r naill neu'r llall!

I Ballarat yr aethom, am inni glywed fod yno dref "amgueddfaol", ar lun trefi'r Rhuthr Aur. Yn Ballarat y cychwynnodd Rhuthr Aur Victoria, yn 1851.

California 1849 oedd y Rhuthr Aur mawr cyntaf i danio dychymyg byd (fel y tystia'r "*miner, forty-niner, and his daughter Clementine*"). Tua chanol 1851 bu sawl rhuthr bach yn New South Wales, a ddenodd chwilwyr o Victoria, gan amddifadu masnachwyr Melbourne o'u *clientèle*. Felly i'w denu'n ôl cynigiodd y masnachwyr wobr i'r cyntaf fyddai'n darganfod maes aur proffidiol ger Melbourne. Ym mis Awst 1851, golchodd rhyw Connor a'i gyfeillion 30 owns o aur mewn diwrnod ar lan ffrwd yng ngweundir Ballarat. Ac aur yn £3 4s yr owns ar y pryd, buasai hynny'n werth £96.

Efallai nad yw hynny'n swnio'n llawer, ond yn 1851 byddai gweithwyr cyffredin Melbourne yn ennill tua £100 y flwyddyn, a'u tebyg ym Mhrydain tua hanner hynny, a byddai gwas fferm yng Nghymru yn eithaf bodlon ar £10 y flwyddyn a'i gadw. Ac nid Connor oedd yr unig un i ddarganfod aur yn Ballarat.

Disgynnodd twymyn aur ar Melbourne. Llifodd dynion tua'r cloddfeydd. Aeth saer a chrydd, siopwr a choetsmon, cyfreithiwr a'i glerc, heddwas ac ynad. Daeth busnes i stop. Segurai llongau yn y dociau am i'w criwiau ddiflannu i'r bryniau. Toc daeth chwilwyr o rannau eraill o Awstralia, yna, yn lluoedd, o bedwar ban byd.

Gwnaeth sawl un ei ffortiwn yn Ballarat. Enillwyd £55,000 – yn arian yr 1850au – o un hawl 24 troedfedd sgwâr mewn oddeutu mis. Daeth rhywun o hyd i delpyn aur yn pwyso 132 pwys 8 owns, gwerth bron i £700,000 heddiw. Stwff chwedloniaeth! Daeth eraill o hyd i ddim, a gwastraffu eu hamser a'u harian. Ond dyna natur y lotri aur: rhai'n ennill, rhai'n colli, ond pawb yn gobeithio am y jacpot: y jacpot di-dderbyn-wyneb a gyfoethogai feistr neu was.

Ac roedd chwilio mor hawdd – ar y dechrau, ac os oeddech yn lwcus ... Doedd ond eisiau cyrcydu yn ymyl nant, a llenwi'ch padell â phridd a dŵr – gwnâi sosban y tro; yna chwyrlïo'r badell o ochr i ochr, ac arllwys ymaith y dŵr a'r llaca; a dyna'r gronynnau trwm o aur yn disgleirio yn y gwaelod ... Neu mi allech fynd i rodio yn y diffeithwch, gan golbio'r graig â'ch morthwyl bob hyn a hyn; ac yn sydyn wele wythïen yn y cwarts ...

Ond ymhobman, ac yn Ballarat, buan yr aeth heibio'r dyddiau hawdd. Yna bu'n rhaid palu tyllau dwfn yn yr hen bridd afon, gwaddod miloedd o flynyddoedd; neu suddo siafftiau trwy'r graig. Gofynnai hynny am nerth braich a dyfalbarhad, a medr, a chyfalaf hefyd. Dechreuodd cwmnïau ddisodli'r cloddiwr unig.

Roedd pawb yn gyfartal ar y maes aur, beth bynnag fo'u statws yn y byd allanol. Doedd dim gwahaniaeth rhwng labrwr, crefftwr, banciwr ac arglwydd – cloddwyr oeddent i gyd. Ond mi roedd 'na wahaniaeth hefyd. Y rhai fu uchaf eu cyflwr mewn cymdeithas – clercod, masnachwyr, boneddigion – a wnâi'r cloddwyr gwannaf, a'u dwylo meddal yn annheilwng i ddatod carrai esgid y gwerinwr gwydn, a fu'n arfer chwysu wrth ei waith. Ar ben y domen roedd y mwynwr profiadol, a ddeallai graig a thechnegau mwyngloddio. Câi hwnnw gyflog da gan unrhyw gwmni; ond gwell ganddo weithio drosto'i hun nag am gyflog. Tyrrodd dynion felly i Victoria.

Aur oedd sylfaen Victoria. Yn 1851 roedd ganddi boblogaeth o 97,000. Ychwanegwyd rhyw 95,000 ym mlwyddyn gyntaf y Rhuthr. Erbyn 1856 roedd hi wedi cyrraedd 400,000, a 540,000 erbyn 1861, gan gynnwys 110,000 o fwynwyr. Yn y cyfamser tyfodd poblogaeth Melbourne o 23,000 i 125,000: oherwydd, gan amlaf, y rhai a elwai fwyaf ar ruthr aur oedd nid y mwynwyr ond y dynion busnes a ddarparai ar eu cyfer.

Daeth y Rhuthr ar adeg anodd i Victoria. Dim ond yn 1851 y cafodd ei gwahanu oddi wrth New South Wales; a bu newid llywodraethwyr yn 1853, pan ddisodlwyd Charles La Trobe gan Syr Charles Hotham. Rheolai Hotham gyda chymorth Cyngor Deddfwriaethol, a thraean o'i aelodau'n gyfetholedig, a'r deuparth arall wedi'u hethol gan y dosbarth cefnog yn unig – nid annhebyg oedd etholwyr Prydain ar y pryd, yn y cyfnod hwnnw rhwng Deddfau Diwygio 1832 ac 1867.

Roedd y cloddwyr ar y llaw arall yn ddemocratiaid i'r carn, a llawer ohonynt o dymer wrthryfelgar. Roedd yn eu plith nifer o Americanwyr gwrth-Brydeinig, miloedd o Wyddelod a chanddynt reswm i gasáu'r Saeson, a sawl Siartydd (mewnfudwyr rhydd, nid carcharorion). Bu'r Siartwyr ers blynyddoedd ar flaen y gad dros ymestyn democratiaeth ym Mhrydain.

Dyletswydd Hotham oedd cadw trefn ar gloddwyr Victoria. Golygai hynny gyflogi heddweision, milwyr, swyddogion a Chomisiynwyr Aur, ac roedd y rheiny'n ddrud, a'r llywodraeth eisoes mewn dyled ddofn. Pwy oedd i dalu? Y cloddwyr, wrth gwrs. Mynnodd Hotham fod pob cloddiwr i godi trwydded am 30 swllt y mis, boed yn ennill neu beidio (ac roedd llawer yn ennill dim): swm aruthrol, yn ôl safonau'r oes.

Dyn o'r enw Robert Rede oedd y Comisiynydd Aur yn Ballarat; ac wrth ei gefn roedd tua phedwar cant o filwyr a heddweision arfog. Bob wythnos archwiliai'r heddlu drwyddedau'r cloddwyr, gan restio'r rhai na fedrai ddangos trwydded. Roedd plismyn Rede yn filain a llwgr, a chododd sawl sgandal yn eu cylch.

Trwydded ddrud, heddlu budr ... Bu cyfarfodydd protest, a miloedd o gloddwyr yn eu mynychu. Ar 1 Tachwedd 1854 ffurfiwyd y Ballarat Reform League, dan gadeiryddiaeth John Basson Humffray, Siartydd o Sir Forgannwg. Humffray yn bennaf a luniodd gyfansoddiad y League, a hefyd y gofynion a gyflwynodd y League i'r Llywodraethwr Hotham. Gofynion nodweddiadol Siartaidd oeddent: y bleidlais i bob oedolyn (ac eithrio merched ...), pleidlais ddirgel, ardaloedd etholaethol teg ac ati. Gofynnwyd hefyd am ddiwygio gweinyddiad y meysydd aur a diddymu trwyddedau cloddio.

Roedd y cloddwyr yn gyrru ceffyl parod. Roedd cwestiwn y bleidlais eisoes gerbron llywodraeth Llundain. Ac roedd Hotham eisoes am sefydlu Comisiwn Ymchwil ar y Meysydd Aur, gyda'r gallu i ystyried trwyddedau a dulliau gweinyddu. A chynigiodd Hotham damaid i aros pryd: lle yn ei Gyngor Deddfwriaethol i gynrychiolydd wedi ei ethol gan y cloddwyr ...

Ond gwrthododd y cloddwyr y cyfan – gormod o "efallai" a dim digon o gig! A doedd ganddynt ddim ffydd yn llywodraeth Hotham. Serch hynny roedd Humffray dros barhau i drafod, a'r mwyafrif llethol o'r cloddwyr yn cytuno. Ond cipiwyd yr awenau gan benboethiaid, dan arweiniad Gwyddel o'r enw Peter Lalor. Llosgasant drwyddedau; a phenodi Cyngor Rhyfel; ac ymdrefnu'n gatrodau a dechrau drilio â gynnau. Codwyd baner gwrthryfel ...

Baner ddiddorol hefyd: dangosai gytser y Groes Ddeheuol yn erbyn cefndir glas; y tro cyntaf i'r ddyfais honno gael ei harddel, credir. Ffurfia'r Groes Ddeheuol dri chwarter o luman Awstralia heddiw, a Jac yr Undeb y chwarter arall. Amlwg iawn yw'r Groes Ddeheuol yn ffurfafen Awstralia – yr amlycaf o ddigon o holl ffigyrau'r nos. Ond mae sêr y faner wedi'u trefnu'n fwy destlus na sêr y nef! ...

Gwersyllodd y gwrthryfelwyr ar wastadedd Eureka a chodi mur o geirt a pholion o'u hamgylch – yr "Eureka Stockade". Gwnaethant ddigon o sŵn a ffwdan ond dim niwed, ac ymhen ychydig aeth y rhan fwyaf adref.

Ond roedd penboethyn arall yn Ballarat: y Comisiynydd Rede. Roedd am ddangos i'r cloddwyr pwy oedd y meistr. Gyda'r wawr ar ddydd Sul 3 Rhagfyr 1854 danfonodd fyddin o 276 o ddynion arfog i Eureka. Taniwyd gwn – ni wyddys o ba ochr. Yn y frwydr fer a ddilynodd lladdwyd chwe milwr a thua dau ar hugain o gloddwyr. A restiwyd tri ar ddeg o'r cloddwyr a'u rhoi ar brawf ar gyhuddiad o deyrnfradwriaeth.

Ond roedd Rede wedi mynd yn rhy bell. Trodd barn gyhoeddus Victoria yn ffyrnig yn ei erbyn, a thaflodd y llysoedd y cyhuddiadau allan. Ac yn ystod y misoedd nesaf cafodd y cloddwyr eu dymuniadau bron i gyd. Ad-drefnwyd gweinyddiad y meysydd aur o'r gwraidd. Tociwyd y drwydded gloddio o 30 swllt y mis i £1 y flwyddyn (a'r llywodraeth yn adennill y cyllid coll trwy osod treth allforio ar aur). A chafodd pob perchen trwydded y bleidlais. A fuasai'r cloddwyr wedi cael hyn oll heb wrthryfel Eureka? Mwy na thebyg!

Gwna rhai Awstraliaid rhamantus fôr a mynydd o Eureka, gan ei ddisgrifio fel "*the cradle of Australian democracy*" neu "*a revolt of free men against imperial tyranny*" ac yn y blaen. Carent feddwl bod eu cyndadau wedi gorfod "brwydro" am eu rhyddfreiniau ... Rwtsh! ... Roedd llywodraeth Llundain wedi dysgu gwers wrth golli taleithiau America, a bu'n *gwthio* democratiaeth ac ymreolaeth ar ei threfedigaethau gwyn. Am gyfran dda o chwarter olaf y bedwaredd ganrif ar bymtheg, bu'n erfyn ar Awstralia i dderbyn ffederasiwn ac annibyniaeth, a'r Awstraliaid eu hunain yn gwrthod – er na chlywch lawer am hynny heddiw! ... Ond pwy ydym ni'r Cymry i'w gwawdio, wedi pleidleisio unwaith yn erbyn datganoli, a bron iawn ddwywaith?

I rai Awstraliaid, mae Peter Lalor, arweinydd gwrthryfel Eureka, yn arwr. I mi, y gwir arwr yw John Basson Humffray, y Cymro rhesymol a geisiodd gadw'r heddwch. Ond gadawn i gloddwyr Ballarat benderfynu. Yn etholiad 1855, y cyntaf wedi iddynt gael y bleidlais, dewisasant Lalor a Humffray ill dau i'w cynrychioli yn Senedd Victoria. Daeth Lalor maes o law yn llefarydd y Senedd, a Humffray'n Weinidog Mwyngloddiau.

Roedd Humffray'n un o laweroedd o Gymry a heidiodd i Ballarat yng nghyfnod yr aur. Unwaith roedd o leiaf bum eglwys

Gymraeg yn y cyffiniau (medd Arthur Festin Hughes), ynghyd ag eisteddfod flynyddol lewyrchus. Cewch flasu tipyn o awyrgylch yr eisteddfod yng ngwaith godidog Bethan Phillips am Joseph Jenkins, y *swagman* o Geredigion.

Gyrasom i Ballarat ar hyd y briffordd y buasai'r cloddwyr wedi'i chymryd, rhai mewn ceirt, eraill â'u swagiau ar eu cefn – llwybr pridd oedd hi yr adeg honno. Aethom dros wastadedd glaswelltog, gwanwynol, a choed ewcalyptws ar wasgar yn y caeau. Yna daethom at fryn serth, a dychwelodd y gaeaf: wybren ddu, mellt a tharanau, glaw'n lluchio i lawr, wedyn cenllysg. Petaem mewn cert, buasai'n rhaid inni ddisgyn a helpu i'w hwpo trwy'r llaca. Yna'n sydyn roedd hi'n wanwyn drachefn.

Roeddem yn chwilio am "Sovereign Hill", y dref amgueddfaol yn Ballarat ... Ysywaeth! Tref gwbl artiffisial yw hi – "atgynhyrchiad creadigol" o *unrhyw* dref o Ruthr Aur yr 1850au – a'r adeiladau'n ddiweddar ac wedi'u patrymu ar hen luniau. Ond rhoddir bywyd iddi gan boblogaeth o actorion, mewn gwisg hynafol, sy'n dynwared cymeriadau o'r cyfnod. A gallwch ymweld â hen fwynglawdd aur go iawn y Sovereign Quartz Mine, a phadellu'ch hunan am aur yn y Red Hill Gully.

Gadawsom y car yn y maes parcio, a chodi'n tocynnau, a mynd trwy'r glwyd i Sovereign Hill. A ffug neu beidio, lle cyffrous oedd e! Gallech yn hawdd eich tybio'ch hun mewn rhyw dref fwyngloddiau gynt – rhyw Buninyong neu Tarrangower – oni bai am yr holl dwristiaid fel ni a'r cannoedd o blant ysgol yn gwibio yma a thraw. Dringai Stryd Fawr bridd eang o gylch ysgwydd y bryn, heibio efail, ac ocsiwnîr, a stablau, ac ocsiwnîr arall, a siop pobydd, a stiwdio ffotograffydd ... Roedd yno actorion o foneddigion yn swagro mewn het silc a chot gynffon, boneddigesau mewn crinolin, morynion mewn ffedog, gweithwyr â chadach am eu gwddf ... Trotiodd pedwar ceffyl gwedd heibio – Clydesdales neu Percherons efallai – yn tynnu un o goetsys Cobb & Co ...

Cawsom *cappuccino* mewn ciosg lluniaeth ynghudd tu ôl i'r swyddfa bost, yna mynd i'r afael â chwilio siopau'r Stryd Fawr ... Doedden ni ddim yn ffansïo'r losin berwi ac almonau siwgr a werthai "Charles Spencer, Confectioner"; na chwaith *"your name printed on an 1850s-style news poster"* gan hen argraffwasg y *Ballarat Times* (er y buasem wrth ein bodd yn prynu allbrint o rifyn Eureka, os bu un) ... Roedd "Rees & Benjamin, Watch & Clockmakers" yn swnio'n Gymreigaidd, ond roedd ar gau ... Felly aethom i "Robinson & Wayne's Apothecaries' Hall", lle'r oedd y silffoedd yn llawn poteli gwydr lliwgar ac enwau Lladin arnynt, a'r cownter yn llwythog o sebon, a rhiwbob, a *bluestone* ... Roeddwn am ofyn i'r Apothecari beth oedd *bluestone*, ond brysiodd ymaith i herio'r Pregethwr dirwestol oedd yn gweiddi ar y stryd –

"Ddynion gwirion, ddynion gwirion, ymwrthodwch â'r ddiod gadarn!"

A'r Apothecari goleuedig: "Pa lol yw hyn, Bregethwr? Oni throdd Iesu ei hunan ddŵr yn win? ..."

A'r Pregethwr: "Do ... Gwin – nid *gin*!"

Aethom i'r "Criterion Store, Drapers, David Jones Proprietor": lle mawr cysgodol, yn gwerthu dillad a brethyn a llieiniau les, a phethau hardd ar gyfer babanod yn ôl fy ngwraig – *antiques* go iawn efallai. Ac meddai'r siopwraig wrthi, *"How did you get that, darling?"*, a chael hanes y fraich a chanmoliaeth o'r Alfred, ond roedd hi'n meddwl nad oedd gwasanaeth iechyd Awstralia hanner cystal ag y bu.

"Pwy oedd y David Jones 'ma?" holais. "Nid yr un o Landeilo a sefydlodd *department stores?*"

"O na," meddai hithau, "roedd yn dod o'r Bermo ac yn berchen tair siop yn ardal Ballarat. Ond bu farw tua'r 45 oed, a fi yw ei weddw. A chyn ei briodi, roeddwn i'n wraig i lawfeddyg, a gwympodd yn gelain ar fin y ffordd wrth ddod adre o weld claf yn y *bush*. Ac ar ôl llawfeddyg, fuaswn i ddim wedi priodi David Jones oni bai bod tipyn o arian ganddo, na fuaswn?"

A daeth arnaf awydd chwarae rhan David Jones fy hun am bum munud, a drysu cwsmeriaid â thamaid o Gymraeg. Ond doedd gen i mo'r dillad iawn; ac yn sicr nid y dafodiaith.

Aethom heibio'r "New York Bakery" a'r "United States Hotel" a'r "Colonial Bank of Australasia" a'r "Gold Office", ac i mewn i'r "Charlie Napier Hotel". Gwesty pobl barchus, roedd hynny'n glir! Roedd yno stafell gyfarfod fawr gyda bwrdd pren hirgul, wedi ei neilltuo ar gyfer y Seiri Rhyddion; a stafell wely gyda thri gwely haearn efo cwrlidau gwyn twt, a photyn dan bob gwely, a phedair cist fawr (dwy o bren, un o ledr, ac un o wiail plethedig), a bwrdd ymolchi gyda chawg a stên ... O'r 1850au! ... Roedd pethau tebyg gan deulu fy nain yn yr 1950au!

Cerddasom i ben y dref ac edrych ar y Capel Wesle a'r "Empire Bowling Saloon", yna i'r Sovereign Quartz Mine ar gyfer y daith dywysedig. Prynasom docynnau wrth gwt Rheolwr y Pwll, ac aros am ychydig gyda'r twristiaid eraill yng nghysgod yr olwyn fawr, ymysg tomenni sorod a sianeli dŵr, rhwng tŷ'r berwedydd a siop y gof, nes i'r tywysydd ddod i'r fei a'n harwain i gyd ar hyd lefel i grombil y bryn. Dyddiai'r pwll o'r 1860au, meddai, ond roedd wedi'i adnewyddu ar gyfer ymwelwyr. Dilynasom lwybr dan ddaear, heibio ogof ginio'r mwynwyr, a chael golwg ar ambell dalcen gwaith a agorai oddi ar y llwybr ... Byddai'r mwynwyr yn torri talpiau o'r graig, meddai'r tywysydd, ac yn eu llwytho ar ddramiau i fynd at y batri i gael eu malu ... A'r ffordd roedden nhw'n cael y talpiau oedd trwy ddrilio tyllau yn y graig a'u stwffio â phowdr tanio, yna cynnau ffiws, a chilio i aros am y ffrwydrad ... Ond efallai na fyddai ffrwydrad, a byddai'n rhaid chwilio pam – a dyna'r pryd y câi dyn anlwcus ei chwythu i dragwyddoldeb; nes i Nobel ddyfeisio deinameit yn 1866-7, a gwneud tanio'n saffach.

Holais pwy oedd y mwynwyr gorau.

"Dynion Cernyw," meddai'r tywysydd, "am eu bod wedi arfer â chraig galed."

"Beth am y Cymry?"

"Bydden nhw gyda'r ail orau."

Wrth inni ddod allan i'r awyr iach, daeth Rheolwr y Pwll heibio – dyn ifanc cernflewog yn gwisgo siwt dywyll, gwasgod bob lliw a het fowler â'i chantel yn troi i fyny. Pan glywodd imi fod yn holi am y Cymry, lansiodd i ddarlith am Owain Glyndŵr – roedd yn gwybod mwy na fi am Owain Glyndŵr!

"Sut yn y byd ych chi'n gwybod cymaint am Owain Glyndŵr?" holais.

"Mae gen i radd mewn Hanes," meddai – esgus gwan iawn yn fy marn i ... Ond cawsom argraff yn ystod ein taith fod nifer o Awstraliaid yn gwybod rhywfaint am Gymru – yn wahanol i Ewropeaid, heb sôn am Americanwyr.

Ond roedd hi bron yn amser ymadael, a minnau heb badellu! ... Rhaid bod Red Hill Gully rywle wrth waelod Sovereign Hill ... Deuthum at y Pentref Tsieineaidd, gyda theml a stôr a phebyll (chwe Chinaman i'r babell yn y dyddiau fu). Lle'r oedd Tsieineaid, allai'r golchi ddim bod ymhell ... Ac wele nant yn llifo rhwng glannau lleidiog, a bili-cans gwag ynghrog dros aelwydydd marw, ac ugeiniau ac ugeiniau o blant gyda rhofiau a phadelli yn tyrru wrth y dŵr. Felly cefais innau raw a llenwi padell â dŵr a llaid, a swatio ymhlith y plant i chwyrlïo ... Efallai fod y cloddwyr cyntaf wedi ennill cyfoeth yma; a'r rhai nesaf yr wyth swllt y dydd a dalai am eu cadw; a'r Tsieineaid, a ddaeth olaf, ryw ddeuswllt y dydd trwy weithio'n ddygn. Ond ers chwarter canrif bellach bu holl blantos Victoria – gor-or-or-wyrion a gor-or-or-wyresau'r cloddwyr – yn golchi'r aur olaf o Red Hill Gully; ac ni thywynnodd yr un gronyn bach melyn yng ngwaelod fy mhadell.

Roedd y chwe diwrnod ar ben ac roedd yn bryd inni ymweld ag Adran Trawma'r Alfred. Bu'n rhaid codi am chwech y bore i gyrraedd yr apwyntment am chwarter i naw, ond doedd gan yr Adran ddim cofnod ohono, a buom yn crwydro'r ysbyty am hanner y bore cyn cael pelydr-X newydd a chyfweliad â Dr Craig, anferth o foi ifanc, tal, golygus, a ddywedodd fod yr asgwrn wedi'i osod yn dda, a'r clwyf yn gwella'n iawn, ond bod rhaid dod yn ôl am belydr-X arall ymhen yr wythnos.

"Ond mi fyddwn ni yn Cairns ymhen yr wythnos!"

Cairns? Gallem fod yn sôn am y Flying Doctor neu ryw dwll yn yr Outback!

"Dwi'n siwr y cewch driniaeth foddhaol yn Cairns," meddai Dr Craig yn amheus. "Ond dyma air o gyngor ichi. Ewch at feddyg teulu, nid i ysbyty. Mewn ysbyty mi gaech sylw ar sail blaenoriaeth, a gall hynny olygu disgwyl trwy'r dydd."

"Ond fu dim oedi o gwbl yr wythnos diwethaf yn yr Alfred ..."

"Yr wythnos diwethaf roedd yr asgwrn toredig yn peryglu'r nerfau a'r cyflenwad gwaed, felly mi neidioch chi'n syth i ben y rhestr. Ond *check-up* – does dim blaenoriaeth i hwnnw!"

Gan ufuddhau i gyngor un o'n meibion, oedd wedi bod i Awstralia, aethom am dro ar hyd y Great Ocean Road, sy'n dilyn arfordir y de rhwng Melbourne ac Adelaide.

Ond cyn cychwyn ar y Great Ocean Road, dylem sôn am wacter ... Mae Awstralia yn lle gwag. Dwy ganrif yn ôl, a'i phoblogaeth o gwmpas 300,000, roedd hi'n anhygoel o wag, a dyna gyfiawnhad i'r dyn gwyn gipio tir y Cynfrodorion. Heddiw, a'i phoblogaeth oddeutu 21 miliwn, mae'n dal yn wag, gyda thua 2.6 person i'r kilometr sgwâr (140 sydd gan Gymru); a rhyw ddydd efallai bydd un o wledydd gorboblog y cyffiniau (Tsieina? Indonesia?) yn gweld hynny'n gyfiawnhad dros gipio tir yr Awstraliaid; yn enwedig os dyfeisir modd i ddyfrhau'r anialwch.

Ond mae Awstralia'n wacach na hynny. Crynhoir y mwyafrif o'r 21 miliwn i bum dinas o dros filiwn yr un – Sydney, Melbourne, Brisbane, Perth ac Adelaide. Felly tu allan i'r rheina mae hi'n wlad wag *iawn*. Ac mae'r pump mor bell oddi wrth ei gilydd fel mai'r unig ddull synhwyrol o deithio rhyngddynt yw mewn awyren.

Victoria, o bell ffordd, yw'r lleiaf gwag o daleithiau Awstralia, gyda 22 person i'r kilometr sgwâr, mewn ardal bron yn union yr un maint â'r Deyrnas Unedig. Ond mae poblogaeth y Deyrnas Unedig yn 60 miliwn, a phoblogaeth Victoria yn gwta 5 miliwn – a 3.5 miliwn o'r rheiny'n byw yn Melbourne. Lle gwag yw Victoria hefyd, felly.

Dychmygwch effaith yr holl wacter hwn ar yrru car! Mae gyrru mewn dinas yn uffernol wrth reswm, fel ymhobman. Ond mae gyrru yn y wlad fel breuddwyd o'r 1950au: ffyrdd cul, tawel; trafnidiaeth ysgafn; dim traffyrdd ... Mae'n *well* na hynny, gan fod cyn lleied o drefi a phentrefi ... Mae gennych hamdden i *fwynhau'r olygfa*! ...

Aethom trwy Melbourne, a heibio Geelong, ac ymuno â'r Great Ocean Road wrth Torquay. Aeth â ni weithiau trwy gefn gwlad ond gan mwyaf gyda'r glannau, gan droelli a chodi a disgyn rhwng clogwyni coediog a'r môr. Bob rhyw ugain milltir deuem at dref fach wrth aber afon – Anglesea, Lorne, Apollo Bay – lle rholiai tonnau gwyn o'r Eigion dros draethau llydan: lleoedd gwych at syrffio, os dyna'ch pleser.

Yn Apollo Bay yr oedd ein llety. Gyda'r hwyr gyrasom i'r bryniau, a chiniawa yn "Chris's Beacon Point Restaurant", lle goleuai ffenestri anferth frigau'r goedwig tu allan a'r adar nos a ymsymudai ynddi.

Apollo Bay: hanner cylch o fôr glas a thraeth gwinau rhwng dau benrhyn pell. Euthum am dro ar y tywod caled, lle bu ambell gerddwr ysgafndroed o'm blaen. Tu ôl i'r traeth roedd stribed o dwyni a moresg; yna llain lydan o laswellt; yna'r Great Ocean Road wedi ei gweddnewid yn bromenâd, gyda siopau a chaffes; a llethrau porfaog tu hwnt; a bryniau yn y cefndir. Cawsom frecwast o *muffins*, *croissants* a choffi yn y "Bay Leaf Café", a phrynu *kookaburra* gwlân yn un o'r siopau. Llinell o doeau sinc ac adeiladau unllawr pren oedd promenâd Apollo Bay – rhy debyg i Healesville! ... Byddai'n rhaid inni gasáu holl drefi bach Awstralia, fel gwnaeth Anthony Trollope, neu ymwroli i hoffi eu cymeriad ... anffurfiol? ... difyfyr?

Ar ôl Apollo Bay trodd y Great Ocean Road i'r berfeddwlad, a chrwydro am hanner can milltir trwy fforestydd llaith yr Otway Range. Lledai coed bonsyth eu canghennau ymhell uwchben yn y frwydr am oleuni; a rhestrai'r tywyslyfr eu henwau soniarus: "*mountain ash, bluegum, messmate, stringybark, ironbark, blackwood and beech*".

Daethom at y môr drachefn yn Port Campbell, un arall o'r trefi bach roedd yn rhaid inni eu hoffi, a chawsom ginio yn y "Waves Restaurant" ("*Good Food Guide–recommended*"). Gwelais "*seafood laksa*" fel *starter* ar y fwydlen, a gofyn i'r ferch beth oedd *laksa*, ac am iddi ddweud mai math o gawl o Malaysia oedd e, penderfynais ei drio.

Byddwch chi gogyddion a chogyddesau'n gwybod bod pob *laksa* yn seiliedig ar saws *laksa*, a bod saws *laksa*'n cynnwys coriander, cwmin, tyrmerig, winwn, sinsir, galangal, garlleg, pâst berdys, glaswellt lemon a hufen cnau coco.

Daeth powlen arswydus o fawr i'r golwg, yn llawn at yr ymylon. Os dyma'r cychwynnwr, pa angen gorffennwr? Gwelsom sawl powlaid a phlataid tebyg yn Awstralia, a cheisio dychmygu sut Lefiathan o ŵr neu wraig fedrai ddygymod â nhw.

Roedd pob math o bethau diddorol yn llechu yn y *seafood laksa*, a gofynnais i'r ferch beth oeddent. "Egin ffa," meddai, "nŵdls reis, nionod wedi'u ffrio, misglod, calamari, corgimwch, pysgod glas, pelenni pysgod, a darnau o *trevally* ..." Roedd yn felys, miniog, dieithr ac eithaf cyfareddol, ond bu'n rhaid imi gymryd llymaid o ddŵr. "A chyrri," meddai'r ferch. "A lot fawr o *chilli*."

Heb fod ymhell o Port Campbell mae golygfa enwoca'r Great Ocean Road, sef y "Twelve Apostles", clwstwr o greigiau calchfaen yn y môr; a'r lle gorau i'w gweld yw Glenample Homestead, lle mae canolfan ymwelwyr a llwyfan gwylio. Gyrasom ar draws gwastadedd llwm, gadael y car wrth Glenample Homestead, a dilyn y llwybr at y llwyfan. Roedd dwsinau o dwristiaid yno'n tynnu lluniau o'i gilydd, Tsieineaid neu Siapaneaid gan mwyaf, wedi'u lapio'n gynnes rhag y gwynt.

Gorffennodd y gwastadedd yn ddibyn sydyn uchel, a ddisgynnai fel wal i'r traeth. Safai'r Apostolion ar wasgar a'u traed yn y tonnau, o fewn tafliad carreg i'r lan: hanner dwsin o gewri garw, tal, llwyd, noeth. Rhaid bod eraill allan o'r golwg.

Ffurfiwyd yr Apostolion wrth i donnau gwyllt yr Eigion Deheuol frathu ogofeydd yng ngwaelod pentiroedd; tyllodd yr ogofeydd trwy'r pentiroedd nes troi'n bontydd; collodd y pontydd eu bwâu gan adael colofnau yn y môr; a dyna yw'r Apostolion.

Hen enw ar y Twelve Apostles oedd y "Sow and Piglets"; diffyg urddas oedd gwendid hwnnw. Gwendid yr enw "Twelve Apostles" yw tuedd y rheiny i ddymchwel, fel y digwyddodd rai blynyddoedd yn ôl pan chwalodd bwa o'r bont ddwbl a elwid "London Bridge" gan adael grŵp o dwristiaid i'w hachub gan hofrennydd. Maes o law, hwyrach, cawn ni'r Naw Awen, a'r Saith Samurai, a'r Tri Mysgedwr, a'r Gefeilliaid, a Hen Ŵr y Môr, a …

Wrth ddychwelyd tua Melbourne, aethom am daith drwy'r wlad. Ardal fwyn o fryniau isel a gweirgloddiau oedd hi, efo defaid a gwartheg a choed ewcalyptws esgyrnog, a ffensys yn lle gwrychoedd. O bryd i'w gilydd âi car neu lori heibio, neu gwelem ffermdy o bren a sinc draw yn y caeau, yn hir ac isel, a feranda o'i gwmpas. Roedd pentrefi'n brin, ac yn fach.

Aethom i siop bentref i brynu diod – a rhaid bod miloedd o siopau felly yn unigeddau Awstralia … Roedd benyw siriol wrth y cownter, pwmp petrol tu allan, caffe bach mewn cornel, a'r holl angenrheidiau y gallech eu dymuno – papurau newydd a nofelau, creision a melysion, cig a bara a theisennau, Shiraz a Grenache a Tempranillo, Fosters a XXXX a Victoria Bitter, a thri ffefryn Awstralaidd: Vegemite (sy'n debyg i Marmite), lamingtons (rhyw deisen sbwnj gydag eisin) a *gourmet pies* … Os oeddech eisiau rhywbeth arall, taith bell oedd o'ch blaen.

Gwelsom mewn cae greadur nad oedd yn ddafad nac yn fuwch; ac wedi gweld un, roedd llawer. A dacw arwydd – "*Camels for hire*"! At beth byddai rhywun am hurio camel?

Gwyddem eisoes fod camelod yn Awstralia. Daethpwyd â rhyw 12,000 ohonynt i'r wlad yn y bedwaredd ganrif ar bymtheg i weithio yn y diffeithwch, lle byddai mul a cheffyl yn diffygio. Yna fe'u disodlwyd gan yr injan betrol, a chafodd llawer eu rhyddhau. Mae'n anodd eu cyfrif – rhaid gwneud hynny o awyren! – ond erbyn heddiw credir bod hanner miliwn o gamelod gwyllt yn crwydro sychdir South Australia, Western Australia, y Northern Territory a gorllewin Queensland. Os hoffech wybod rhagor am gamelod, gallwch danysgrifio i'r *Australian Camel News*, sy'n ymdrin â rasio camelod, bridio camelod, ac iechyd, bwyd a hyfforddiant camelod. Yn fwy na dim, mae'n honni darparu *"that essential link between the scientific community and the hands-on practical camel owner".*

Daeth tua thair mil o gamelwyr i ofalu am y camelod, gan mwyaf o Affganistan. Ym mân drefi ymylon y diffeithwch roedd ganddynt eu hardaloedd a'u mosgiau a'u penaethiaid eu hunain, nes i'r cyfan ddiflannu dan bwysau'r polisi Awstralia Wen. Priodent, os o gwbl, â Chynfrodoresau, a cheir o hyd Gynfrodorion sy'n arddel eu tras Affganaidd. Cofir amdanynt yn enw trên enwog y *Ghan*, sy'n croesi'r cyfandir rhwng Adelaide a Darwin; am 17,520 canga gallwch logi "Cerbyd y Cadeirydd", gyda phedair stafell wely, lolfa a stafell ginio – taith unffordd yw honna, ac mae *chef* yn ychwanegol.

Daethom yn ôl at lan y môr wrth Torquay, a dal ymlaen i Queenscliff er mwyn edrych o gwmpas y dref ychydig a dal y fferi ...

Mae eisiau esbonio safle Queenscliff ... Mae'n sefyll ar dafod o dir isel o'r enw'r Bellarine Peninsula. Ar un ochr i honno mae'r môr mawr, ac ar y llall Port Phillip Bay, sy'n anferth o lyn gyda phorthladd Melbourne yn y pen pellaf. Gyferbyn â'r Bellarine Peninsula mae'r Mornington Peninsula, a rhwng y ddau mae'r Rip, sianel tua kilomter o led sy'n cysylltu'r bae a'r môr. Man peryglus iawn yw'r Rip, a'r llanw'n hyrddio trwyddo ar brydiau, a drylliwyd cannoedd o longau yno; ond rhaid i bob llong sydd am gyrraedd neu adael Melbourne ei dramwyo.

Queenscliff sy'n gwarchod y Rip. Mae ganddi wasanaeth peilot er 1838, toc ar ôl sefydlu Melbourne; a bad achub; a *thri* goleudy. Mae ganddi amddiffynfeydd milwrol hefyd – dywedir mai o Queenscliff y taniwyd ergyd ganon gyntaf y Rhyfel Byd Cyntaf, er mwyn atal llong fasnach Almaenig rhag dianc o Port Phillip.

Yn oes Victoria, lle ffasiynol oedd Queenscliff. Deuai ymwelwyr o Melbourne ar y stemar a'r trên, agorwyd siopau, a chodwyd gwestyau ac addoldai crand. Yna daeth lleoedd eraill yn ffasiynol, ac anghofiwyd am Queenscliff braidd. Nawr yr henffasiwn sy'n ffasiynol, a Queenscliff yn boblogaidd eto. Tref "dreftadol" yw hi.

Treftadol i Awstraliaid hwyrach … I ni roedd mor dreftadol â Llandrindod neu Ynys y Barri (sef yn *lled* dreftadol, ond nid fel Dinbych-y-pysgod). A doedd hi ddim yn boblogaidd iawn chwaith, ar ddiwedd gaeaf. Lle bach mwyn a chysglyd oedd hi. Daethom ar draws siop lyfrau ail-law ganmoladwy, a buom yn edrych ar du allan cwpwl o gapeli. Trueni nad aethom i weld y goleudai, ond roedd hi'n rhy hwyr nawr.

Daeth hen ŵr heibio a dweud, "Welwch chi'r tŷ 'na?" Roedd yn dangos clamp o greadigaeth Fictoraidd, gyda phileri a bwâu, haearn gyr, tŵr gothig a *loggias* dadeni; ffantasi dyn cyfoethog. "Dyna Lathamstowe," meddai, "a godwyd gan y bragwr James Latham, o'r Carlton Brewery, Melbourne. Cartref i offeiriaid Anglicanaidd oedd i fod, ond doedd neb ohonyn nhw eisiau byw yno, felly fe'i trowyd yn westy." Ac i ffwrdd ag ef. Onid lle braf yw Awstralia? Dieithriaid yn dod atoch yn ddigymell, dim ond i ddweud rhywbeth diddorol …

Aethom i'r jeti i ddal y fferi draw i Sorrento, ar y Mornington Peninsula. Ac roedd y fferi'n sicr yn dreftadol: trefnu'r car dan fys llongwr mewn lle cyfyng ar y dec agored, fel ar yr hen fferi Beachley-Aust a ddisodlwyd (diolch byth!) gan y Bont Hafren gyntaf ddeugain mlynedd yn ôl … Chwipiodd storm sydyn o wynt a glaw trwy'r Rip, gan yrru pawb i ymochel mewn salŵn diddos – ni chofiaf un o'r rheina ar y Beachley-Aust ... Roedd hi'n machlud wrth inni adael Queenscliff, ac yn nos erbyn cyrraedd Sorrento, a gyrasom mewn tywyllwch trwy'r gwinllannoedd tua Melbourne.

Pan aethom â'r car yn ôl i Hertz, gofynnodd y wraig wrth y cownter lle'r oeddem wedi bod, ac wrth glywed hanes y Great Ocean Road cymylodd ei hwyneb. Rhai blynyddoedd yn ôl, meddai, aeth ei merch i'r "traeth" gyda pharti o ffrindiau, yn llanciau a llancesau. Aethant mewn rhyw gerbyd pedwar-pedwar uchel, ansad, a adawodd yr heol ar y ffordd yn ôl, a throi ar ei ochr, gan ladd un o'r bechgyn ac un o'r genethod. Cafodd ei merch glwyf difrifol i'w chefn, a bu'n orweddiog am fisoedd. Ond yn waeth na hynny, hi oedd wedi perswadio'r eneth a laddwyd i ymuno â'r parti. Bu'n sâl gan euogrwydd, a dechreuodd fwyta gormod ac aeth yn dew, a dioddefai o iselder ysbryd. Ond nawr roedd hi'n gwella, gobeithio ...

Ac yfory byddem yn symud i Cairns ...

4 Cairns a'r Great Barrier Reef

Gadawodd yr awyren Melbourne Tullamarine am 10.15 y bore, ond bu'n rhaid inni godi oriau cyn hynny i'w dal. Cefais sedd wrth y ffenestr, gan feddwl gwylio'r wlad islaw, ond syrthiais yn syth i gysgu. Pan ddihunais roeddem yn hedfan dros anialwch melyn, yn gwbl lwm ond am ryw linellau hirsyth ar ei draws na allwn (ac na allaf) eu hesbonio. Maes o law roedd bryniau gwyrdd tywyll, a dechreuodd dyffrynnoedd fyseddu rhyngddynt, a'u llond o gaeau coch, brown ac oren, gyda ffermdy yma ac acw. Yna gwelsom y môr, ac roeddem yn disgyn tua Cairns.

Diwedd gaeaf fu hi yn Melbourne. Ond haul poeth ac awel fwynaidd y trofannau a'n croesawodd o'r awyren. O flaen y maes awyr roedd parc o balmwydd a llwyni blodeuog, lle cawsom hyd i dacsi i fynd â ni i'n gwesty: y Sheridan Plaza, ar y Captain Cook Highway. Dyn tal, cadarn, barfog oedd y gyrrwr, yn gwbl Awstralaidd ei olwg. Ond un o Coventry oedd e, a dyfalodd fy ngwraig hynny ar unwaith o'i acen, er iddo fod 35 o flynyddoedd yn Awstralia. Yn Awstralia roedd ei blant wedi tyfu, a doedd ganddo ddim bwriad mynd yn ôl. Brafiach disgwyl yng nghysgod palmwydden am eich cwsmer nesaf ...

Tref fach dawel oedd Cairns tan 1984, meddai'r gyrrwr. Yna agorwyd y Maes Awyr Rhyngwladol, a byth wedyn bu'n tyfu ar frys gwyllt. Hedfanai pobl o'r taleithiau deheuol i fwynhau'r gaeafau cynnes, ac o bedwar ban byd i weld y Great Barrier Reef a'r Fforestydd Glaw Trofannol.

Roedd hi'n ganol prynhawn arnom yn gadael ein paciau yn y Sheridan a chychwyn allan am dro. Cerdded ar hyd yr Esplanade i'r dref oedd ein bwriad. Wrth edrych ar y map cyn bwcio, a gweld strydoedd syth a blociau sgwaraidd Cairns, bûm yn tybio bod y Sheridan o fewn tafliad carreg i'r môr a deg munud efallai o ganol y dref. Ond roedd y blociau'n anferthol! Cymerodd ddeg munud inni gyrraedd yr Esplanade, ac o fan'na roedd y canol yn rhy bell i'w ganfod.

Ond roedd hi mor hyfryd cerdded ar yr Esplanade! Roeddem ar lwybr graean, a dim ond cam i lawr i'r traeth. Tu draw i hwnnw estynnai eangderau o laid gwlyb, yn loyw yn yr haul, a'r môr tu hwnt i'r golwg. Yr ochr arall inni roedd stribed lydan o laswellt a phalmwydd, a mannau barbeciw fan hyn fan draw, a theuluoedd yn picnica wrthynt, a phlant yn chwarae. Dyma'r tymor gorau i fod yn Cairns, meddir. Yn yr haf gall fod yn fwll a glawog, heb sôn am *cyclones* achlysurol.

Pobl groendywyll gan mwyaf oedd yn picnica. Doedden nhw ddim yn edrych fel Cynfrodorion, rywsut, a thybiais mai Ynyswyr Culfor Torres oeddent. Roeddwn wedi darllen bod llawer o'r rheina wedi ymsefydlu ar dir mawr Queensland.

Gwelsom belican yn sefyll yn y llaid – yn hollol lonydd ac eithrio pan geisiais dynnu ei lun. Roedd ganddo gorff du a gwyn fel pioden, gwddf hir, gylfin bigfain hirach fyth a gwep hynod dwp; ond dim coesau, yn ôl y ffoto.

Roedd nifer o blant yn chwarae gyda'i gilydd ar glwt o bafin. Plant croenddu oeddent i gyd, ond edrychai un bachgen bach yn wahanol i'r lleill, ac yn dduach o lawer. Roedd hwn wedi codi cranc, ac roedd yn cwrso'r plant eraill ag ef; a gwaeddodd merch fawr rywbeth rhyfedd a chofiadwy arno: "*Put that down, African Boy!*" Sut roedd African Boy wedi cyrraedd Cairns?

Nes i'm gwraig dorri ei braich, buom yn rhyw feddwl nofio yn y môr tra oeddem yn y trofannau. Ond nawr daethom at arwydd wrth ymyl y lan: "*WARNING. ACHTUNG. Crocodiles inhabit this area – attacks may cause injury or death ... Keep away from the water's edge and do not enter the water ...*" Ac yn fwy arswydus na dim: "*Camp well away from the water*"! O hynny allan, buom yn gwylio ble roeddem yn rhoi ein traed.

Roeddem yn nesu at ganol y dref ... Roeddem mewn chwaraefa yng nghysgod planhigfa o goed mawr deiliog, gyda llithrennau a siglenni, fframiau dringo a chwirligwganod, a llu o blant bach mewn dillad lliwgar yn rhedeg yma a thraw ... Peidiwch mynd yn rhy agos at y dŵr, blantos!

Un peth roeddem yn benderfynol o'i wneud tra oeddem yn Cairns oedd ymweld â'r Great Barrier Reef, ymhell allan yn y Môr Cwrel. Aethom o gwmpas nifer o asiantau a chymharu'r gwahanol wibdeithiau, ac o'r diwedd prynu tocynnau gyda chwmni "Great Adventures", oedd â chatamaran mawr cyflym a fyddai'n mynd â ni i Green Island ac wedyn at bontŵn rywle ar y Rîff. Byddai bws yn ein casglu o'r Sheridan am 7.30 y bore, meddai'r ferch, a fyddai'r gyrrwr ddim eisiau oedi!

Roedd hi'n nos, ac yn amser cinio. Daethom at fwyty'r "Rattle 'n' Hum", ar yr Esplanade ger canol y dref, ac eistedd wrth fwrdd ar y pafin tu allan. Ac eistedd ac eistedd. Maes o law daeth gweinyddes atom – merch fach benfelen o Sweden, roedd hi'n ddel ofnadwy – ac egluro na chaem fyth fwyd wrth eistedd. Y drefn, meddai, oedd mynd at y cownter tu mewn, ac archebu a thalu'r un pryd, a bydden nhw'n rhoi *pager* inni; a phan ganai'r *pager*, dylem nôl ein platiau. Archebodd fy ngwraig *barramundi* a sglodion tatws, a minnau grocodeil efo llysiau.

Cymerais dro trwy'r Rattle 'n' Hum. Roedd fel pentref o fawr, yn estyn bron at y stryd nesaf. Roedd 'na far, bar arall, stafell fwyta, bar eto, a stafell chwaraeon gyda bwrdd pŵl; ac roedd pob man yn llawn cwrw a phobl ifanc – *backpackers*, rwy'n tybio; dyna esbonio'r talu o flaen llaw.

Es i mewn i'r tai bach – ond beth oedd hyn? ... Yn lle wal frics tu ôl i'r *urinals*, roedd wal wydr – anferth o ffenestr â golwg allan ar gwpwl o balmwydd pot ac ar holl giniawyr yr ystafell fwyta, yn wŷr, gwragedd a phlant! A hwythau, am a wyddwn i, â golwg cyfatebol i mewn ... Buasai dyn nerfus wedi cael trawiad ar ei galon ... Dihengais ar garlam ...

Es rownd i'r stafell fwyta; ac roedd popeth yn normal ... Dacw'r ddwy balmwydden yn eu potiau, a'r wal wrth eu cefn yn solet fel unrhyw wal arall. Drych unffordd oedd hi, mae'n amlwg.

Ond y sioc gyntaf sy'n cyfri! Lan a lawr arfordir Queensland ac i mewn i New South Wales, byddai *backpacker* yn sôn wrth *backpacker*, fel dwi'n sôn wrthych chi nawr, a phawb a ddeuai i Cairns yn gorfod mynd i weld tai bach diarhebol y Rattle 'n' Hum.

Seiniodd y *pager* ac aethom at y cownter, a bu'r Swedes fach yn hynod garedig yn cario hambwrdd fy ngwraig at y bwrdd. Edrych a blasu fel cyw iâr roedd y crocodeil. Daeth ar ffurf stripiau bach, ynghudd ymysg y llysiau, a doedd dim llawer o stripiau. Ond mae cig crocodeil yn ddrud efallai.

Cymeron ni dacsi yn ôl i'r Sheridan. Dywedodd y gyrrwr mai ef oedd yr un unig Bacistani yn Cairns, ond siaradai'n bennaf am ei frawd, oedd yn *gynaecologist* yn Llundain, ac roedd yn glir ei fod yn falch iawn iawn ohono. Ar y Captain Cook Highway aethom heibio'r "Captain Cook Backpackers Hostel", a cherflun cawraidd o'i flaen o Capten Cook mewn trowsus gwyn tynn a siaced las, a'i het drichornel bron ar goll yn y tywyllwch uwchben.

Cyrhaeddodd y bws o flaen y Sheridan am 7.30 a.m. yn union, ac i ffwrdd â ni i godi cwsmeriaid o westyau eraill: y Sun Lodge a'r Rydges Plaza, y Fig Tree Lodge a'r Comfort Hotel; ac oedi am gryn amser wrth rai, nes i'r codwyr hwyr ffwdanu i'r golwg. Rhaid bod Cairns yn gyforiog o westyau; roedd bysiau yn rhesi wrth yr harbwr, a channoedd o ddarpar deithwyr yn sefyllian ar y pafin. A dacw'r catamaran, y *Reef Prince*, a golwg lyfn a buan arno, a thri dec llawn seddau, dan do a thu allan. Eisteddasom yn yr awyr iach, a toc roeddem ar ein ffordd, a gwynt y môr yn suo heibio'n clustiau.

Ar ôl rhyw hanner awr daeth Green Island i'r golwg. Nid mor

aml y cwyd dyfyniad o'r *Aeneid* i'm meddwl, ond daeth un y tro hwn:

Iam medio apparet fluctu nemorosa Zacynthos.
Nawr yng nghanol y lli gwelir coediog Zacynthos.

Telpyn bach cryno o wyrddlesni oedd Green Island, darn o fforest wedi'i ollwng i ganol y môr. Estynnai jeti hir crwca, fel coes aderyn, allan i'r tonnau, a chlymodd y *Reef Prince* wrtho. Gallem fod wedi mynd am dro mewn bad gwaelod gwydr, ond yr ynys ei hun oedd yn ein denu, a cherddasom ar hyd y jeti tuag ati.

Roedd hi'n ynys mor dwt a chlyd! Wrth fôn y jeti roedd pentref bach, i gyd yng nghysgod y coed: bar, a chwpwl o fwytai, a gwesty unllawr, a siopau. Yn y "Marineland Museum" roedd cyfle i weld "y crocodeil mwyaf mewn caethiwed", ond doedd fy ngwraig ddim eisiau gweld crocodeil ac roeddwn innau newydd fwyta un.

Mae moroedd Awstralia'n llawn erchyllterau. Os nad crocodeilod, siarcod; os nad siarcod, sglefrod môr, ac yn enwedig y *box jellyfish*, sydd â thentaclau tri metr o hyd a brath sydd weithiau'n angheuol. Gallai nofiwr call ar Green Island logi siwt leicra rhag y rhain.

Aethom am dro trwy'r goedwig. Roedd yna lwybr estyll – un o'r *boardwalks* sy'n rhemp yn Awstralia – a drodd ymhen ychydig yn llwybr graean. Roedd hi'n dywyll ac oeraidd yno, ac yn gwbl lonydd er gwaetha'r gwynt tu allan. Bob hyn a hyn byddai plac yn esbonio rhyw bwynt naturiaethol. Dyma goeden pandanws a'r geiriau: "Gall colli dŵr fod yn broblem i blanhigion, ac er mwyn lleihau anweddiad mae gan ddail pandanws orchudd tebyg i ledr ..." Arferai brodorion moroedd y de doi eu cytiau â dail pandanws.

Aethom trwy fwlch yn y perthi at draeth tywod lle roedd hanner dwsin o bobl yn hamddena. Safai llwyn o goed mangrof ar benrhyn, a'u gwreiddiau awyrog yn aros dychweliad y llanw. Roedd ychydig o gychod ar wasgar ar y môr, a nofwyr gyda snorcel a fflipers; a chylchai awyren fach felen yn yr wybren, nes glanio ar y dŵr yn ymyl iot.

Cymerodd dri chwarter awr inni gerdded o gylch yr ynys, ac wedyn roedd yn bryd dychwelyd i'r *Reef Prince*, i gael ein rhuthro allan i'r pontŵn. Roedd y pontŵn wrth angor ar y Great Barrier Reef, tua 45 kilometr o'r lan ac 20 kilometr tu hwnt i Green Island. Nid yw byth yn symud o'r fan, meddai rhywun, ond pan fydd seiclon yn bygwth ac y caiff ei dynnu ar ras i Cairns. Aiff y staff yn ôl i Cairns bob diwedd prynhawn; ond bydd un gwarchodwr nos yn aros, i rannu'r tywyllwch â siarcod a mantas, morseirff, môr-forynion ac ysbrydion y llongwyr a foddwyd ar y Rîff.

Bûm yn edrych ymlaen yn eiddgar at weld y Great Barrier Reef. Yn fy meddwl roedd disgrifiad hardd Capten John Moresby (HMS *Basilisk*), pan oedd yn syrfëo *barrier reef* New Guinea yn 1873. Roedd Moresby newydd ddarganfod harbwr godidog Port Moresby (a enwodd ar ôl ei dad, meddai fe), a dringodd i ben bryn i chwilio am fynediad iddo:

> From thence I could see, for miles on either side, every coral patch that lay relieved by its clear pale green from the blue of the deep water. The Barrier Reef stretched away like a green ribbon floating on the sea, till lost to sight; its edge fringed all along by a line of snow-white surf, that looked as soft as down. At one point the ribbon was broken into two – a piece of blue untroubled water lay between – and this I felt would prove the entrance I sought.

Ond roedd Moresby'n syllu o uchder, a minnau o ddec catamaran. Welais i ddim rhuban gwyrdd nac ewyn eiraog, dim ond clytiau aflêr o ddŵr tywyll a dŵr golau. Dyna siom!

Llwyfan hirsgwar oedd y pontŵn, tua dwywaith maint y *Reef*

Prince. Roedd iddo ddec torheulo, a dec arall dan ganopi gyda byrddau a bar a disgynfa i arsyllfa danddwr islaw. Prysurodd torf o ieuenctid anturus i wisgo snorcels a gêr sgwba a siwtiau leicra a helmau persbecs, neu i logi sgwteri melyn i grwydro'r dyfnderoedd. Câi rhai mwy sidêt fynd am dro mewn *semi-submersible* ...

Aethom i lawr i'r arsyllfa, ond doedd dim i arsyllu arno ond pâr o sgwterwyr mewn helmau mawr crwn oedd yn arsyllu arnom ninnau. Yna daeth cymeriad adnabyddus heibio, Wally *"the friendly Maori Wrasse"*, sydd i'w weld ar gardiau post. Pysgodyn praff llwyd yw'r Maori Wrasse, gydag wyneb dynol bron – gweflau ymwthiol pwdlyd, llygaid trist ac aeliau trwm gofidus; fel bardd aflwyddiannus mewn eisteddfod.

Daeth amser bwyd, a phawb yn ciwio wrth y bar i gasglu *chicken chasseur* neu *Japanese beef curry* a phethau oer a phethau melys ... Roedd pobl wancus yn pentyrru'u platiau â chorgimwch – gwarthus! ... Darganfûm gawl pwmpen – roedd yn ardderchog. Nos Glangaeaf, pan wnawn lusernau pwmpen i'r plant, caf gawl o'r creifion, gobeithio.

Cawsom daith yn y *semi-submersible*, llong fach siâp sigâr, gyda ffenestri hirion dan y dŵr, meinciau gwylio a sylwebyddes. Roeddwn i'n siwr bod hynny'n well na bad gwaelod gwydr.

Symudai'r *semi-submersible* yn araf araf trwy'r rîff ... Roeddwn i'n disgwyl pob math o brydferthwch, fel y gwelwch ar y teledu: cwrel o lawer lliw a llun, pysgod llachar – clownbysg, angel-bysg, gafrbysg, tylwythen-bysg porffor, llewbysg gwenwynllyd, baner-bysg, parot-bysg ... Dim o'r fath beth! ... Aeth un haig o bysgod glas gloyw heibio, yn syfrdanol o hardd, ond gallai'r gweddill fod yn benwaig neu sardîns ... A dim ond dau fath o gwrel a welsom, y naill yn llwyd a chrwn a'r llall yn llwyd a changhennog. Dywedodd y sylwebyddes fod y cwrel crwn yn tyfu'n araf ond yn gadarn, a'r cwrel canghennog yn tyfu'n gyflym ond bod stormydd yn ei chwalu ...

Ydy hynny'n swnio'n ddiflas? Roedd yn wefreiddiol o ddiddorol! Euthum eto ...

1

Bore bach yn Melbourne:

1 Ffrwythau ir yn y Queen Victoria Market
2 Cymudwyr cynnar ar Collins Street
3 Block Arcade, darn o "dreftadaeth" Melbourne

2

3 4

4 Gwely-a-brecwast ffasiwn newydd: "Silverbrook", yn Myers Creek Cascades, ger Healesville

5 Stryd fawr Healesville

5

1 Erwau mwyn y Yarra Valley

Creaduriaid dioglyd yn yr Healesville Sanctuary:

2 Dingo
3 Cangarŵod

4 Gwynt yn cynhyrfu'r Maroondah Reservoir, ger Healesville

5 Golwg o'r Dandenong Hills tua Melbourne, dyfroedd Port Phillip
   a mynydd Arthur's Seat

6 Sovereign Hill, Ballarat: y stryd fawr

Ail-greu Rhuthr Aur Victoria yn Sovereign Hill:

1 Stafell i dri yn y Charlie Napier Hotel
2 Stafell y mwynwyr yn y Sovereign Quartz Mine
3 Padellu am aur yn Red Hill Gully

Apollo Bay, Victoria:

4 Y bae
5 Y dref

6 Y "Deuddeg Apostol" (neu rai ohonynt) ar arfordir Victoria

1 Camelod i'w hurio yng nghefn gwlad Victoria

2 Stryd fawr Queenscliff, Victoria: tref lan môr ar ddiwedd gaeaf

Taith fferi dros gulfor y Rip, Victoria:

3 Gadael Queenscliff, Bellarine Peninsula
4 Cyrraedd Sorrento, Mornington Peninsula

Mynd am dro ar hyd Esplanade Cairns:

5 Llaid, tywod, parc, a'r dref yn y pellter
6 Rhybudd crocodeilod
7 Pelican aflonydd
8 Chwaraefa plant

Taith i Green Island a'r Great Barrier Reef ar y catamaran *Reef Prince*:

1 Y catamaran yn harbwr Cairns
2 Snorcels ac awyren wrth draeth Green Island
3 Traeth Green Island
4 Clytiau cwrel (a thonnau ar ymyl pell y rîff)
5 Y pontŵn wrth angor yn yr unigedd
6 Clymu'r *semi-submersible* wrth y pontŵn

Y daith i Thursday Island:

7 Maes awyr Horn Island, lle roedd y Dash 8-300 yn gawr
8 Gadael glanfa Horn Island
9 Nesu at Thursday Island

Thursday Island: yr adeiladau presennol ar randiroedd a fu'n perthyn i hen ewythr yr awdur:

1. Royal Hotel a Bottle Shop, Douglas Street
2. ITEC Employment, Douglas Street
3. Tŷ ar gornel Douglas Street a Blackall Street
4. Tŷ ar gornel Hastings Street a Hargrave Street

Mannau pwysig ar Thursday Island:

5 Jardine Motel
6 Torres Hotel, "Australia's Top Pub"
7 Quetta Memorial Church, gyda'r awdur
8 Gab Titui Torres Strait Cultural Centre
9 Peddells, jeti a fferi

Ar Thursday Island:

1. Tatws melys lliwgar yn yr IBIS Supermarket
2. Plant yn chwarae
3. Victoria Parade, gyda hen stôr Burns Philp & Co
4. Frank David, disgynydd glew King Kebisu

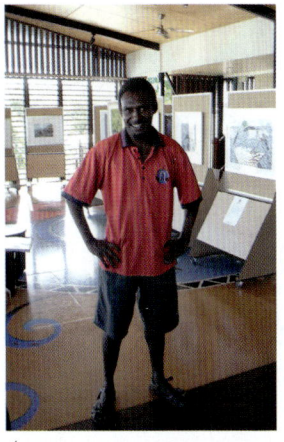

4    5

6

Golygfeydd ar Thursday Island a'i chymdogion, o Green Hill Fort:

5   I'r gogledd: maestref Tamwoy, culfor Aplin Pass a Hammond Island
6   I'r de: tref Thursday Island, Port Kennedy, tir mawr Awstralia yn y pellter a Prince of Wales Island

1 Disgynfa i berfedd tanddaearol Green Hill Fort, bellach yn amgueddfa

Dwy hil yng nghladdfa Thursday Island:

2 Cofeb i'r llu o bysgotwyr perlgragen Siapaneaidd a fu farw yng Nghulfor Torres
3 Beddrodau blodeuog Ynyswyr lleol

4

4 Golwg dros iseldir a môr, o'r briffordd rhwng Cairns a Kuranda

Yng nghyffiniau Barron Falls:

5 Afon Barron yn disgyn dros Barron Falls
6 Trac cyfyng y Kuranda Scenic Railway

5   6

1 Fforest Law Drofannol ger Kuranda

Port Douglas:

2 Gwraig yr awdur wrth eglwys fach St. Mary's by the sea
3 Yr harbwr gyda'r hwyr
4 Dawns hela i gyfeiliant *didgeridoo*, yn Theatr Ddawns y Tjapukai Aboriginal Cultural Park

Y tro hwn gwelais greadur tywyll, tua deunaw modfedd o hyd, yn gorwedd yn swrth ar waelod y môr. Edrychai fel cucumer, felly holais y sylwebyddes – merch fach dwt, hapus, heulfrown oedd hi (ac yn fiolegydd môr) – ai *sea cucumber* oedd e, a dywedodd ie, a dangosodd fath gwahanol imi hefyd. Enwau eraill ar y *sea cucumber* yw *sea slug* a *trepang*, ond credaf mai *bêche-de-mer* sydd fwyaf cyffredin. Ar un adeg roedd pysgota *bêche-de-mer* yn ddiwydiant pwysig ar hyd arfordir gogledd Awstralia a New Guinea. Byddai Tsieineaid yn ei brynu fel affrodisiac, meddir, oherwydd ei siâp cucumer.

Rhuthrodd y *Reef Prince* trwy'r diwetydd yn ôl i Cairns, llawn anturwyr cysglyd yn gwylio fideos *Mr Bean* ar sgriniau enfawr.

Cawsom ginio yn y Sheridan. A dylwn ddweud, er bod y Sheridan yn rhan o ryw grŵp anferth, nad oedd yn westy arbennig o fawr, ac roedd naws reit gartrefol iddo.

Daeth gweinyddes ifanc bert a gofyn i'm gwraig beth ddigwyddodd i'w braich, a rhoi bwydlen inni. Ymhlith y cychwynwyr roedd *Chargrilled Bugs*, ac nid oedd modd yn y byd nad oeddem am eu profi. Trodd allan mai clamp o bysgodyn cragen lleol oedd y *bug*, gyda gorchudd trwchus garw a llawer o gnawd melys braf.

I'r prif gwrs dewisais *BBQ trevally fillets grilled with garlic butter, served with wok-seared Asian greens and steamed jasmine rice, complemented with a coconut, chilli and lime dressing*. Archebodd fy ngwraig *Macadamia-crusted barramundi fillet served with bok choy and snow peas*.

Nodais hyn oll yn fy llyfr poced, rhag ofn i'r weinyddes, er mor bert, gipio'r fwydlen yn syth ar ôl cymryd yr archeb. Ac wedyn sut byddem yn cofio ein bod yn bwyta *bok choy* a *coconut, chilli and lime dressing* ac ati? …

Daeth y weinyddes draw a dweud bod y *chef* wedi fy ngweld yn cymryd nodiadau, ac eisiau gwybod a hoffwn lungopi o'r fwydlen. Wel hoffwn, pam lai?

Roedd y bwyd pan ddaeth – y *barramundi* a'r *trevally* a'u holl gymdeithion – yn hollol arbennig o eithriadol o wych. A chlywsom y dyn wrth y bwrdd nesaf yn dweud wrth y weinyddes fod yr hyn a gafodd yntau – beth bynnag oedd – "y gorau gefais i erioed".

I orffen cafodd fy ngwraig *Passion fruit brûlé with almond biscotti and strawberries,* a minnau *Honey and macadamia nut parfait with decadent chocolate sauce and shortbread biscuits.*

Wedi arwyddo'r bil, aethom draw i weld y *chef* a dweud wrthi – merch ydoedd – gymaint roeddem wedi mwynhau'r cinio, a holais sut y byddai'n disgrifio ei bwydlen. Dywedodd ei bod yn nodweddiadol o *cuisine* Awstralaidd: llawer o gig, ac yn arbennig o bysgod; amrywiaeth o bethau o wahanol wledydd; a dylanwad Asiaidd cryf, yn enwedig ar y llysiau. O edrych ar y fwydlen nawr gwelaf ei bod yn cynnwys (ymhlith digon o bethau eraill) *pork spare ribs* (efo *Idaho potato* a *corn on the cob*), *lamb loin fillet* (gyda *Moroccan spices* a *couscous*) a *best quality steaks from the grill*; y *barramundi* a'r *trevally*; yna *veal scaloppine* a *smoked salmon fettuccine*; ac *Asian stirfry* a *Thai chicken curry*. Dyna syniad o *cuisine* Awstralaidd felly.

Gofynnais i Chef arwyddo ei bwydlen. "Dylai pob artist gydnabod ei waith," meddwn. Fe'i harwyddodd, "*Debbie Baker, Head Chef, Sheridan Plaza Hotel, Cairns.*" Bu'n *chef* ers saith mlynedd ar hugain, meddai, yn Llundain, America, Seland Newydd ac amryw leoedd yn Awstralia. Roedd hi'n dew ac yn llawen, ac yn un o'r cogyddesau hyfrytaf a gwrddais erioed!

Yfory, gyda thoriad y dydd, byddem yn cychwyn am Thursday Island ...

5 Thursday Island a Chulfor Torres

Os edrychwch ar fap o Awstralia, mi welwch Thursday Island yn y gogledd pellaf oll, yng Nghulfor Torres. Hi yw prif dref – unig dref! – y Culfor.

Culfor Torres yw'r darn o fôr, tua naw deg milltir o led, sy'n ymestyn rhwng Cape York (Queensland) a Papua New Guinea. Mae iddo doreth o ynysoedd mawr a mân, a riffiau dirifedi, a chyn bod siartiau ar gael roedd yn anodd dros ben ei fordwyo. Dadleua rhywrai (dim llawer) y dylid trosglwyddo'r Culfor i Papua New Guinea oherwydd, fel y cofiwn, bu'r Ynyswyr ar un adeg yn llawer agosach o ran diwylliant at bobl New Guinea nag at Gynfrodorion Awstralia. Ond rhan o Awstralia yw'r Culfor heddiw, a'r Ynyswyr (mi gredaf) yn ddiolchgar am hynny. Mae ganddynt ddigon o fwyd a chysgod, nawdd gymdeithasol gyfoes, a "chyfraith a threfn" – a does fawr o gyfraith a threfn yn Papua New Guinea.

Roeddwn yn awyddus iawn i ymweld â Chulfor Torres, achos i'm tad-cu a'i frawd – fy hen ewythr felly – fyw yno am gyfnod. Cyrhaeddodd fy hen ewythr tua 1879, a'm tad-cu ychydig wedyn, a bu'r ddau yno yn ystod yr 1880au. Dinesydd blaenllaw o'r Culfor oedd fy hen ewythr, a chafodd fy nhad-cu anturiau dramatig yno (dylwn ysgrifennu rywdro am y rhain), ac oherwydd hyn rwyf wedi ymchwilio'n o ddwfn i hanes cynnar y Culfor – hyd at tua 1890, dyweder. Buaswn yn f'ystyried fy hun yn dipyn o arbenigwr ar y pwnc, oni bai bod eraill yn gwybod llawer rhagor …

TAITH I AWSTRALIA

Yng Nghulfor Torres byddem yn ymweld â dwy ynys yn unig: Thursday Island a Horn Island; a'r unig reswm dros fynd i Horn Island oedd mai fan'na roedd y maes awyr (a dyna pam y bomiwyd Horn Island ac nid Thursday Island gan y Siapaneaid yn ystod yr Ail Ryfel Byd, pan oedden nhw'n bygwth goresgyn Awstralia o gyfeiriad New Guinea). Roedd ynysoedd eraill y buaswn wedi hoffi mynd iddynt – Mer, Mabuiag a Tutu (neu Warrior Island) yn arbennig – a cheisiais drefnu hynny cyn gadael Caerdydd. Ond amhosibl; doedd dim cludiant; roeddent i bob golwg yn gwbl anhygyrch.

Buom yn trafod yr anhygyrchedd yma am hanner wedi pump y bore ym maes awyr Tullamarine, yn union ar ôl glanio yn Awstralia. Aros am y Skybus roedden ni, ac yn sgwrsio â chynlongwr oedd yn eistedd nesaf atom ar y fainc.

"Mae ynysoedd y Culfor i fod yn hynod ddel," meddwn. "Pam nad yw twristiaid yn heidio yno?"

"Mae'r Culfor yn bell," atebodd, "a'r daith yn ddrud, ac mae gan Awstralia ddigonedd o ynysoedd del …"

Roedd hi'n gwawrio pan aethom trwy'r glwyd ddiogelwch i faes awyr Cairns. Meddai'r swyddoges wrth fy ngwraig: "*How did you get that, darling? Lose a fight with a crocodile?*"

Ymhlith y jetiau rhyngwladol ar y concrit, pwt o beth oedd ein hawyren ni: Dash 8-300, gyda phropelyddion a dim ond 48 sedd. Ond roedd hi'n llawn. Roedd 'na wasgariad o Awstraliaid llosgheulog cyhyrog – bechgyn allai stopio siarc â'u dyrnau – ond Ynyswyr yn dychwelyd i'w cynefin oedd y mwyafrif, yn blant, rhieni ac unigolion, ac ambell un yn droednoeth.

Yn yr oes a fu, Culfor Torres oedd pen pella'r byd. Fe'i darganfuwyd yn 1606 gan Luis Vaez de Torres, a aeth trwy'r Culfor o gyfeiriad y Môr Tawel a'r Môr Cwrel yn y llong Sbaenaidd *San Pedrico*. Cadwodd llywodraeth Sbaen y daith yn ddirgel. Yna anghofiwyd amdani. Aeth canrifoedd heibio cyn i ddaearyddwyr sylweddoli camp Torres ac enwi'r Culfor ar ei ôl.

Hefyd yn 1606 daeth Iseldirwyr at y Culfor o'r gorllewin – o gyfeiriad Cefnfor India a Môr Arafura. Gwelsant y riffiau a'r ynysoedd, a thybio mai tir mawr oeddent, ac Awstralia a New Guinea yn un cyfandir. A dyna fu cred y byd am 164 o flynyddoedd.

Yn 1770 daeth Cook ar yr *Endeavour* at y Culfor o gyfeiriad dwyrain Awstralia, gan hwylio tu mewn i'r Great Barrier Reef, rowndio (ac enwi) "York Cape" ar 21 Awst, a dod allan i Fôr Arafura. Os credwch rai awduron, gwyddai Cook eisoes fod culfor rhwng Awstralia a New Guinea. Nid felly. Fel yr ysgrifennodd yn ei ddyddlyfr ar 14 Awst: "*This I hope yet to clear up.*"

Nid llai enwog – enwocach os rhywbeth – yw'r fordaith nesaf drwy'r Culfor. Ym mis Rhagfyr 1787 roedd Lieutenant William Bligh wedi cychwyn am Tahiti yn HMS *Bounty* i nôl coed ffrwyth bara i'w trawsblannu i India'r Gorllewin. Ar 28 Ebrill 1789, ger Tonga, cipiwyd y *Bounty* gan ddilynwyr Fletcher Christian; a bu'n rhaid i Bligh a'i ffyddloniaid lywio cwch agored am chwe wythnos a 3,600 o filltiroedd dros y Môr Tawel a thrwy Gulfor Torres cyn cyrraedd gwareiddiad yn Timor. Morwr gwyrthiol oedd Bligh, ond nid cystal fel enwr lleoedd. Ar ddydd Sul 31 Mai 1789, bedyddiodd Sunday Island ger arfordir Awstralia, ac ar ddydd Mercher 3 Mehefin, Wednesday Island yng Nghulfor Torres. Maes o law, yng nghyffiniau Wednesday Island, enwodd eraill mor greadigol â Bligh Tuesday Island, Thursday Island a Friday Island.

Parhaodd saga'r *Bounty*. Yn 1791 danfonwyd Capten Edward Edwards (HMS *Pandora*) i restio'r llong-gipwyr, a daliodd rai ohonynt (er nad Fletcher Christian), ond ar y ffordd yn ôl drylliwyd y *Pandora* wrth enau'r Culfor, a chollwyd 35 o'i phobl. Gwnaed ffilmiau teledu difyr am y *Pandora*, ar ôl darganfod ei gweddillion yn 1977.

Ac aeth y saga ymlaen. Yn 1792 cyrchodd Bligh, gyda HMS *Providence* ac HMS *Assistant*, lwyth newydd o goed ffrwyth bara o Tahiti. Wrth ddychwelyd trwy'r Culfor ymosodwyd arno gan lu o Ynyswyr mewn canŵs, a yrrodd ymaith â mysgedau a chanon, a galw eu hynys "Warrior Island".

Gyda Bligh ar HMS *Providence* roedd swyddog ifanc o'r enw Matthew Flinders. Yn 1802 ef fu'r cyntaf i hwylio'r holl ffordd o amgylch Awstralia, yn HMS *Investigator* – tystia llawer "Flinders Street" i'w gamp. Siartiodd Flinders gwrs drwy'r Culfor y gallai pawb ei ddilyn – ond dim ond o gyfeiriad y Môr Cwrel ac yn ystod y monsŵn de-ddwyreiniol. Bu'n rhaid aros am longau ager cyn medru croesi'r Culfor o bob cyfeiriad trwy'r flwyddyn – a daliai'n beryglus wedyn.

Yn ystod yr 1840au syrfëwyd y Culfor ar ran y Morlys gan HMS *Fly*, *Bramble* a *Rattlesnake*. Ysgrifennodd nifer o'r syrfewyr am eu profiadau, yn eu plith J. Beete Jukes naturiaethwr y *Fly* (a ddyfynnwyd eisoes) a John Sweatman clerc ifanc y *Bramble* (y soniwn amdano eto). Yng ngweithiau'r syrfewyr hyn ceir y disgrifiadau manwl cyntaf o Ynyswyr Culfor Torres. Safai'r Ynyswyr, gyda'u canŵs, tai a phlanigfeydd, yn uwch o lawer ar ysgol gwareiddiad na Chynfrodorion tir mawr Awstralia; ond yn agos at y gwaelod serch hynny, ymysg pobloedd mwyaf cyntefig dynol-ryw.

A fedrwn ddychmygu pa mor ddieithr, anghredadwy, annealladwy a hollol syfrdanol yr ymddangosai'r ymwelwyr gwyn cynnar yng ngolwg yr Ynyswyr? Nid canŵs ond llongau anferth oedd eiddynt; nid noethni ond dillad; nid offer carreg ond offer metel; nid gwaywffyn ond gynnau … Credai'r Ynyswyr, o ddifri, mai ysbrydion oeddent – ysbrydion Ynyswyr marw … A hiraethai'r Ynyswyr am eu nwyddau rhyfeddol – eu bwyeill, cyllyll, crysau, calico, gleiniau, baco a bwyd. Yng nghwrs y blynyddoedd lladdwyd llawer dyn gwyn er mwyn ei nwyddau … A pheidiwch gofyn sut mae lladd ysbryd – cwestiwn rhesymegol, Ewropeaidd fyddai hwnna: y math o gwestiwn na chroesai feddwl Ynyswr.

Tua adeg y syrfewyr, dechreuodd dyrnaid o bysgotwyr *bêche-de-mer* fynychu'r Culfor; dynion garw, a bu llawer o wrthdaro a thywallt gwaed rhyngddynt a'r Ynyswyr. Yn 1864 sefydlodd llywodraeth Queensland dreflan yn Somerset, Cape York, a phenodi Ynad Heddlu yno. Ond ni allai'r Ynad Heddlu oruchwylio'r Culfor, oherwydd ni ddaeth hwnnw'n rhan o Queensland tan yr 1870au.

Dau gymeriad hoffus ymysg y pysgotwyr *bêche-de-mer* oedd Capten Banner a'i law dde Tongan Joe. Dyn hynod oedd Tongan Joe. Gadawodd Tonga tua 1840, ymweld lawer gwaith â Sydney, byw yn Llundain, a gwasanaethu yn y Llynges Frenhinol adeg Rhyfel y Crimea; o leiaf, dyna ddywedai. Daeth y ddau'n ffrindiau â phobl Warrior Island, lle roedd eu gorsaf bysgota, ac un diwrnod yn 1868 dangosodd yr ynyswyr i Tongan Joe ble roedd cael wystrys perlau. Nid y perlau – prin oeddent – ond cragen yr wystrys oedd yn bwysig; gwerthodd Banner lwyth ohoni yn Sydney am elw anhygoel; a chyn hir roedd llongau, dynion a chyfalaf yn dylifo i'r Culfor. Defnyddid y berlgragen – sef *pearl-shell* neu *mother-of-pearl* – i wneud pob math o bethau del, ond yn bennaf, botymau. Toc roedd gan Gulfor Torres un o bysgodfeydd perlgragen mwya'r byd.

Ewropeaid oedd y meistr-berlgragenwyr, yn rhedeg y diwydiant o'u gorsafoedd ar yr ynysoedd. Dynion lliw fyddai'n casglu'r gragen, mewn cychod bach ymysg y riffiau: chwe dyn i bob cwch, gan gynnwys deifwr oedd hefyd yn gapten.

Ar 1 Gorffennaf 1871 daeth y cenhadon cyntaf i Gulfor Torres: y Parchedigion A. W. Murray a Samuel McFarlane o'r London Missionary Society. Erbyn heddiw mae'r London Missionary Society wedi newid ei henw i'r "Council for World Mission" – dyna'r "CWM" sy'n adnabyddus i ni'r Cymry fel partner cenhadol Eglwys Bresbyteraidd Cymru ac Undeb yr Annibynwyr Cymraeg. Goruchwylwyr oedd Murray a McFarlane. Y gwir genhadon – y rhai a weithiai o ddydd i ddydd ymhlith yr Ynyswyr – oedd brodorion Cristnogol croenddu o'r Loyalty Islands yn y Môr Tawel. "Athrawon", neu "Athrawon Cenhadol", oedd yr enw arnynt, a chawsant lwyddiant mawr. Ymhen amser daeth holl Ynyswyr Culfor Torres yn Gristnogion, a hyd heddiw dathlant

"Ddyfodiad y Goleuni" bob cyntaf o fis Gorffennaf.

Gwn am ddau Gymro yn y Culfor yn y cyfnod hwn – dau anffodusyn. Ym mis Mehefin 1869 clywyd si – nas coeliwyd – bod Ynyswyr wedi cipio llong. Fisoedd wedyn, mewn gwersyll brodorol ar Wednesday Island, cafwyd hyd i gasgliad o ysbail a brofodd fod y si yn wir. Cynhwysai gopi o *Murray's English Grammar*, llyfr algebra, dalenni o farddoniaeth a *"2 pamphlets printed in Welsh dated 1868"*. Yn y *Grammar* roedd enw tebyg i "D. Mathias". Mawrlles a gafodd y truan o'i ddiwylliant; ni ddarganfuwyd nac ef na'i gorff. Yr ail Gymro oedd Capten Owen Owens, rheolwr gorsaf berlgragen ar ynys Mabuiag. Un noson dywyll ym mis Ionawr 1875 aeth gyda brodor i'r stordy i lenwi potel o'r gasgen *rum*. Roedd eisoes yn chwil gaib, ac i gael gweld yn well daliodd fflam noeth wrth y twll. Ffrwydrodd y gasgen, lladdwyd y brodor yn y fan a'r lle, a bu farw Owens drannoeth. Tranc meddwyn. Ond na fyddwn yn rhy galed arno. Meddwdod oedd pechod parod y morwr unig. A chododd ei gyflogwr feddrod drudfawr er parch iddo; a gwyddom hynny am i'w hen ffrind Capten John Strachan wneud pererindod i'r bedd flynyddoedd wedyn, a chofio am Owens yn ei lyfr *Explorations and Adventures in New Guinea*.

Erbyn yr 1870au roedd llongau ager trawsgefnfor yn mynychu'r Culfor, ar eu ffordd rhwng Sydney a Hong Kong neu Singapore, ac roedd angen porthladd diddos ar eu cyfer. Yn 1877 sefydlwyd tref newydd ar Thursday Island, un o'r cylch ynysoedd a gysgodai ddyfroedd tawel "Port Kennedy", ger Cape York. Fel Ynad Heddlu penodwyd Henry Marjoribanks Chester, a gadwodd drefn gadarn yn y Culfor nes ei ddisodli yn 1885 gan "*Government Resident*", ym mherson urddasol yr Anrhydeddus John Douglas, cyn-brif weinidog Queensland, gŵr uchelfrydig a thwymgalon a deyrnasodd yn ddedwydd ar dywysogaeth fach y Culfor am weddill ei oes.

Mae gennym ddisgrifiad byw o Thursday Island tua 1884 – hynny yw, pan oedd fy nhad-cu a'm hen ewythr yno – gan Hugh

Hastings Romilly, uchel swyddog Prydeinig yn y Môr Tawel:

> Mae'r olygfa a geir o dŷ'r Ynad Heddlu yn bert dros ben. Mae ynysoedd mawr a bach i'w gweld ar bob llaw, ac arnynt dai'r meistr-berlgragenwyr, rhai ohonynt yn fawr a chysurus iawn. Nid mor hyfryd, fodd bynnag, yw'r dref fach ar Thursday Island ei hun. *Stores* a *grog shanties* sydd yno gan mwyaf, ac ymddengys na waherddir rhoi diod gadarn i frodorion. Mae'n amhosibl cerdded ar hyd yr unig stryd heb weld llawer o'r rhain yn rhy feddw i siarad ac eraill yn chwilio am ffeit. Nid bod y cyflwr hwn yn gyfyngedig o bell ffordd i frodorion yn unig.

Deifwrs y cychod perlgragenna, mor aml â heb, oedd y meddwon croendywyll mwyaf. Gallent fforddio meddwi – a gamblo a phuteinio hefyd. Oherwydd deifwr da – dyn a fedrai grwydro gwaelod y môr am oriau bwy gilydd, yn ei siwt ddwrglos a'i helmed bres, gan lwytho ac ail-lwytho'i sach â'r gragen – oedd yr allwedd i gwch proffidiol. Brwydrai meistri am ei wasanaeth, a'i seboni a'i lwgrwobrwyo. Seren oedd, beth bynnag fo'i liw, ac fel seren roedd yn rhaid ei dalu. Gallai ennill hyd at £600 y flwyddyn, bron cymaint â Romilly ei hun, chwe gwaith mwy na gweithwyr gwyn cyffredin Awstralia, ugain gwaith mwy nag aelodau ei griw (er y talai am eu grog a'u merched hwyrach). "*One feels almost overcome with admiration and envy,*" ysgrifennodd Romilly, "*at seeing one of these magnificent swells walking down the solitary thoroughfare ... Where is that pride of race, and that contempt for the coloured man, of which I have heard so much?*"

Roedd galw anniwall am weithwyr i'r pysgodfeydd perlgragen. Gyda threiglad amser daethpwyd â miloedd ar filoedd o ddynion i'r Culfor, o'r Môr Tawel i ddechrau, wedyn o Ceylon, Singapore, Java, Manila ac yn bennaf oll Japan. Yna, yn yr 1960au, daeth botymau plastig i fri, a llwyr ddiddymwyd diwydiant perlgragen Culfor Torres.

Dynion cytundeb, a aeth adref ar ddiwedd eu tymor, oedd mwyafrif y gweithwyr estron. Ond ymsefydlodd rhai brodorion o'r Môr Tawel yn y Culfor, gan siarad eu *lingua franca* eu hun, Saesneg Pidjin. Dywedodd Arbenigwraig Go Iawn wrthyf mai Pidjin yn unig a glywir bellach ar ynysoedd canolog y Culfor, a bod Meriam Mir, iaith ynys Mer yn y dwyrain, ar fin diflannu, ond bod Kala Lagaw Ya, a siaredir ar yr ynysoedd gorllewinol, ymysg ieithoedd brodorol cryfaf Awstralia.

Meistr-berlgragennwr oedd fy hen ewythr. Ar ôl gweithio i Frank Lascelles Jardine (fel y crybwyllwyd gynnau), daeth yn bennaeth gorsaf yr Australasian Pearl-shelling Company, cyflogwr ail fwyaf y Culfor. Roedd yn Ynad Heddwch ac yn ffrindiau ag Ynad Heddlu Chester a'r Preswylydd John Douglas; a phan ddaeth y llygedyn cyntaf o ddemocratiaeth Ewropeaidd i'r Culfor, ar ffurf y Torres Divisional Board, ef a etholwyd yn gadeirydd cyntaf – rhyw Arglwydd Faer ar Gulfor Torres, gallech ddweud ...

Glaniasom ar Horn Island tua chanol y bore. Roedd hi'n heulog ac yn boeth; nid yn llethol o boeth, ond yn ddigon poeth i'ch gyrru'n syth i'r cysgod. Roedd hanner dwsin o awyrennau bach ar y maes – rhai ar gyfer deg neu ddeuddeg teithiwr efallai. Ar Horn Island, ein Dash 8-300 oedd y cawr.

Roedd y terminal tua maint cwt sgowtiaid. Roedd ynddo siop fach, caffe bach, toiledau, a swyddfeydd cwmnïau awyr bach na chlywais amdanynt o'r blaen – Aerotropics, Regional Pacific, Reef Helicopters ... Doedd unlle i eistedd.

Aethom i sefyll dan ganopi yn yr awyr iach wrth gefn y terminal, i aros am y bws i'r fferi. Tua dwsin o bobl wyn henaidd neu ganol oed oeddem. Beth oedd wedi digwydd i'r Awstraliaid cyhyrog a'r Ynyswyr o'r awyren?

Roedd y ffordd i'r fferi yn gul a syth a thawel, a dim byd arni ond y bws. Arweiniai drwy goedwig agored, lawn cerrig beddau enfawr ... Nage, nid cerrig beddau – twmpathau termitiaid, sef morgrug gwynion, oeddent ... O bryd i'w gilydd ymddangosai rhywun o'r goedwig, a safai'r bws i'w godi.

Daethom at harbwr Horn Island. Roedd traeth hir a neb arno, dyrnaid o adeiladau isel gwasgarog, lansfa lechweddog i gychod bach, a jeti. Ym mhen pella'r jeti arhosai'r catamaran, yn prysur lenwi â phobl. Erbyn cychwyn roedd tua hanner cant o deithwyr arno, rhai dan do yn y salŵn, ninnau ac eraill ar y starn agored.

Estynnai Port Kennedy o'n blaen: llyn eang mewn basn o ynysoedd. Gallai llynges angori yno, petai angen, ond roedd yn wag ond am gwch neu ddau. Bu amser yn llawdrwm ar Port Kennedy. Yn ôl hen ffotograffau, roedd yno fwrlwm o gychod a llongau yn 1930, 1920, 1905 ...

Draw dros y llyn codai bryniau Thursday Island, ynys fach fach, tua dwy filltir o hyd efallai, gyda dau dyrbin gwynt a thŵr cyfathrebu ar y gopa uchaf, a thref yn disgleirio ar lan y môr. Wrth inni nesu ati, daeth jeti a thraeth a phromenâd i'r golwg.

Roedd y jeti'n llawn prysurdeb – dyma'r lle prysuraf a welsom ar Thursday Island. Roedd pobl wyn yn gweithio yno, ond mwy o Ynyswyr, a'r rhain oedd yn gwneud y gwaith corfforol. Ynyswr a lwythodd y minibws a aeth â ni i'r gwesty, ond dyn gwyn a'i gyrrodd – hen foi garw, heb eillio ers tro byd. Ar Horn Island, Ynyswr oedd wedi gyrru'r bws.

Y Jardine Motel oedd ein gwesty – roeddem wedi cadw stafell yno cyn gadael Caerdydd. Bu'n ddewis hawdd, achos pedair seren oedd gan y Jardine Motel, a dim un seren rhwng holl westyau eraill Thursday Island gyda'i gilydd. Yn ôl y wefan roedd gan y Jardine Motel bwll nofio, dau fwyty (y Somerset Restaurant a'r Barracks Bistro) ac "*a beach front location with spectacular views across the brilliant blue seascape to the Prince of Wales and Horn Islands*".

Felly i mewn â ni i'r minibws, ac ar hyd promenâd y Victoria Parade – dyna fuasai "*solitary thoroughfare*" Romilly – a disgyn gyda'n paciau wrth borth y Jardine Motel.

Adeilad pert oedd y Jardine Motel, wedi'i beintio'n

ddisgleirwyn, gyda tho sinc, palmwydd, a *bougainvillea* porffor yn dringo'r muriau. Wrth ddesg y dderbynfa roedd benyw wen ac Ynyswraig, a rhaid bod yr Ynyswraig yn ymfalchïo yn ei swydd, oherwydd er nad oedd ond llances, roedd hi'n famguaidd o sobor a sidêt.

Golwg perchnoges oedd ar y fenyw wen – y cyfuniad paradocsaidd hwnnw o awydd i blesio a'r gallu i'ch cicio allan – felly gofynnais iddi o ble daeth enw'r gwesty.

"O berlgragennwr o'r enw Frank Jardine," meddai.

"Frank *Lascelles* Jardine?" awgrymais.

"*That's the one!*"

Am y "Motel" dylwn fod wedi gofyn, achos doedd dim fferi geir i Thursday Island, i mi wybod, a gallech gerdded o'r gwesty i gwr pella'r ynys mewn tri chwarter awr, felly doedd dim mymryn o obaith y deuai gyrrwr pryderus heibio yn chwilio am lety.

Cawsom allwedd – un o'r cardiau plastig problemataig hynny sydd gan westyau erbyn hyn – a mynd i chwilio am ein stafell. Roedd mewn estyniad concrit, ar y llawr cyntaf, a dringasom ati i fyny staer fetel allanol fel dihangfa dân. Stafell reit blaen oedd hi, a'i golygfa nid ar fôr ac ynysoedd ond ar wal gefn y gwesty. A doedd y golau ddim yn gweithio. Euthum at y dderbynfa, a chael cyfarwyddyd i ddodi'r allwedd mewn slot yn ymyl y drws; a phan wneuthum hynny, cyneuodd y golau, y teledu, y radio, y ffan, y tymherwr awyr a'r cwpwrdd rhew. Roeddwn i'n teimlo bod pedair seren braidd yn ormod i'r Jardine Motel. Ond nid wyf yn cwyno dim. Ddylech chi ddim disgwyl moethusrwydd ffansi ym mhen pella'r byd. Ac mae'n siwr gen i nad oes cystal gwesty â hwn am gannoedd o filltiroedd i unrhyw gyfeiriad, nac am filoedd o filltiroedd i gyfeiriad y cyhydedd a Japan.

Roedd gen i fap go anghyffredin o Thursday Island – llungopi o fap, hynny yw – a gefais rai blynyddoedd yn ôl gan Archifau Taleithiol Queensland. Fe'i tynnwyd yn 1886 ar orchymyn yr Anrhydeddus John Douglas, adeg cynllunio tref Thursday Island. Dangosai'r ynys gyfan, gan gynnwys y parthau a neilltuwyd ar gyfer ysbyty (parth bach), adloniant (tipyn yn fwy), carchar (mwy eto), claddfa (mawr iawn – byddai tref lwyddiannus angen claddfa sylweddol), a phwrpasau milwrol (bron hanner yr ynys). Dangosai hefyd holl strydoedd y dref, gyda'u henwau, ynghyd â ffiniau pob *plot* neu randir ymhob stryd, gyda'i werth trethiannol, enw'r perchennog, ac enw'r tenant os oedd un. Ond roedd llawer o'r rhandiroedd yn wag, heb na thenant nac adeilad.

Parchusion gwyn oedd y perchnogion, wrth reswm. Ond roedd enwau hynod gan rai o'r tenantiaid, yn awgrymu'r fath bair hiliau oedd Thursday Island yn 1886: Lay On Tai, Tommy Japan, Jimmy Ah Sue, James Cingalee …

Yn ôl y map, roedd pedwar rhandir gan fy hen ewythr. Roedd dau ohonynt – wrth gornel Douglas Street a Blackall Street, ac wrth gornel Hastings Street a Hargrave Street – heb adeilad. Ond roedd ganddo randir dwbl yn Douglas Street ag adeilad arno, gyda thenantiaid o'r enw "Scully" ac "Abdorhaman".

Yn fwy na dim arall ar Thursday Island roeddwn i eisiau gweld rhandiroedd fy hen ewythr a beth bynnag oedd yn sefyll arnynt bellach. Felly gwisgodd fy ngwraig ei het haul wen, a minnau fy mhanamâ, a chydiais yn hen fap yr Archifau, a chychwynasom allan. Roedd gennym fap modern o'r dref hefyd, ond prin bod ei angen. Roedd y strydoedd a'u henwau a'u safleoedd yn gymwys fel yr oeddent yn 1886. Yn ôl y mapiau doedd Douglas Street ond cam o'r gwesty. Rhedai holl hyd y dref, yn gyfochrog â phromenâd y Victoria Parade.

Nid cam o'r gwesty roedd Douglas Street ond hanner canllath. Fel yn Cairns, roedd y mapiau wedi fy nhwyllo, a phellteroedd rhwng adeilad ac adeilad a rhwng stryd a stryd. Roedd Douglas Street fel cae pêl-droed o lydan, gyda lleiniau o laswellt gwywedig a phridd caled neu asffalt ansad ar bob ochr, a'r ffordd ei hun – y stryd garreg – fel nant mewn dyffryn yn y canol. Roedd yna goed, a llwch, ac ambell gar neu fan wedi'i barcio, ac o dro i dro aeth troedolyn unig heibio, neu Ynyswr ar feic. Roedd hi'n dawel fel cefn gwlad.

Daethom i olwg adeilad eithriadol o hyll, yn estyn ymhell yn ôl o'r ffordd, gyda wal frics coch heb un ffenestr, a tho sinc gwyrdd tywyll. Uwchben y drws roedd y teitl "Royal Hotel", ac yng nghesail y gwesty llechai'r "Bottle Shop – Victoria Bitter". Dyma randir dwbl fy hen ewythr – beth feddyliai Abdorhaman, tybed?

Teithiais dros Douglas Street i gael cip y tu mewn. Roedd llawr pren gyda blawd llif, a bwrdd pŵl mawr ger y drws, a dyrnaid o ddinasyddion ar ben stolion yn pwyso ar far diddiwedd. Roedd hi'n rhy dywyll imi weld eu hwynebau.

Daeth ymadrodd Romilly – "*grog shanty*" – i'm meddwl. Lle reit sinistr oedd e, a chan nad oedd gen i fusnes yno, euthum allan ar frys.

Yn y cyntedd roedd tri hysbysiad. Roedd un yn brintiedig. Meddai: "*If you leave the Royal with Alcoholic Drinks .... SMILE YOU ARE ON CAMERA You risk a three month suspension from this hotel!!!!*" Roedd yr ail wedi ei ysgrifennu'n bur artistaidd mewn sialc amryliw ar fordyn du: "*NO steel caps or thongs. Covered footwear to be worn at all times after 9pm! ... NO bad behavior will be tolerated!!! ... NO visual underarm hair!! ... NO bags unless searched ... NO I.D. NO ENTRY!*" Y trydydd oedd y "*Banned List*" – rhestr deipiedig faith o enwau Ynysaidd, rhai wedi eu gwahardd am gyfnod penodedig, y mwyafrif "*indefinately*".

Roeddwn yn falch fy mod wedi bwcio i'r Jardine Motel.

Perthyn i randir dwbl fy hen ewythr fu drws nesaf hefyd. Sefydliad reit deidi oedd yno bellach – "ITEC Employment". Ond welais i neb yn mynd iddo nac yn dod ohono, a chefais argraff ei fod wedi cau.

Nesaf at hwnnw roedd cornel Douglas Street a Blackall Street, a'r trydydd o randiroedd fy hen ewythr. Bu'n wag yn ei amser ef ond roedd tŷ yno nawr, ynghudd gan mwyaf tu ôl i lwyni a choed a phalmwydd, fel na allwn weld ond cymysgfa o doeau sinc yn brigo uwchben y dail.

Aethom i chwilio am y pedwerydd a'r olaf randir, ar gornel

Hastings Street a Hargrave Street, ger cwr y dref. Cerddasom ar hyd strydoedd syth, heulog, anferthol, a rhywsut neu'i gilydd aethom ar gyfeiliorn. Penderfynodd fy ngwraig chwilio i un cyfeiriad a minnau i gyfeiriad arall, ac (am unwaith) fi ddewisodd yn iawn. Ni fu tŷ gan fy hen ewythr ar y rhandir hwn, ond roedd un nawr – a thŷ hardd hefyd, o'r tu allan o leiaf. Roedd yn fawr ac yn gymhleth, hanner unllawr hanner deulawr, efo muriau brown golau a thoeau sinc o'r gwyrdd chwaethusaf (gwahanol iawn i'r Royal Hotel). Roedd ferandas ar bob ochr, bargod dwfn rhag yr haul, a gardd gysgodol braf gyda llwyni blodeuog a choed canghennog prydferth ...

Efallai fy mod yn edrych ar goll, neu efallai fod presenoldeb bod dynol ar strydoedd anial Thursday Island yn dipyn o ryfeddod, ond wrth imi edmygu'r tŷ cyrhaeddodd dynes ifanc a gofyn a allai fy helpu. Esboniais fy neges a hanes fy hen ewythr a'm tad-cu, a dysgu mai Lisa oedd ei henw. Yna daeth fy ngwraig i'r fei, a dyna lle buom yn sgwrsio yn yr haul ...

Roedd Lisa'n fydwraig yn ysbyty Thursday Island ers tua blwyddyn; cyn hynny bu yn Llundain. Gwnaeth nifer o sylwadau diddorol am Thursday Island, ac er na allaf hawlio rhyw awdurdod arbennig iddynt (ac eithrio'r rhai bydwreigaidd), hwyrach mai dyma'r math o bethau a ddywed pobl wyn leol ymhlith ei gilydd.

Dywedodd Lisa fod un eglwys ar ddeg ar Thursday Island – go dda am boblogaeth o dair neu bedair mil! Wrth edrych wedyn ar fap ymwelwyr, gwelais addoldai Anglicanaidd, Pabyddol, Uniting Church, Seventh Day Adventist, Assembly of God a Full Gospel Church. Dyna chwech; ond pobl aml-enwadog yw'r Ynyswyr, ac mae'n fwy na phosibl bod yna gynulleidfaoedd bach eraill. Yn ôl Lisa, yr Eglwys Gadeiriol Anglicanaidd oedd y lleiaf yn y byd.

Dywedodd fod chwarter poblogaeth Thursday Island yn bobl wyn a weithiai i'r llywodraeth, a'r gweddill yn Ynyswyr ar nawdd gymdeithasol. Dibynnai'r ynys am ei holl adnoddau – bwyd, dillad, petrol, popeth – ar long wythnosol o Cairns.

Soniodd Lisa am ei gwaith yn yr ysbyty. Dywedodd fod y mamau'n dod o bob rhan o Gulfor Torres, a thua thraean ohonynt – achosion anodd – o dir mawr Papua New Guinea. Byddai'r fam-gu, neu chwaer neu gyfnither y ddarpar fam, yn bresennol adeg y geni, ond byth y tad – merched a reolai yng nghartrefi'r Culfor! Câi llawer Ynyswraig ei phlentyn cyntaf yn ddwy ar bymtheg oed a theulu mawr wedyn.

Yna aeth hi ymlaen â'i "*constitutional*".

Ceisiaf roi persbectif i rai o sylwadau Lisa.

Cyn i'r dyn gwyn gyrraedd, roedd tua phedair mil o Ynyswyr yn byw yng Nghulfor Torres, trwy bysgota ac amaethu. Dyna'n fras y boblogaeth y gallai'r Culfor ei chynnal, ac ni chodai'n uwch am fod yr Ynyswyr yn arfer babanladdiad. Rhoddodd y cenhadon ben ar hynny!

Ond erbyn dyfodiad y cenhadon roedd y boblogaeth yn disgyn beth bynnag, oherwydd yr anhrefn a'r lladd, ac yn bennaf oll yr afiechydon, a ddaeth gyda'r dyn gwyn. Ymhen amser sefydlogodd. Yna dechreuodd gynyddu.

Ond doedd y cynnydd ddim yn broblem, achos câi pawb a'i mynnai waith yn y perlgragenfeydd. Denai cyflog sicr y perlgragenwyr lawer o Ynyswyr – gwell ganddynt gyflog nag amaethu tiroedd llwm. A dyna'r sefyllfa am dri chwarter canrif.

Yna caeodd y perlgragenfeydd. Daeth diweithdra i Gulfor Torres, fel i unrhyw ardal a gyll ei phrif ddiwydiant.

Mae diweithdra ynghyd â gorblanta'n golygu nawdd gymdeithasol ac allfudo ... Dengys Cyfrifiad 2001 fod tua 85 y cant o'r rhai sy'n eu disgrifio eu hunain fel "Ynyswyr Culfor Torres" yn byw yn Cairns, Townsville, Sydney a mannau eraill ar dir mawr Awstralia. Ac eto mae poblogaeth y Culfor heddiw – rhyw saith neu wyth mil – bron dwywaith yr hyn a fu cyn i'r dyn gwyn gyrraedd ...

Aethom yn ôl ar hyd eangderau Douglas Street. Cawsom olwg ar siop Saranealis ("*Quality Pearls and Art Gallery*"), oedd yn gwerthu perlau o ffermydd perlau'r Culfor a Cape York; ac ar y

Torres Hotel, "*Australia's Top Pub*" (am mai dyma'r un agosaf at y cyhydedd); ac ar neuadd y Sacred Heart Mission, a ddaeth gyntaf i'r Culfor yn 1884 gan fwriadu tanseilio "hereticiaid" y London Missionary Society yn New Guinea (ond deallaf fod y ddau'n cyd-fyw'n gytûn ers blynyddoedd lawer bellach).

Daethom at yr Eglwys Gadeiriol Anglicanaidd – y "Quetta Memorial Church". Roedd yn fach, ond nid mor fach ag a awgrymodd Lisa! Cafodd ei henwi ar ôl yr SS *Quetta*, a ddrylliwyd ym mis Chwefror 1890 ar graig gudd yn Sianel Adolphus – y trychineb morwrol gwaethaf yn hanes y Culfor. Roedd y syrfewyr wedi methu'r graig, a bu llongau mawr yn hwylio heibio iddi ers blynyddoedd yn ddiarwybod a dianaf, ond fe rwygwyd ochr y *Quetta* yn gyrbibion, a boddwyd 134 o'r 291 o bobl oedd arni. Ymhlith y rhai a oroesodd roedd geneth fach fach na wyddai neb i bwy roedd hi'n perthyn. Mabwysiadwyd hi gan un o beilotiaid y Culfor, Capten E. L. Brown, a'i bedyddio'n Cecelia ("Cissy") Quetta Brown.

Gyferbyn â'r eglwys roedd yr Ibis Supermarket, y siop fwyd fwyaf yn y Culfor, mae'n siwr, ac ynddi doreth o lysiau lleol dieithr – amryw fathau o datws melys afluniaidd, rhai gwyn, coch, euraidd a phorffor; a iams brown hyll; a *butternut pumpkins* hir, llyfn, lliw hufen. Ond pa mor ddieithr yw'r rhain bellach, tybed? Dywedodd fy ngwraig fod iams a thatws melys, o leiaf, yn hawdd eu cael yng Nghaerdydd ...

Ar ôl tamaid i'w fwyta yn y Jardine Motel, roedd hi'n ganol prynhawn, ac aethom am dro ar y Victoria Parade. Ar y naill law inni roedd adeiladau isel gwasgarog, ac ar y llall traeth tywod hir gyda thwmpathau o gerrig a gwymon, a Rhybudd Crocodeilod, ond dim pobl. Mewn parc glaswelltog, dan goed hardd cnotiog, roedd timau o blant ysgol croendywyll, mewn crysau glas a hetiau gwyn, yn cwrso pêl mewn gêm nad oeddem yn ei hadnabod.

Roeddwn i'n chwilio am stôr Burns Philp & Co, cangen Thursday Island ... Gweithiodd fy nhad-cu i Burns Philp am gyfnod fel capten llongau, a chystadlodd fy hen ewythr yn eu herbyn yn y pysgodfeydd perlgragen ... Creadigaeth dau Sgotyn, James Burns a Robert Philp, oedd Burns Philp, a thyfodd yn un o gwmnïau mwyaf Queensland ac Awstralia. Burns a'i sefydlodd, yn 1872, a dewis Philp fel partner yn fuan wedyn. Gŵr busnes o athrylith oedd Burns, yn graff a dyfeisgar, ac yn egwyddorol ar ben hynny. Dyn galluog oedd Philp hefyd, ond nid mor alluog â Burns, ac nid hanner mor egwyddorol, er iddo ennill parch yn nes ymlaen fel prif weinidog Queensland. Cychwynnodd y cwmni â stôr yn Townsville, a pharhau ag eraill yng ngogledd Queensland – yn Cairns, Normanton, amryw drefi, ac yn 1881 ar Thursday Island. Agorodd swyddfa yn Sydney er mwyn allforio cynnyrch crai i Lundain a mewnforio nwyddau ffatri a ddosbarthai wedyn, yn llongau'r cwmni, i fasnachwyr arfordir Queensland. Cynyddodd nifer y llongau. Hwylient i ynysoedd y Môr Tawel – i New Guinea, y New Hebrides, y Solomons, Tonga, Samoa a'r tu hwnt – a'u capteiniaid celfydd yn gweu ymysg y riffiau ac yn angori yng nghysgod palmwydd cnau coco i brynu copra a gwerthu popeth dan haul. Fu erioed gwmni mor rhamantus â Burns Philp, nac un a gydiodd mor fyw yn nychymyg pobl! ... Ond ble'r oedd eu stôr?

Daethom at y "Gab Titui Torres Strait Cultural Centre", adeilad newydd sbon â tho goleddfog, ac yn ei ymyl goeden *frangipani* yn gyforiog o flodau pinc. Y Pennaeth – Awstrales – oedd ar ddyletswydd, ac Ynyswr yn ei chynorthwyo, ond doedd y naill na'r llall wedi clywed am fy hen ewythr. Lluniau gan blant ysgol oedd yr arddangosfa amlycaf; ond roedd y Pennaeth yn hanner gobeithio y byddai Casgliad yr Athro Haddon yn cael ei drosglwyddo rywbryd i'r Gab Titui o Brifysgol Caergrawnt.

Daeth Alfred Cort Haddon gyntaf i Gulfor Torres yn 1888, i astudio söoleg y riffiau. Ond diwylliant yr Ynyswyr a aeth â'i fryd. Gwelai ei fod dan bwysau gan bysgotwyr a chenhadon, a daeth arno awydd ei gofnodi cyn iddo ddiflannu'n llwyr.

Dychwelodd Haddon yn 1898 gyda thîm o ysgolheigion o Gaergrawnt, yn cynnwys rhai – Seligman yr anthropolegydd,

Myers y seicolegydd a W. H. R. Rivers, a astudiodd *shell-shock* adeg y Rhyfel Byd Cyntaf – a ddaeth mor adnabyddus â Haddon ei hun. Mae chwe chyfrol swmpus y *Reports of the Cambridge Anthropological Expedition to Torres Straits* yn drysorfa ddihysbydd o wybodaeth am fywyd traddodiadol yr Ynyswyr, ac am y newidiadau oedd yn ei oddiweddyd. A mwy na hynny – mor wreiddiol a chwyldroadol oedd y *Reports* nes gweddnewid Anthropoleg fel pwnc, gan osod sylfeini'r wyddoniaeth, neu led-wyddoniaeth, gyfoes. Fel rhan o'i ymchwil, casglodd Haddon dros fil o greiriau ac arteffactau'r Ynyswyr, pethau na welir eu tebyg yn y Culfor mwyach. Dim rhyfedd os yw'r Gab Titui eu heisiau – ond a fedrai ofalu amdanynt fel mae ysgolheigion Caergrawnt?

Ond ni allem oedi. Rhaid oedd brysio dros y ffordd i'r jeti – i swyddfa "Peddells Ferry & Tour Bus Service", cyn iddi gau – er mwyn bwcio seddau ar wibdaith o gylch Thursday Island fore trannoeth.

Roedd siop fach dwristaidd gan Peddells, gyda mygydau mawr pren a thabyrddau a gwaywffyn o'r Culfor (nid stwff i ddiddori Haddon, rwy'n ofni). Prynais gopi o *Timeless Isle: An Illustrated History of Thursday Island* gan Capten John C. H. Foley. Nid yw'r awdur yn sôn am fy hen ewythr, ond mae ganddo lun pert o Cissy Quetta Brown pan oedd hi tua thair oed, yn eistedd ar lawr â llygaid gwag fel sy gan blentyn bach weithiau, a Capten E. L. Brown, dyn ifanc â barf ddu, yn gorwedd yn dadol wrth ei hymyl â llaw fel rhaw am ei hysgwydd; ac mae hen gi tew – Labrador, rwy'n meddwl – yn cadw cwmni iddynt.

Mrs Peddell ei hun oedd wrth y cownter, yn berchnoges lew ... Daeth ei nain a'i thaid o Gymru, meddai, ond ni chofiai o ba ardal. Hi oedd cadeirydd Cymdeithas Hanes Culfor Torres, ac yn amlwg yn gwybod llawer iawn am orffennol Thursday Island. Ond nid oedd wedi clywed am fy hen ewythr. Sôn am fri arglwyddi byr glod!

Gofynnais i Mrs Peddell sut gallem ymweld ag ynysoedd eraill y Culfor, petai'r amser gennym.

"Gallech siartro cwch neu awyren," meddai.

"Byddai hynny'n ddrud!"

"Drud iawn!"

"Sut mae'r Ynyswyr yn mynd o ynys i ynys 'te?"

"Mae ganddynt eu cychod bach eu hunain, gyda modur ..."

Rwy'n siwr y gallai twristiaeth ffynnu yn y Culfor, petai rhywun yn mentro arni. Ond ni wn faint hapusach fyddai'r Ynyswyr.

Holais Mrs Peddell ble'r oedd stôr Burns Philp. Aeth â ni ar y jeti a phwyntio tua phen draw'r promenâd, at adeilad gwyn gosgeiddig â'i ffenestri'n edrych dros Port Kennedy. "Ond gadawodd Burns Philp Thursday Island flynyddoedd yn ôl," meddai. "Eraill biau'r hen stôr nawr."

Aethom yn ôl i'r Gab Titui. Roedd y Pennaeth wedi mynd, ond daliai'r Cynorthwywr yno: dyn ifanc main, tywyll iawn ei bryd, yn gwisgo crys coch, trowsus byr a sandalau. Osgo athletaidd chwim oedd ganddo, a llygaid gloyw – llygaid gwyllt efallai? Bachgen nodedig o hyfryd a chwrtais oedd e; a synnwn i ddim petai'r merched yn hoffi dod i'r Gab Titui.

Holais o ba ynys roedd yn dod.

"Ynys Tutu," atebodd.

"Warrior Island yw honno," esboniais yn garedig wrth fy ngwraig.

Rwyf wedi sôn am rai pethau yn hanes Tutu – yr ymosodiad ar Capten Bligh, datguddiad y berlgragen i Tongan Joe – ond nid dyna'r cyfan a wyddwn ...

Tair neu bedair blynedd ar ôl darganfyddiad y berlgragen, daeth cenhadon y London Missionary Society i Tutu. Cawsant groeso brwd gan yr Ynyswyr a chan eu pennaeth Kebisu – "y creadur mwyaf rhyfelgar, egnïol, grymus, a gwyllt ei olwg a welais yn y Culfor," meddai'r Parchedig Samuel McFarlane. Gofynnodd Kebisu iddynt leoli un o'u hathrawon cenhadol ar Tutu; a gwnaethant hynny. Ond, rywsut, oerodd y croeso. Roedd yr Ynyswyr i ffwrdd yn aml, ac yn brysur yn gweithio i'r perlgragenwyr, ac yn dwlu cymaint ar y rheiny nes llwyr anwybyddu'r athro druan. Gwaeth fyth, llofruddiwyd athrawon ar ynys arall, a bu cynllwyn i ladd rhagor, a si bod Kebisu yn rhan o'r cynllwyn. Gwadodd hynny'n daer; ond symudwyd yr athro o Tutu, ac ni ddychwelodd.

Yn 1875 y collodd Tutu ei hathro. Yn 1888 daeth Haddon i'r ynys. Roedd Kebisu wedi marw erbyn hynny, a'i fab Maino yn bennaeth bellach. Daeth Haddon a Maino yn ben ffrindiau, a chyfnewid enwau, yn null yr Ynyswyr. Trwy hyn daeth Haddon yn "Maino", ac yn aelod o dylwyth Maino, ac o lwyth y Tutu, gyda'r crocodeil fel totem a chyfeillgarwch dynion crocodeil trwy'r Culfor. Manteisiodd ar y cyfeillgarwch weithiau; ond ni chlywais fod Maino wedi hawlio cymrodoriaeth yng Nghaergrawnt ...

Roedd ugain mlynedd o berlgragenna wedi gadael eu hôl ar Tutu; ôl creulon. Dangosodd Maino hen gysegr y dynion i Haddon – y *kwod* sanctaidd lle ymneilltuai'r llanciau i gael eu haddysgu gan hynafgwyr cyn eu derbyn i gyflawn aelodaeth o'r llwyth. Roedd y *kwod* yn adfail. Roedd yr holl lwyth, a'i arferion a'i ddefodau a'i draddodiadau a'i economi a'i werthoedd a'i gymdeithas, yn adfail. Meddai Maino wrth Haddon, a'i lygaid yn llawn dagrau: "*I think of old men, and I sorry. All finish now.*"

Dechreuais siarad am Kebisu a Maino wrth y Cynorthwywr, a goleuodd ei lygaid (fel y buasai fy llygaid i wedi goleuo petai rhywun wedi sôn am fy hen ewythr!) Roedd yn disgyn o Kebisu a Maino, meddai. Pan âi yn ôl i Tutu, câi ei drin â'r parch sy'n ddyledus i ddyn mawr.

Am Maino yn bennaf y soniais i. Ond am Kebisu y soniodd y Cynorthwywr. Roedd Kebisu wedi cadw'r cenhadon draw o fwriad, meddai, ac wedi dweud wrth ei fab Maino am wneud yr un fath. Gwnaeth hyn, meddai'r Cynorthwywr, "*because he could see what was going to happen.*"

Yn Kebisu roedd y Cynorthwywr yn ymfalchïo. Pan ofynnais iddo roi ei enw yn fy nodlyfr, cyn inni ymadael, ysgrifennodd: "*Frank David descendant of 'King Kebisu'.*"

Hwb i'r galon oedd y sgwrs â Frank. Dangosai fod cymdeithas

pobl Tutu, er pob newid, yn dal yn fyw. Ac roedd Frank yn parchu Kebisu, am geisio gwrthsefyll y dyn gwyn (neu, o leiaf, un garfan o ddynion gwyn), yn hytrach na Maino, na fedrai ond plygu i'r drefn. Ac roedd ei fersiwn ef o hanes Kebisu a'r cenhadon, cywir neu beidio, wedi'i gyrraedd trwy draddodiad ei deulu; nid yw mewn unrhyw lyfr a welais i.

Cafodd fy ngwraig a minnau ginio yn Barracks Bistro y Jardine Motel, ac roedd yn amlwg mai dyna oedd y lle i fwyta ar Thursday Island: byrddau yn yr awyr iach, rhai dan ganopi, eraill dan y sêr, a digon o le rhyngddynt; cwsmeriaid trwsiadus, yn Awstraliaid ac Ynyswyr; gweinyddesau twt yn gwibio yma a thraw; lampau'n goleuo'r blodau a'r pwll nofio. Roedd y prydau a gludwyd heibio inni yn anferth, ond roedd gan y Bistro drefn nêt i liniaru ar hynny: gallech archebu'r un pethau naill ai ar raddfa fawr fel "*main course*" neu ar raddfa fach fel "*entrée*". Cafodd fy ngwraig bysgod a sglodion a minnau *satay chicken skewers*; fel *entrées*, wrth reswm; ond roeddent yn dal yn anferth.

Roeddem wrth swyddfa Peddells ar y jeti erbyn 9.30 fore trannoeth ar gyfer y wibdaith, ac er syndod nid minibws oedd yn aros amdanom ond bws iawn, ac yn llawn pobl hefyd. Roedd Peddells yn rhedeg fferi rhwng Thursday Island a Seisia ar dir mawr Queensland, a rhaid bod y dorf wedi dod gyda honno ar daith ddiwrnod. Cymerasom ein seddau, a safodd y dywysyddes gyda'i meicroffon ym mlaen y bws, ac i ffwrdd â ni.

Merch ifanc bert iawn oedd y dywysyddes, â chroen euraidd a gwallt du, ac yn ei gwallt roedd clwm o flodau *frangipani* oren a melyn. Rhoddodd hanes cryno o Thursday Island inni a dweud ein bod yn mynd i Green Hill Fort gyntaf, wedyn am dro ar hyd yr arfordir, ac yn olaf i'r gladdfa i weld y gofeb i'r cannoedd o berlgragenwyr o Japan a fu farw yn y Culfor. Codwyd Green Hill Fort yn yr 1890au, meddai, i amddiffyn Port Kennedy rhag bygwth gan y Rwsiaid (a chodwyd y Barracks Bistro ar safle barics y garsiwn). Dyna hefyd yr adeg y daeth ei theulu i Thursday

Island, a pherthynai hi i'r bumed genhedlaeth yno, ac roedd hi wedi etifeddu holl waed cymysg pobloedd yr ynys – Albanaidd, Gwyddelig, Tsieineaidd, Ynysoedd y Môr Tawel ... Wedi iddi ddweud, gellid gweld hynny.

Aethom ar hyd Victoria Parade, troi wrth y Jardine Motel, pasio'r Torres Hotel, a dringo ffordd droellog rhwng cartrefi mawr hyfryd nes cyrraedd y maes parcio islaw Green Hill Fort. Roedd y Fort yn ddrysfa o staerau carreg a staerau haearn a phontydd haearn, ac roedd rhagfur concrit cadarn o'i chwmpas gyda gwn mawr henffasiwn (*breach-loader* chwe modfedd, cawsom ddeall) yn gwgu tua'r môr. Buasai ein hwyrion bach wrth eu bodd yn chwarae milwyr yno ...

O Green Hill Fort gallem weld yn bell i bob cyfeiriad ond un, sef y dwyrain lle safai Milman Hill, pwynt uchaf Thursday Island, gyda'r tyrbinau gwynt a'r tŵr cyfathrebu. Wrth droi'n glocwedd o Milman Hill, dacw doeau sinc tref Thursday Island, ac ehangder glas Port Kennedy, a Horn Island tu draw; yna bwlch, gyda Cape York yn y pellter; wedyn Prince of Wales Island, yn rhes o fryniau garw; a Friday Island fach; a Normanby Sound, priffordd y llongau a gyrhaeddai o Gefnfor India; a Goode Island gyda'r orsaf beilotiaid. Dyna ddiwedd Port Kennedy, ac roeddem nawr yn edrych tua'r gogledd, i lawr dros ddwy o faestrefi Thursday Island, sef Quarantine, lle cedwid gynt gleifion heintus o'r llongau, a Tamwoy; a sianel Aplin Pass tu hwnt; a Hammond Island hir; ac felly yn ôl i Milman Hill. Golygfa bert, fel yr addawodd Romilly; ond doedd dim arlliw mwyach o dai'r meistr-berlgragenwyr ar yr ynysoedd cyfagos.

Buom yn sgwrsio ag un arall o'r parti, gwraig fferm wedi ymddeol, o Bundaberg, de Queensland. Roedd hi ar bythefnos o wyliau antur ar Cape York, meddai, gyda rhyw gwmni, gan wersylla mewn pebyll a theithio ar hyd traciau amrwd mewn pedwar-pedwar. Roedd y sboncio'n brifo'i chefn, ac roedd hi'n dyheu am ddychwelyd i wareiddiad ...

Roedd hen *blockhouse* yn Green Hill Fort – hanner dwsin o

stafelloedd concrit tanddaearol wedi'u troi'n amgueddfa, gyda phethau o'r garsiwn a'r rhyfel a'r ynysoedd a'r diwydiant perlgragen. Wrth drafod y rhain, soniodd y dywysyddes eto am gymaint o amser roedd ei theulu wedi bod ar Thursday Island. "Maen nhw'n gwybod popeth am bawb ar yr ynys, bron iawn. Petasech chi'n holi am unrhyw un fu'n byw yma rywdro, siawns y byddai un ohonon ni'n ei gofio neu wedi clywed amdano …"

"Beth am fy hen ewythr, oedd yma tua 1880?" cynigiais.

"Buasai hynny'n rhyfedd," meddai hi dan chwerthin, "achos nid tan 1887 y cafodd y dref ei sefydlu!"

O diar!

"1877," meddwn.

Bu'n rhaid iddi gytuno, nid yn unig am fy mod yn iawn ond am iddi hithau ddweud 1877 lai na hanner awr ynghynt. Ond roedd yn bryd imi dewi am fy hen ewythr! Doedd hi'n gwybod dim amdano beth bynnag …

Aeth y bws ar hyd y glannau, heibio'r ysbyty a'r ysgol a thrwy Quarantine a Tamwoy, ac i fyny i'r gladdfa, rhyw Machpela twmpathog priddlyd gyda llawer o goed ond prin un glaswelltyn. "Os hoffech chi weld y gofeb Siapaneaidd," awgrymodd y dywysyddes, "mae hi draw fan'cw …" Glynodd pawb yn eu seddau – pawb ond fi! A gwell i minnau heb sefyllian …

Math o deml awyr agored, gyda llawr teils, pileri gosgeiddig ac arysgrifau Siapanaeg, oedd y gofeb: cornel deilwng o'r henwlad ar dir estron. Ond beddau'r Ynyswyr a ddenai'r sylw: catrodau o gerrig ithfaen sgleiniog, sgwaraidd, du. Rhaid bod yr Ynyswyr – nad ydynt yn gyfoethog – wedi talu'n ddrud amdanynt. Ac eto, heb gystadlu. Doedd dim un garreg yn ceisio rhagori ar y lleill; roedd holl drigolion y fynwent yn gyfartal. Os cystadlu, cystadlu â blodau. Gan bob bedd, bron, roedd ei faich o liwgarwch, fel Sul y Blodau ar ei ganfed.

Roeddem wedi clywed mai gŵyl fawr deuluol yr Ynyswyr – pan fyddai pawb o bell ac agos yn dod ynghyd – oedd nid bedydd na phriodas nac angladd ond seremoni "dadorchuddio'r bedd". Ac yn y rhifyn a brynasom o'r *Torres News* ("*Australia's Top Newspaper*" – beth arall?), wele hysbysu tri "*Tombstone Unveiling*", ar gyfer beddau Mrs Bethena Ropeyarn, Mr Jeffrey Jacob Salee a Mrs Hagiga Bin Doraho. Ac achlysuron mawr fyddent! Rhoddodd teulu Mrs Doraho wahoddiad agored i holl bobl Culfor Torres a Cape York i fynychu'r dadorchuddio yng nghladdfa Thursday Island am 10 o'r gloch y bore ar ddydd Sadwrn 17 Medi, ynghyd â "*feasting and traditional dancing*" yn Neuadd Gymuned Tamwoy am 6 yr hwyr. Rhaid bod llond penwythnos o jolihoetian a chymdeithasu ar y gweill! Ar ôl canrif a hanner o chwalu ar eu cymdeithas, Ynyswyr Culfor Torres yw'r Ynyswyr byth – er mai prin y byddai Haddon yn eu hadnabod.

Wedi cyrraedd yn ôl i'r jeti cawsom ein paciau o'r Jardine Motel, yna dal y fferi i Horn Island a'r awyren i Cairns.

Cyraeddasom Cairns ddiwedd prynhawn, a'n gorchwyl cyntaf oedd chwilio am feddyg teulu er mwyn i'm gwraig gael pelydr-X ar ei braich, achos yfory byddai'n wythnos ers inni weld Dr Craig yn yr Alfred. Darganfuom y "Cairns Day Surgery" yn Florence Street, ger canol y dref, a threfnu dychwelyd am ddeg o'r gloch fore trannoeth. Ond yn gyntaf, meddai'r dderbynyddes, byddai'n rhaid inni fynd i'r "Cairns Central Medicare Office", i gofrestru efo Gwasanaeth Iechyd Awstralia. Ac roedd yn rhy hwyr i wneud hynny heno.

Roedd hi'n nos, ac yn amser cinio. Roeddem am drio un o'r bwytai ecsotig hynny sydd i fod yn britho Awstralia, a daethom o hyd i'r "Phuket Thai Seafood Restaurant" (nad oedd yn ecsotig *iawn*, efallai). Dywedodd y weinyddes iddi ddod o Wlad Thai yn wyth oed, a byw gyntaf yn Innisfail, tua hanner can milltir i'r de o Cairns, lle roedd bwyty gan ei hewythr; a dyma hi nawr yn Cairns yn gweithio yn un arall o fwytai'r teulu.

Yn ôl yn y Sheridan gwelsom y canlyniadau diwethaf yng ngrwpiau rhagbrofol Cwpan Pêl-droed y Byd 2006. Roedd Gogledd Iwerddon wedi trechu Lloegr 1-0, ac roedd yr Alban, ar ôl curo Norwy, yn dal i obeithio mynd i'r rowndiau terfynol. Ond y cwestiwn mawr oedd sut gwnaeth Cymru yn erbyn Lloegr yr wythnos cynt; ac nid oedd sôn am hynny.

Roeddem wedi gweld y Great Barrier Reef ond nid ail atynfa ardal Cairns, sef y Fforestydd Glaw Trofannol. Hyd y medrem ddarganfod, y mannau gorau am y rhain oedd o amgylch tref Kuranda yn y bryniau a ger Port Douglas wrth lan y môr; ac ar ôl y pelydr-X dyna lle'r oeddem am fynd drannoeth.

6 Cairns, Kuranda a'r Tjapukai

Agorodd y Cairns Central Medicare Office yn brydlon am 9.00 a.m, a chawsom docyn o'r peiriant, a chlywed ar unwaith lais mecanyddol yn ynganu *"Ticket A2 to Counter 1"*, ac o fewn deng munud roedd fy ngwraig, a minnau hefyd, wedi cofrestru gyda'r Gwasanaeth Iechyd, ac yn ymlwybro tua'r Cairns Day Surgery yn Florence Street. Cyrhaeddon ni hanner awr yn gynnar, ond gwelodd y meddyg ni'n syth, a'n danfon i'r "North Queensland X-Ray Centre", gwaith ugain munud o gerdded i ffwrdd, lle enillon ni ddadl â'r dderbynyddes am ein hawl i belydr-X di-dâl, a chael y pelydr-X, a chychwyn yn ôl heb ddim oedi i'r Cairns Day Surgery. Edrychodd y meddyg ar y platiau, a dweud bod y fraich yn gwella'n dda ac y dylid tynnu'r plastr ymhen mis; ac yn lle'r hirddydd a ofnem o ymrafael â biwrocratiaeth wladol, wele'r cyfan drosodd mewn dwy awr, gan gynnwys awr o rodianna yn yr haul.

Canol y bore, a thro *free enterprise*. Roeddem angen car er mwyn mynd i Kuranda a Port Douglas a gyrru drannoeth i Townsville; felly dyma bicio i Hertz Rent-a-Car yn y stryd nesaf, lle'r oedd prisiau bargen i'w cael a gostyngiad *affinity* gennym. Ond dyblodd y prisiau, bron iawn, am inni fynnu yswiriant cynhwysfawr. A gwadwyd dilysrwydd ein *affinity* gan y ferch wrth y cownter, a'i chefnogi gan yr oruchwylwraig, a gefnogwyd yn ei thro gan y brif swyddfa yn Melbourne, dros y ffôn; ac am fod y bore erbyn hyn yn prysur gilio, penderfynon ni ohirio'r ddadl nes cyrraedd adre. Archebon ni Nissan Pulsar gyda gêr llaw, a ddaeth yn barod ymhen hanner awr; ond nid gêr llaw eithr gêr awtomatig oedd ganddo; a chan nad oeddwn am beryglu'n bywydau â hwnnw, hyd yn oed efo yswiriant cynhwysfawr, bu'n rhaid bodloni ar aros hanner awr eto tra câi Pulsar gêr llaw ei baratoi ...

Pasiodd yr hanner awr, ac aeth fy ngwraig i'r cefn i holi hynt y Pulsar. Daeth yn ôl ymhen ychydig â'r newyddion mai Sgotyn oedd yn glanhau'r car, a bod rhaid aros ugain munud eto. Roedd y Sgotyn, meddai, yn llawenhau am fuddugoliaeth yr Alban, ond heb falio ffeuen bod Lloegr wedi trechu Cymru 1-0, na hyd yn oed am law Joe Jordan.

Mae'n anodd i Gymro siarad am bêl-droed â Sgotyn heb edliw iddo, yn hwyr neu'n hwyrach, law Joe Jordan. Gêm ragbrofol ar gyfer Cwpan y Byd oedd hi, rhwng Cymru a'r Alban yn Anfield yn 1977, a gobaith gan Gymru, petai'n ennill, fynd trwodd i'r rowndiau terfynol yn Ariannin. Gwelodd Monsieur Wurtz, y dyfarnwr, law yn cyffwrdd â'r bêl yng nghwrt cosbi'r Cymry, a rhoddodd gic o'r smotyn i'r Alban – "*the Wurtz decision that ever was*", achos y Sgotyn Joe Jordan oedd biau'r llaw. Sgoriodd yr Alban, ennill y gêm, a mynd i Ariannin.

Bu digwyddiad cyffelyb y tro nesaf i Gymru a'r Alban gwrdd yng Nghwpan y Byd, mewn gêm ragbrofol yng Nghaerdydd yn 1985. Roedd yn rhaid i Gymru ennill er mwyn bod â siawns o fynd i Fecsico, a bu ar y blaen tan naw munud o'r diwedd, pan gosbwyd David Phillips, yn ddadleuol dros ben, am lawio'r bêl o flaen gôl Cymru. Sgoriodd yr Alban o'r gic a gorffennodd y gêm yn gyfartal. Yn union ar ôl y gôl cafodd Jock Stein, rheolwr mawr yr Alban, drawiad ar ei galon, a bu farw'n fuan wedyn. Yng ngolwg cefnogwyr Cymru, roedd hynny'n hynod o debyg i ddial am dwyll, neu dwyll honedig, Joe Jordan.

Euthum i weld y Sgotyn 'ma. Tu cefn i'r swyddfa roedd iard heulog â pherth o'i chwmpas a gwasgariad o geir, a'r Sgotyn yng nghysgod penty yn golchi'r Pulsar. Dyn cydnerth tua'r deg ar hugain oed oedd e, mewn trowsus byr a chrys llaes llwyd. Allwn i ddim beio'i ddiwydrwydd; roedd e wrthi fel corwynt efo'i biben ddŵr a throchion sebon, yng ngwres y nawnddydd trofannol.

Roedd yn dod o Glasgow. Holais ers faint roedd yn Awstralia.

"*Seven years … It's the best thing I ever did … You should do the same, unless you're too set in your ways!*"

Roedd yn fachgen o'r iawn ryw! Soniais wrtho am law Joe Jordan. Meddai,

"*It was the ref's fault, a case of mistaken identity. You can't blame Joe, the Welsh would have done the same if they could, they just weren't clever enough.*"

Cymerodd dipyn o amser imi feddwl am ateb i hynny. "*It was a case of mistaken identity all right,*" meddwn. "*Joe Jordan sinned, but the Devil took Jock Stein …*"

Buom awr a hanner i gyd gyda Hertz cyn rhoi'r Pulsar mewn gêr a chychwyn ar hyd y Captain Cook Highway am Kuranda. A dweud y gwir, buasai'n well gennym deithio ar y Kuranda Scenic Railway; ond heb gar byddai'n amhosibl mynd i Port Douglas …

Dylem sôn am borthladdoedd Gogledd Queensland: am eu llwyddiant, eu methiant a'u rheilffyrdd, ac am y Kuranda Scenic Railway.

Bu deg porthladd o bwys yn hanes Gogledd Queensland, yn ymestyn am wyth can milltir o Thursday Island yn y gogledd i Bowen yn y de. Sefydlwyd pob un yn ystod ail hanner y bedwaredd ganrif ar bymtheg.

Heddiw gallwch wibio i unrhyw le yn Awstralia mewn car ac awyren, ond doedd fawr o wibio yr adeg honno. Coes, ceffyl, cert a chwch oedd piau hi fel arfer. Os am wibio, rhaid oedd cymryd llong ager, neu maes o law y rheilffordd.

Roedd llongau ager yn ddibynadwy ac effeithlon ac yn eithaf rhad i'w hadeiladu. Medrent deithio cant a mwy o filltiroedd mewn diwrnod rhwng y porthladdoedd, gan gludo llawer o bobl a nwyddau.

Roedd rheilffyrdd yr un mor effeithlon, ac yn gyflymach, ond yn ddrud iawn i'w hadeiladu. Y llywodraeth yn Brisbane oedd yn talu am rai Queensland, a chyllid y llywodraeth yn brin. Felly doedd dim llawer o reilffyrdd, a dim rhwydwaith ohonynt chwaith: lein unigol oedd pob un, yn cysylltu rhyw borthladd â'i fewndir.

Nid pob porthladd oedd â rheilffordd, nac angen un. Dim ond os oedd maes aur neu borfeydd gwartheg yn ei fewndir roedd porthladd angen rheilffordd. Ond weithiau gwasanaethai dau borthladd yr un mewndir, a'r ddau eisiau rheilffordd, a'r llywodraeth ond yn barod i dalu am un. Yna, am y rheilffordd honno, byddai brwydro ffyrnig – brwydro hyd at angau, bron iawn. Oherwydd y porthladd a gâi'r rheilffordd a gâi holl fasnach a ffyniant; a ffyniant cynnar yw sylfaen ffyniant i ddod.

Y porthladd pellaf i'r gogledd oedd Thursday Island, a gysylltid gan gychod â'i "fewndir", y pysgodfeydd. Mae Thursday Island wedi gweld dyddiau gwell, ond erys yn bwysig fel canolfan Culfor Torres.

Nesaf roedd Somerset, a godwyd yn 1864 fel lloches i forwyr a longddrylliwyd. Disodlwyd Somerset gan Thursday Island, a'i llyncu wedyn gan dermitiaid, ac nid yw mwyach ar y map.

Wedyn Cooktown, a lamodd i fywyd yn 1873 pan ddarganfuwyd maes aur ar afon Palmer. Cododd ei phoblogaeth i 30,000 o fewn dwy flynedd, ac adeiladwyd rheilffordd i'w chysylltu â'r cloddfeydd. Ond dihysbyddwyd yr aur, gwerthwyd y rheilffordd fel sgrap, a phoblogaeth Cooktown, erbyn 2004, oedd 1,638.

Yna daw Port Douglas a Cairns, o fewn deugain milltir i'w gilydd. Dychwelwn atynt yn y man.

Ar ôl y rhain ceir cyfres o borthladdoedd bychain – Innisfail, Cardwell, Ingham – sy'n gwasanaethu ffermydd yr arfordir. Yr unig reilffyrdd y bu eu hangen arnynt oedd y cledrau eiddil sy'n dal i gris-groesi'r caeau cyfagos.

Y mwyaf deheuol o borthladdoedd Gogledd Queensland yw Townsville a Bowen, sy'n dyddio o'r 1860au. Bu'r rhain yn ymgiprys am reilffordd i'w cysylltu â maes aur Charters Towers a phorfeydd yn y gorllewin. Gan Bowen roedd yr harbwr cymhwysaf, gan Townsville y gwleidyddion cyfrwysaf, a Townsville enillodd y rheilffordd. Heddiw mae gan Bowen 9,000 o drigolion, a chan Townsville 160,000.

Yn ôl at Port Douglas a Cairns, felly. Agorwyd y ddwy yn 1876-7, er mwyn allforio aur o faes aur Hodgkinson a gwartheg o'r Atherton Tableland, a phan gyhoeddodd y llywodraeth yn 1882 y byddai'n cyllido rheilffordd o'r Tableland i'r môr, cystadlasant yn chwerw amdani. Cairns a ddewiswyd; a rhwng 1884 ac 1886 bu'r arloeswr Christie Palmerston a Pompo ei fêt o Gynfrodor yn syrfëo'r ffordd. Torrwyd y dywarchen gyntaf gan Syr Samuel Walker Griffith, prif weinidog Queensland a brodor o Ferthyr Tudful, ar 10 Mai 1886, a bu 1,500 o lafurwyr wrthi am bum mlynedd yn symud 2.3 miliwn tunnell o graig a phridd â chaib a rhaw, gan lunio 15 twnnel, 93 o droadau a phontydd di-ri, nes agor y rheilffordd yn 1891. A dyna dranc Port Douglas. Ei phoblogaeth heddiw yw 4,000, a bu mor isel â 100 cyn twf diweddar y diwydiant gwyliau. 128,000 yw poblogaeth Cairns.

Ac eto, ni fu'r lein a laddodd Port Douglas erioed yn talu'i ffordd fel buddsoddiad yn ei hawl ei hun, na chyn nac ar ôl i'r lori, bws a char fachu ei marchnad. Twristiaid yw ei hunig gwsmeriaid bellach: hi yw'r Kuranda Scenic Railway.

Ar ôl ychydig filltiroedd ar y Captain Cook Highway daethom at bentref Smithfield, wrth enau afon Barron, lle byddai'r pynfeirch o'r Hodgkinson yn dadlwytho gynt ac mae'r Kennedy Highway bellach yn ymadael am Kuranda.

Wrth y troad gwelsom arwydd i'r "Tjapukai Aboriginal Cultural Park". Roedd gennym dipyn o chwilfrydedd am Gynfrodorion, a thybiem y byddai'n werth mynd yno drannoeth cyn cychwyn i Townsville.

Enwyd y Kennedy Highway ar ôl y fforiwr Edmund Besley Court Kennedy, a laddwyd gan Gynfrodorion ar Cape York yn

1848, yn 29 oed. Doedd hi fawr o *highway*; dringai a dolennai ymysg llethrau a choedwigoedd, gan agor cipolwg del weithiau dros wastadedd isel a'r môr a phentiroedd niwlog tu hwnt. Ond daeth â ni o'r diwedd i Kuranda.

Roeddem mewn tref dwristaidd unig yng nghanol y fforest, gyda strydoedd llydan blodeuog a choed ymhobman. Dim ond cwpwl o geir oedd yn y maes parcio, ond tyrrai ymwelwyr ymysg y caffes a'r siopau anrhegion a'r orielau celf; wedi cyrraedd ar y Kuranda Scenic Railway, mae'n debyg.

Aethom i'r swyddfa dwristiaeth, lle dywedodd y fenyw garedig mai er mwyn y marchnadoedd crefftau yn bennaf y deuai pobl i Kuranda. "Eisiau gweld y Fforest Law Drofannol rydyn ni," meddem. Rhoddodd fap inni, yn dangos nifer o lwybrau'n gweu rhwng y gwyrddni – rhai hir ac egnïol eu golwg! Ond roedd un byrrach na'r lleill yn cychwyn filltir neu ddwy o'r dref ac yn arwain trwy'r coed i orsaf reilffordd Barron Falls …

Gadawsom y car wrth fin y ffordd a chychwyn am yr orsaf. Ar lwybr estyll roeddem, ryw lathen uwchben y ddaear, yn disgyn trwy berfedd y goedwig.

Mewn Fforest Law Drofannol, roeddem yn disgwyl gweld dafnau praff diorffwys yn syrthio o gangen i gangen a gwlybaniaeth yn disgleirio ar y rhisgl. Byddai orchidau lliwgar a ffrwythau hynod, a chri parotiaid a chocatŵod. Gwelem walabi dringol neu froga coed efallai …

Sych fel corcyn oedd y Fforest Law Drofannol hon, pan oeddem ni yno o leiaf, a'r unig liwiau oedd gwyrdd, brown a llwyd. Dim parotiaid na walabïod – ni welsom yr un creadur byw! Yr hyn a welsom oedd prysgwydd trwchus, llwyni a rhedyn; a boncyffion unionsyth tenau, a dringedyddion yn tagu rhai; a chanopi o ddail ymhell uwchben. Dim gwynt, dim sŵn, dim symud. Ond braf oedd cerdded ar yr estyll yn y cysgod oeraidd …

Safai gorsaf Barron Falls ynghanol unlle, mewn gwlad wyllt amhoblog. Ei hunig bwrpas posibl oedd i deithwyr o'r trên gael oedi ychydig ar y platfform a mwynhau'r golygfeydd.

I'r chwith roedd y Falls. Roedden nhw'n hardd – rhyw Bistyll y Cain wedi'i chwyddo a'i ddelfrydu. Llifai afon Barron o uchelderau'r goedwig a thywallt yn dafodau arian dros greigiau llwyd am gannoedd o droedfeddi cyn diflannu i'r goedwig drachefn ... Ond ai Falls dilys oedden nhw? ... Yn ôl atodiad taith y *Sydney Morning Herald*, bydd swyddogion Kuranda, yn y tymor sych, yn cronni'r afon tu ôl i argae uwchben y dibyn a'i gollwng pan fo trên ar fin cyrraedd – "*a phenomenon worth watching if you happen to travel to Kuranda by car*" ... I'r dde troellai trac sengl y rheilffordd i fyny glyn gwyrdd dwfn – campwaith o beirianneg, mae'n siwr.

Ond beth oedd o'i le ar y trac? Roedd fel Scalextric o gyfyng! ... Ymddengys bod lled rheilffyrdd Awstralia yn amrywio'n rhyfeddol. Mesur cul o 1067 mm sydd gan Queensland, Tasmania a Western Australia, a mesur llydan o 1600 mm sydd gan Victoria a South Australia, a dim ond New South Wales a fabwysiadodd y 1435 mm sy'n safonol ym Mhrydain a'r rhan fwyaf o'r byd. Ar un adeg roedd rhaid newid trên chwe gwaith wrth deithio rhwng Perth a Brisbane. Dyna mor ar wahân i'w gilydd – yn gorfforol ac yn ysbrydol – yr oedd trefedigaethau unigol Awstralia pan osodwyd eu rheilffyrdd cyntaf, rhwng 1850 ac 1870. A dyna cyn lleied y breuddwydient am ddyfodol fel cenedl unedig.

Wrth inni esgyn y llwybr estyll yn ôl i'r car, daeth pâr ifanc, yn eu tri degau efallai, i'n cyfarfod: gŵr tawedog, gwraig barablus! Stopiodd y wraig wrth inni basio. "*How did you get that, doll?*" holodd; a chafodd stori'r codwm a chanmoliaeth o'r Alfred a gwasanaeth iechyd Awstralia.

"Rydyn ni'n dod o Melbourne," meddai'r wraig. "Cwympodd fy ngŵr oddi ar ysgol llynedd a gorfod mynd i'r Alfred ... Ond dyw'r gwasanaeth iechyd ddim hanner cystal ag yr oedd e ..."

Ond ar hyn torrodd y gŵr ei dawelwch: "Chwarae teg! ... Pan gwympais, torrais asgwrn fy mhen ... Oni bai am yr Alfred, fuaswn i ddim yma!"

A dyna'r "*How did you get that?*" olaf i ddod i'n rhan; oherwydd drannoeth, gan ddilyn cyfarwyddyd Dr Alan, cafodd fy ngwraig wared o'r sling.

Aethom yn ôl i Kuranda, gan feddwl edrych ar y marchnadoedd. Ond roeddent ar gau, y caeadau i lawr, y stondinau'n wag. Ar gau roedd y siopau, y caffes, yr orielau i gyd; neb i'w weld, cysgodion coed yn estyn dros y strydoedd. Pedwar o'r gloch y prynhawn, a Kuranda'n dref ysbrydion. Roedd ail ac olaf drên y dydd i Cairns newydd ymadael.

Gyrasom o'r bryniau i'r Captain Cook Highway, yna troi tua'r gogledd, a throi eto, ar hyd gorynys hir denau, am Port Douglas. Ar y naill law inni roedd Dickson Inlet ac ar y llall y Môr Cwrel; ond roedd y ddau ynghudd tu ôl i harddfannau cyfoethogion oddeutu'r ffordd: y Rydges Reef Resort, y Sheraton Mirage Resort, y Mirage Country Club, plastai goludog newydd ... Mor anferth a choediog oedd y gerddi fel na allem fod yn siwr ai gerddi oeddent ai Fforest Law Drofannol: os Fforest, ein Fforest olaf am y dydd, achos roedd hi'n rhy hwyr i chwilio am ragor.

Daethom at y penrhyn, a thref Port Douglas: dyrnaid o strydoedd gyda bwytai drud a siopau moethus; eangderau Dickson Inlet yn disgleirio yn y machlud; cei, jeti, iots wrth angor a mynyddoedd porffor pell.

Yn union yn ymyl y traeth safai eglwys fach wen St Mary's by the sea ("adeiladwyd 1880, dinistriwyd gan seiclon 1911, ailgodwyd ar y safle hwn 1988"). Uwchben yr allor edrychai ffenestr fawr lydan allan dros y Môr Cwrel, fel y gallai ffyddloniaid ar y Sul wylio hynt gwylanod tu ôl i ysgwydd yr offeiriad ...

Pan sefydlwyd Cairns yn 1876, Iarll Cairns oedd llywodraethwr Queensland, a phan sefydlwyd Port Douglas yn 1877, yr Anrhydeddus John Douglas (hwnnw a ddaeth wedyn yn Breswylydd Thursday Island) oedd yn brif weinidog. Cydflodeuodd y ddau borthladd nes i Syr Samuel Walker Griffith dagu Port Douglas trwy roi rheilffordd yr Atherton Tableland i Cairns. Bu rhywrai'n cyhuddo Griffith o lygredd wrth ddewis Cairns, am fod ganddo eiddo yno; ond dyn gonest oedd y Cymro, ac os ffafriodd Cairns dangosir pam gan anap a gafodd fy nhad-cu. Yn 1882 roedd yn dod â'r SS *Génil* o New Britain i Queensland (un o'i anturiau rhyfeddaf), ac yn chwilio am Port Douglas, pan aeth ar rîff bum milltir o'r lan. Morwr medrus oedd fy nhad-cu – fel y profodd wrth ryddhau'r *Génil* o'r cwrel! – ond cefnodd ar Port Douglas a docio yn Cairns … Mewn gair, gan Cairns roedd yr harbwr diogelaf.

Yn ôl yn y Sheridan, roedd gen i gwestiwn i fachgen y dderbynfa. Roeddwn i eisiau gwybod pam fod rhai o'r tai ar y Captain Cook Highway yn sefyll yn uchel ar ben polion, ac eraill yn gorffwys ar lawr. Dywedodd fod yr holl dai yn arfer cael eu codi ar bolion er mwyn i'r awel lifo danynt a'u cadw'n oer. Ond nawr, gydag aerdymheru, gallai pobl lenwi rhwng y polion â stafelloedd.

Gadawsom y Sheridan, a Cairns, fore trannoeth, gan ryw obeithio cyrraedd Townsville erbyn nos. Ond yn gyntaf roeddem am fynd i'r Tjapukai Aboriginal Cultural Park, a welsom ar y ffordd i Kuranda.

Ffrynt cyhoeddus Parc y Tjapukai oedd adeilad mawr modern gyda phatio a phlanhigion, tocynfa, bwyty a siop; a phwrpas y Parc, yn ôl taflen a gawsom wrth y fynedfa, oedd "diogelu a chyflwyno ein diwylliant Cynfrodorol dilys". Roedd bysiau yn y maes parcio yn awgrymu y byddai tipyn go lew o dwristiaid o gwmpas.

Esboniodd merch y docynfa fod "rhaglen" i'r ymweliad. Dylem fynd gyntaf i'r Theatr Ddawns, yna i daflu bwmerang a gwaywffon, a gorffen gyda Theatr y Cread a'r Theatr Hanes. A gwell inni frysio, meddai, achos roedd y Theatr Ddawns ar fin dechrau …

Dilynon ni lwybr rhwng lawntydd gwyrdd, a chroesi pompren hir dros lyn, a dod i'r Theatr yng nghanol coedwig. Roedd hi eisoes yn llawn ymwelwyr. Eisteddai torf o Americanwyr, pobl oedrannus gan mwyaf, ar un ochr i'r eil, a thorf o Siapaneaid ifainc ar y llall. O'n blaen roedd llwyfan gwag gyda chefndir o greigiau *papier mâché*.

Daeth cyflwynydd tew smala ymlaen, a chwe dawnsiwr tri chwarter noeth wedi'u peintio â phatrymau lliwgar; dim merched. *"Now you know what aborigines look like,"* meddai'r cyflwynydd. A dweud y gwir, eithaf croen-olau oedd rhai ohonynt; ond does fawr o Gynfrodorion gwaed cyfan yn Queensland, mae'n debyg.

Perfformiodd y dawnswyr set o ddawnsiau – dawnswyr da, cyffrous, proffesiynol oeddent. Yr uchafbwynt oedd dawns hela cangarŵ – yr anifail yn pori'n ysgafala nes sylweddoli'n rhy hwyr bod gwrych o waywffyn o'i gwmpas. Gwahoddwyd pobl o'r gynulleidfa – merch ddel a dyn ifanc golygus! – i helpu cynnau tân i rostio'r cig. Eu tasg oedd chwyrlïo ffon ar bren nes i wreichionen neidio i bentwr o ddail sych. *"Personally, I prefer a microwave,"* meddai'r cyflwynydd.

Trwy gydol y difyrrwch bu llanc wrth ochr y llwyfan yn tynnu nodau araf dwfn o *didgeridoo*. Piben bren syth, tua dwylath o hyd hwyrach, yw'r *didgeridoo*, gyda chegddarn o gŵyr gwenyn; ac roedd y llanc yn ei chwarae ar ei eistedd gyda'r pen pellaf yn pwyso ar lawr. Tipyn o her i'r Cynfrodorion yw cael hyd i bren addas at wneud *didgeridoo*, oherwydd mae angen coeden denau – ewcalyptws fel arfer – a'i thu mewn wedi'i wagio eisoes gan dermitiaid (bellach ceir *didgeridoos* plastig hefyd, ond dywedir nad ydynt mor soniarus). Fu erioed air mor Gynfrodoraidd ei naws â *didgeridoo*, naddo? Ond credir mai'r dyn gwyn a'i bathodd, wrth ddynwared sain yr offeryn.

Felly sioe dwristaidd hwyliog oedd y Theatr Ddawns. Pa mor "ddilys" oedd hi, ni allaf ddweud.

Ymlaen â ni nesaf i'r cae taflu bwmerang – ni a'r holl haid o Americanwyr. A dyma'r cyflwynydd tew eto, fel hyfforddwr bwmerang y tro hwn. Corlannodd ni er diogelwch mewn caets gwifrau fel anferth o gwt ieir, a'n galw allan fesul un am hanner munud o wers cyn taflu.

Criw doniol oedd yr Americanwyr … Roeddent wedi teithio'n bell gyda'i gilydd, a thrio popeth ym mhobman mae'n siwr; ac er dod o bob cwr o'r wlad, roedden nhw nawr yn un glymblaid glòs gystadleuol, gyda phencampwyr a'u hedmygwyr.

Taflodd un o'r Americanwyr fwmerang ardderchog. "*I thought he'd do well*," meddai merch.

Cafodd dyn ifanc heini dro, a llawer yn ei ffafrio, ond taflodd yn wael a dod yn ôl yn benisel.

Aeth hynafgwr tal, main, gwisgi allan – gwnaeth bethau mawr yn ei ddydd, rwy'n tybio. Suodd ei fwmerang yn bell, bell, bron o'r golwg, a dychwelyd yn fuddugoliaethus at ei draed. "*It's like pitching ball*," esboniodd. "*The secret's in flipping the wrist.*"

Cafodd fy ngwraig dro, ac er bod ei braich – ond nid y fraich daflu – mewn plastr, gwnaeth yn barchus iawn.

Euthum innau allan, a gwrando'n astud ar eiriau'r hyfforddwr, a'u dilyn ymhob manylyn, a thaflu. Ond O'r gwarth! Cyn hedfan ddecllath, clatsiodd y bwmerang i'r pridd a *thorri'n gandryll* ...

Aeth yr Americanwyr a'r cyflwynydd tew i'w hynt, ac aeth fy ngwraig a minnau i daflu gwaywffon. Gwnaeth yr hyfforddwr gwaywffon i bawb sefyll tu ôl i linell wen, a'n galw allan yn ein tro. "A byddwch yn ofalus ble ych chi'n taflu!" rhybuddiodd.

Roedden ni i daflu'r waywffon gyda help ffon daflu. Roedd hon tua dwy droedfedd o hyd, gyda bachyn ar un pen lle ffitiai'r waywffon. Effaith y ffon yw dyblu hyd eich braich, fel y gall dyn medrus ladd walabi ddau canllath i ffwrdd, meddir.

Ni chofiaf beth yw gair y Tjapukai am ffon daflu, ond y gair mwyaf adnabyddus yw *woomera*, sy'n tarddu o iaith Cynfrodorion ardal Sydney gynt. "Woomera", trwy ryw hiwmor du, yw'r enw a roddwyd i'r safle lansio rocedi enwog yn South Australia ...

Ymddangosodd Cynfrodor yn tynnu at ganol oed, mewn gwisg hamdden Ewropeaidd ffasiynol, tu ôl inni. Ymsythodd ein hyfforddwr. "*Mr David Hudson has joined us!*" meddai. Ond diflannodd yr ymwelydd ymhen cwpwl o funudau ...

Taflodd un o'r hyfforddwyr Tjapukai waywffon, a gwneud smonach llwyr ohoni. "*You can see why I'm a vegetarian*," meddai.

Allai fy ngwraig ddim taflu gwaywffon am fod eisiau dwy law i drafod honno a'r ffon daflu; ond mi wnes i, ac roeddwn wrth fy modd pan aeth hi o leiaf dri deg llath, a bron i'r cyfeiriad iawn.

Wrth grwydro'r Parc, daethom at glwstwr o gytiau bach crwn, syml syml, wedi'u llunio o wiail a rhisgl; rhy isel i sefyll ynddynt, ond o wasgu'n agos gallai teulu gysgu ynddynt. Dyma fel y byddai cartrefi'r Tjapukai gynt – y gwersylloedd unnos a godent ar eu teithiau tragwyddol.

Gwelsom y Siapaneaid, ar resi o feinciau yn yr awyr iach, yn gwrando, trwy gyfieithydd, ar Gynfrodores ifanc yn darlithio am lysiau a ffrwythau traddodiadol y Tjapukai. Roedd ganddi esiamplau o'r rhain o'i blaen: pethau bach crin, dinod, diflas eu golwg – a chwbl anghyfarwydd i ni yn Ewrop. Esboniodd Darwin yn yr *Origin of Species* sut y datblygodd ein llysiau a ffrwythau praff a blasus ni yn sgîl milenia o ddethol a bridio gan ffermwyr gofalus. Ond nid bridio a gwella eithr bwyta yn y fan a'r lle a wnâi'r Cynfrodorion. Doedd ond eisiau cymharu'r llysiau iraidd a welsom ar Thursday Island ag arddangosfa drist y Tjapukai i ddeall lled y gagendor rhwng amaethwyr a helwyr-gasglwyr – a pham fod Culfor Torres, pan gyrhaeddodd y dyn gwyn, yn gyforiog o bobl ac Awstralia'n wag.

Yn Theatr y Cread cawsom gyflwyniad hanner awr am chwedloniaeth y Tjapukai, gydag actorion, cerddoriaeth a hologramau dramatig. Gwelsom y byd yn cael ei lunio o wy casowari, a theithiau rhyfeddol Budaadji'r Sarff Garped trwy'r wlad. Bu'n rhaid inni wisgo clustffonau a dewis un o wyth trosiad i wrando arno, oherwydd Tjapukaieg oedd iaith y sylwebaeth. Roedd rhagor yn gwrando ar y Siapanaeg na'r Saesneg pan oeddem ni yno.

Yn y Theatr Hanes darluniwyd dyfodiad y dyn gwyn, gormes, gwrthdaro a chwalfa gymdeithasol, trwy gyfrwng ffotograffau, ffilm a dyfyniadau o ddogfennau. Fel llawer o bobloedd cyntefig mewn sawl rhan o'r byd, Chwedloniaeth oedd gan y Tjapukai nes i'r dyn gwyn gyrraedd, Hanes wedyn; a'r Chwedloniaeth yw'r hapusaf.

Ar y patio, pan ddaethom allan, roedd criw teledu wrthi'n ffilmio rhai o bwysigion y Parc. Os gwelwch eitem am y Tjapukai rywdro, efallai y byddwn ni ymhlith yr ecstras yn y cefndir.

A dyna ddiwedd ymweliad ardderchog. Mi gynghorwn unrhyw un sy'n digwydd bod yn ardal Cairns i fynd i Barc y Tjapukai.

Cyn cychwyn am Townsville cawsom swfenîrs a chwpwl o lyfrau yn y siop. Un o'r llyfrau oedd *Dispossession: Black Australians and White Invaders* gan Henry Reynolds, sy'n adnabyddus am ei waith ar Gynfrodorion, a'r llall oedd stori'r Tjapukai gan hanesydd lleol, Timothy Bottoms. Roedd albwms o David Hudson yn chwarae'r *didgeridoo* ar gael hefyd, a phetasem wedi gwybod ar y pryd mai cerddor *enwog* oedd e, a'i albwms wedi gwerthu dros hanner miliwn o gopïau, buasem wedi prynu un a gofyn iddo ei arwyddo – roedd ymhlith y cyfweledigion ar y patio.

Dim ond y diwrnod cynt y clywsom gyntaf am y Tjapukai. Nawr roeddem yn llawn chwilfrydedd amdanynt – am eu hanes, a'u cyflwr heddiw, ac am sut yn y byd y daeth y Parc i fod. Felly maes o law gwnaethom damaid o ymchwil yn eu cylch, gan gynnwys darllen llyfr Timothy Bottoms.

Bu'n rhaid dysgu gair newydd am bobl newydd: *Gadja*, neu "ysbrydion" – sef pobl wyn, wrth gwrs.

A bu'n rhaid dychmygu byd ers talwm oedd yn wahanol iawn i'n byd ni. Rhwng Cairns a Port Douglas (mannau diffaith pryd hynny), a rhwng y môr a'r Atherton Tableland, oedd byd y Tjapukai. Tu hwnt roedd cysgodion; yna, dim.

Coedwig ddiderfyn oedd sylwedd y byd hwnnw, yn llawn llwybrau tywyll lle cerddai grwpiau bach o Tjapukai o fan casglu i fan hela i fan sanctaidd. Llannerch gyfarfod oedd safle presennol Kuranda. I fyny afon Barron yr ymlusgodd Budaadji'r Sarff Garped â'i rhodd o gregyn môr i bobl yr ucheldir … Unwaith, ger genau'r afon, daliodd rhyfelwr afonforwyn hardd, a'i phriodi, a gwahardd pawb rhag ei danfon i nôl dŵr. Ond danfonodd rhywun hi, ac ni welwyd hi byth eto. Dyna chwedl fyd-eang Llyn y Fan ar wedd Tjapukaiaidd, onid e?

Yna daeth y Gadja. Torasant goed o gwmpas Kuranda ac mewn

llawer man, a gyrru rheilffordd ar hyd llwybr Budaadji. Wrth i'r Tjapukai golli eu ffynonellau bwyd, dechreusant ymosod ar y gelyn newydd, a dwyn oddi arno.

Dull llywodraeth Queensland o drin Cynfrodorion anodd oedd diffodd tân â thân. Casglodd Gynfrodorion o ardaloedd eraill, eu dodi mewn lifrai, dysgu iddynt sut i drafod ceffyl a gwn, rhoi swyddogion gwyn drostynt, a'u galw "The Queensland Native Mounted Police". Roedd y Native Police yn nodedig am eu ffyrnigrwydd. Caent eu danfon i gosbi Cynfrodorion drwg.

John Atherton oedd y ffermwr cefnog a roddodd ei enw i'r Atherton Tableland. Un diwrnod cyflogodd gwmni o Tjapukai i fugeilio bustych, gan addo bustach iddynt fel tâl; ond yn lle bustach rhoddodd iddynt geffyl, felly dygasant fustach, a'i yrru i Speewah, ar y ffordd i Cairns, a phoethi cerrig i'w rostio. Llosgodd merch fach ei llaw ar y cerrig, ac aeth ei mam â hi i'r afon i oeri'r clwyf. Yn y man clywsant ergydion gwn o gyfeiriad y gwersyll, a phan droesant i edrych, dacw'r Native Police wrthi'n saethu eu cyfeillion. Ffoesant am eu bywydau, a chael lloches ar fferm rhyw Andrew Banning, lle enwyd y fam yn "Minnie Banning" a'r ferch fach yn "Buttercup Banning" ar ôl buwch ar fferm gyfagos. Hyd y gwyddys, ni ddihangodd neb arall.

Bu cyflafanau eraill, a newyn, a lledodd afiechydon dieithr. Lleihaodd nifer y Tjapukai yn enbyd. Tynged y goroeswyr oedd trigo ar gyrion trefi, ar gyrion ffermydd – ar eu cynefin gynt a berthynai nawr i'r Gadja. Tebyg, fel y gwelsom, fu tynged Cynfrodorion ledled Awstralia.

Ond yna, fel llywodraethau eraill, dihunodd llywodraeth Queensland i'w chyfrifoldeb at ei Chynfrodorion. Cydweithiodd ag eglwysi i sefydlu gorsafoedd cenhadol, lle câi gweddillion y llwythau fwyd, dillad a chysgod, ychydig o addysg a llawer o grefydd.

Yn 1913 agorwyd Cenhadfa i'r Tjapukai yn Monamona, ger Kuranda, gan Adfentyddion y Seithfed Dydd. Gorfodwyd llawer o'r Tjapukai, dan ddirfawr gwyno, i symud i fyw ar y Genhadfa.

Ar Genhadfa Monamona codwyd tai i'r oedolion a thai ar wahân i'r bechgyn a'r merched. Câi plant weld eu rhieni unwaith yr wythnos, bob nos Wener am ddeng munud; ac fe'u gwaharddwyd rhag siarad eu hiaith. Rhaid maddau i'r cenhadon am hynny – dyna ddyngarwch yr oes. Nid mor hawdd maddau eu disgyblaeth greulon a'u cosbau annynol, ar blant ac oedolion: yr atal bwyd; y chwipio cyhoeddus, a brawd yn gorfod chwipio brawd. Dylid meddwl ddwywaith, onid tair, cyn gwisgo eglwys â grym y wladwriaeth.

Tua 1962 penderfynodd llywodraeth Queensland greu cronfa ddŵr ar dir Monamona, a gorfodwyd y Tjapukai i adael y Genhadfa – ei gadael dan ddirfawr gwyno, oherwydd hon, er gwaethaf popeth, oedd eu cartref bellach. Anghofiwyd am yr anghyfiawnderau. "*We were all one, a happy family,*" meddai un henŵr wrth Timothy Bottoms. Bu llawer yn byw wedyn dan yr amodau mwyaf cyntefig, mewn hofelau heb drydan, dŵr rhedegog na charthffosiaeth. Nid adeiladwyd y gronfa wedi'r cyfan; ond ni chafodd y Tjapukai Monamona yn ôl.

Ai dyma ailadrodd stori Coranderrk – corlannu Cynfrodorion, eu dad-ddiwyllio, yna'u chwalu drachefn? Ddim yn hollol. Dechreuodd Hanes y Tjapukai'n ddiweddarach, ac mae heb orffen eto.

Ar ddechrau'r 1980au daeth dau Americanwr, Don a Judy Freeman, i Kuranda. Buont ers blynyddoedd yn cynhyrchu theatr gymunedol, yn Maine, India a Japan, gyda chymorth pobl leol; ac yn 1987 sefydlasant Theatr Ddawns y Tjapukai. Ar sail llwyddiant honno agorwyd Parc y Tjapukai yn 1996, ar gost o naw miliwn doler, gyda chyfraniadau gan fuddsoddwyr o'r ardal a chyrff Cynfrodorol. Mae'r Theatr Ddawns wedi perfformio ar bedwar cyfandir. Mae'r Parc – sy'n cyflogi mwy o Gynfrodorion nag unrhyw gorff preifat arall yn Awstralia – wedi ennill gwobrau twristiaeth di-ri.

Adenillodd y Tjapukai rywfaint o'u tir dan ddeddfwriaeth Mabo. Ac er gwaetha'r Genhadfa daliai rhai grwpiau gwasgaredig, megis Bannings Speewah, i fyw'r hen fywyd i raddau. Aeth ieithydd o'r enw Michael Quinn at henuriaid y llwyth i drafod sefyllfa'r Tjapukaieg; roedd hi ar fin diflannu; ond ymdrechodd ef a selogion ymhlith y Tjapukai i'w hailsefydlu. Erbyn heddiw dysgir Tjapukaieg mewn rhai ysgolion lleol, ac fe'i defnyddir yn Theatr y Cread a thrwy'r Parc. Gwersi iaith yw un o weithgareddau'r Parc.

Honna'r Parc yn ei gyhoeddusrwydd iddo ddod â balchder a ffyniant economaidd i'r Tjapukai. "Genhedlaeth yn ôl doedd neb wedi clywed am y Tjapukai. Bellach ni yw llwyth enwocaf Awstralia, ac fe'n cymeradwyir yn aml fel siampl i eraill ..."

Ac eto – rhaid amau! Oni fydd y dawnswyr, ar ddiwedd prynhawn, yn gyrru adre yn eu ceir awtomatig i sgrwbio ymaith y paent a gwylio *Home and Away?* Peth rhan-amser yw diwylliant lleiafrifol – hyd yn oed i'r Cymry!

Gwelais lun diweddar o lwyth y Tjapukai wedi ymgynnull: tua phum cant o bobl (ac nid oedd David Hudson yn eu plith, oherwydd i lwyth yr Ewamin nid i'r Tjapukai mae'n perthyn). Sut gall cymdeithas mor fach ei chynnal ei hun yn y byd sydd ohoni? Dim rhyfedd bod y Tjapukai mor ddyledus i ffrindiau Gadja.

Ai rhith yw'r Tjapukai, tybed – dim mwy na pherfformiad yn seiliedig ar atgof? Pwy all farnu? Yn sicr, nid pâr o dwristiaid undydd!

7 Ar y ffordd i Townsville

Gadawsom Barc y Tjapukai yn gynnar y prynhawn, gyda 218 o filltiroedd i fynd i Townsville. Ar y Bruce Highway roedden ni, a'r unig drefi o sylwedd ar y ffordd fyddai Innisfail, poblogaeth 9,000, ar ôl hanner can milltir, ac Ingham, poblogaeth 5,500, ar ôl can milltir a hanner.

Lôn syth, gul, dawel oedd y Bruce Highway – *highway* arall nad oedd fawr o *highway*. Byddai'n rhaid inni frysio os am gyrraedd Townsville heddiw, a doedden ni ddim eisiau brysio; ond dim ots; roeddem heb fwcio gwesty yno, dim ond hedfaniad i Brisbane ymhen deuddydd. Roedden ni'n rhydd!

Teithio ar hyd llain o wlad isel rhwng môr a mynydd roeddem. Ar bob llaw estynnai ffermdir a choedwig, ac ucheldir gwyrdd fan draw; dim pentrefi; ychydig iawn o dai.

O bryd i'w gilydd deuai lori i'n cyfarfod, ac roeddent bron i gyd yr un fath: anghenfil o gab bygythiol gwgus yn tynnu dwy fan anferthol; yn agosáu gan lenwi'r ffordd a'u llwch a'u twrw, taranu heibio, ac edwino.

Roedd hi wedi troi dau o'r gloch, ac roeddem eisiau bwyd … Ymhen hir a hwyr daeth rhes o geir i'r golwg wrth fin y ffordd, a chaffe, ac arwydd wrth y drws yn cyhoeddi *"All day bar food"*. Roedd y cogydd yn ei siaced wen yn gweini ymysg y byrddau, a merch hwyliog wrth y cownter …

Byth ers inni gyrraedd Awstralia, bu cwestiwn o *etiquette* yn fy mhoeni (nid yn fy mhoeni'n ddifrifol, mae'n wir) … Yn lle ein cyfarch â *"G'day!"*, fel y buom yn disgwyl, roedd pobl gan amlaf yn gofyn *"How are you?"* A'm cwestiwn oedd – a ddylem ymateb â *"How are you?"* arall neu roi ateb go iawn? ... Y ffordd i gael gwybod oedd achub y blaen ar rywun â'm *"How are you?"* fy hun, felly *"How are you?"* holais y ferch wrth y cownter, a chael adroddiad lled gynhwysfawr, nid heb symptomau ... O hyn allan, felly, pan ddywedai pobl *"How are you?"*, gallai fy ngwraig roi hanes ei braich.

"Beth sy gennych i'w fwyta?" gofynnais wedyn.

"Dim bwyd ar ôl dau o'r gloch," meddai'r ferch.

"Ond *'All day bar food'* mae'n ddweud tu allan!"

"*Dave!*" gwaeddodd y ferch ar y cogydd. "*Do we serve food after two?*"

"*No!*" gwaeddodd Dave yn ôl.

Hanner awr wedyn gwelsom y "Bush Tucker Café". Roedd gen i ddarlun yn fy mhen o sut beth oedd *bush tucker*. Byddai'r anturwyr gynt yn y *bush*, wedi cynnau eu tân gwersyll, yn berwi bili-can o de, rhostio (os oedden nhw'n lwcus) brithyll o'r nant neu golomen wedi'i saethu o gangen, a phobi *damper* o flawd croyw ar y marwor. Roeddwn i'n ffansïo rhywbeth fel 'na ... "*How are you?*" meddai benyw'r caffe, a chan fod y lle'n wag ganol prynhawn, cafodd nid yn unig stori'r fraich ond hanes ein taith hyd yma a braslun o'n cynlluniau nes dychwelyd i Gaerdydd. "Pa *bush tucker* sy gennych chi?" holais. "*Burger with meat patty and salad*," meddai. Nid dyna ein syniad ni o *bush tucker*, felly cafodd fy ngwraig sgons a jam a minnau frechdan *ciabatta* gyda chaws *feta*, tomato heulsych a letys: brechdan anferth wych Awstralaidd, led llaw o uchder ac eisiau genau crocodeil i'w brathu ... Daeth yn bryd ymadael. "*See you soon*," meddai'r fenyw ...

Roedd y dirwedd yn newid. Planigfeydd siwgr a bananas oedd o'n cwmpas. Roeddem yn nesu at Innisfail, "*the Banana Capital of Australia*"; nid bod Awstralia'n cynhyrchu llawer o fananas.

Awgrymais droi i lawr i Innisfail ac ymweld â'r "Johnstone River Crocodile Farm": 3,500 o grocodeilod, yn ôl yr hysbysiad, a'r pris mynediad ond yn ddeunaw canga, gan gynnwys cylchdaith addysgol. Ac roedd hi bron yn amser bwydo! Gallem brynu waled groen crocodeil, neu wregysau croen crocodeil i'r plant, neu beth am ben crocodeil i'w fowntio ar wal y gegin? ... "Na," meddai 'ngwraig.

Stopiais y car i edrych ar berllan fananas, yn tyfu'n rhesi gwyrdd wrth ymyl y ffordd. Safai'r planhigion tua deuddeg troedfedd o uchder, gyda boncyffion tenau syth a dail mawr fel ceinciau palmwydd yn lledu o'r goron, a'r ffrwythau wedi'u lapio mewn bagiau plastig glas. Er mai golwg coeden sydd arno, llysieuyn yw planhigyn banana, yn tyfu o *corm*, a'r boncyff mewn gwirionedd ond yn wead o ddail. Caiff ei gwympo ar ôl ffrwytho, ac egina planhigyn newydd o'r un *corm*.

Ymhen ychydig dim ond caeau siwgr oedd i'w gweld ar bob llaw: fan yma, erwau o flagur eiddil gwyrdd; fan yna, câns ar eu hanner tyfiant; fan acw, coesennau tal gwinau'r câns aeddfed, a dail pluog yn cwhwfan uwch eu pennau. Diwydiant mawr yw siwgr yn Awstralia, a thyfir bron y cyfan ar iseldir glawog Queensland ger y môr.

Rhedai rheilffordd fel rheilffordd degan wrth fin y ffordd a changhennu trwy'r caeau siwgr. Gwelem drenau arni bob hyn a hyn: injan fach a chwt o finiau – hanner cant neu drigain o finiau gwifr sgwaraidd, weithiau'n gyforiog o sglodion câns, weithiau'n wag. Yn y pellter o'n blaen, bron â phwyso ar ei gilydd yn yr awyr las, codai tair colofn o fwg o simneiau ffatrïoedd: melinau siwgr fyddai'r rheiny, lle câi'r câns eu malu.

Rhwng mis Mehefin a mis Rhagfyr yw amser y cynhaeaf, pan fo'r siwgr yn y coesennau ar ei gyfoethocaf. Mis Medi oedd hi nawr, ac roeddwn i'n disgwyl gweld peiriannau yn y caeau, yn codi eu pennau uwch y dail wrth chwythu cawodydd o sglodion câns i'r biniau. Ond doedd dim un peiriant i'w weld, na'r un enaid byw chwaith.

Ffermwyr bach sy biau'r caeau siwgr heddiw, llawer ohonynt o dras Eidalaidd – gwerinos gwlad boeth wedi'u trawsblannu.

Dibynnant bron yn gyfan gwbl ar beiriannau, i gynaeafu, chwistrellu, chwynnu, i wneud pob gwaith.

Gwahanol iawn oedd hi yn yr 1880au, pan oedd fy nhad-cu'n gysylltiedig â'r diwydiant siwgr am gyfnod! Llafur bôn braich ar ystadau mawrion oedd piau hi pryd hynny, a phlanhigwyr bonheddig cyfoethog yn ei oruchwylio o blastai moethus. Y rhain oedd uchelwyr Queensland.

Ond anodd oedd cael dynion i weithio'r siwgr. Gwrthodai Awstraliaid gwyn ymlafnio dan yr haul trofannol, ac roedd Cynfrodorion yn rhy anhydrin. Ateb y planhigwyr oedd mewnforio gweithwyr o ynysoedd y Môr Tawel. Dyna oedd y Fasnach Lafur, a ddaeth â gwarth arhosol i Queensland, ym marn llawer.

Trefn y Fasnach Lafur oedd bod planhigwyr yn archebu hyn a hyn o lafurwyr oddi wrth berchnogion llongau, a bod sgwners y rheiny'n eu recriwtio o'r ynysoedd: o'r Loyalty Islands a'r New Hebrides i gychwyn, yna o'r Solomons hefyd.

Trefn bwdr i'w pherfeddion oedd hi, ar y dechrau. Doedd dim Saesneg gan yr ynyswyr, fel na fedrent ddeall gair a lefarai'r recriwtwyr – am Queensland, am blanhigfa, am weithio, am siwgr, am ddim byd. Sut felly eu perswadio i recriwtio? Trwy eu herwgipio, wrth reswm; ac yn sgîl yr herwgipio cododd sgandalau dychrynllyd, yr aeth y sôn amdanynt mor bell â Llundain. "*Slavers*" oedd enw'r Awstraliaid ar fasnachwyr llafur – gair brwnt iawn yn y dyddiau hynny, a chaethwasiaeth ond newydd ei diddymu.

Ar y planigfeydd câi'r llafurwyr waith trwm dan lach fformyn caled, fwyd anaddas ac afiechydon anghyfarwydd, yn arbennig dysentri a chlefydau'r ysgyfaint. Roedd llawer yn marw.

Bu gwrthwynebiad cryf i'r Fasnach Lafur; gan ddyngarwyr, ac yn fwy byth gan weithwyr gwyn y dinasoedd a'r mwyngloddiau, a ofnai y byddai llafur rhad yr ynyswyr yn tanseilio lefel eu cyflogau. Ond roedd siwgr yn bwysig i economi Queensland; dim llafurwyr, dim siwgr; felly parhaodd y Fasnach Lafur.

Deddfodd llywodraeth Queensland i liniaru ar y drwg. Deddfodd am safonau bwyd, dillad a llety ar y planigfeydd.

Deddfodd am delerau cyflogaeth y llafurwyr – tair blynedd ar blanigfeydd siwgr Queensland am £6 y flwyddyn a'u cadw, yna eu dychwelyd i'w hynysoedd. Deddfodd hefyd am "Asiantau Llywodraeth" – arolygwyr swyddogol a fyddai'n hwylio ar y llongau gan sicrhau recriwtio teg. Ond ni allai deddf drechu afiechyd. A chan fod y llywodraeth, mor aml â pheidio, ym mhoced y planhigwyr, felly hefyd, yn y pen draw, roedd yr Asiantau Llywodraeth.

Ond dyma'r eironi – roedd y llafurwyr a herwgipiwyd yn *hoffi*'r planigfeydd! Mwynhaent ddieithrwch y wlad newydd a chyffro'r trefi. Aent adref i'w hynysoedd, ar ddiwedd eu tair blynedd, â thipyn o Saesneg ac â llond cistiau o drysorau godidog y dyn gwyn – baco, gwisgoedd, cyllyll, bwyeill – ac yn bennaf oll â gynnau a bwledi, oherwydd roedd dyn â gwn yn frenin yn yr ynysoedd, yn arswyd i'w elynion. O wrando ar hanes y dychweledigion, a gweld eu golud, dechreuodd ynyswyr eraill listio'n frwd. A listio teg oedd hi, am eu bod nawr yn deall ystyr mynd i Queensland, ar ôl clywed y cyfan gan eu cyfeillion yn eu hiaith eu hun. Mynd i Queensland oedd uchelgais pob ynyswr ifanc gwerth ei halen.

Ond daliai dyngarwyr a gweithwyr gwyn Queensland i wrthwynebu'r Fasnach Lafur. Eu syniadau eu hunain a goleddent, heb falio dimai am ddymuniadau'r llafurwyr. Eironi arall, felly: ffrindiau gorau'r llafurwyr, ar un olwg, oedd y planhigwyr a'r *slavers*!

Gelyn grymusaf y Fasnach Lafur oedd y Cymro Samuel Walker Griffith, a aned yn 1845 (ym Merthyr Tudful, fel y gwelsom), yn fab i weinidog Annibynnol. Tila, mewn gwirionedd, oedd ei hawl i'w alw ei hun yn Gymro; gadawodd Gymru yn un oed; ac er gwaetha'r "Griffith", Sais o Wlad yr Haf oedd ei dad. Ond gwnaeth yn siwr bod pawb yn ei ystyried yn Gymro. Mewn gwledd swyddogol yn 1887, pan oedd yn brif weinidog Queensland ac ar fin cychwyn am Gynhadledd o'r Trefedigaethau yn Llundain, canwyd "*Men of Harlech*" er anrhydedd iddo. Aeth yn ôl i Ferthyr yn ystod y daith honno, ac aros yng Nghastell Cyfarthfa, ac mewn gwledd swyddogol arall derbyniodd sgrôl yn Gymraeg a hongiai wedyn ym myfyrgell "Merthyr", ei dŷ ysblennydd yn Brisbane. Dychanwyd ef gan gartwnydd y *Queensland Figaro* am ganlyn "Miss Wales" (mewn gwisg Cymreiges) tra'n diystyru "Miss Queensland". Yn wahanol i lawer, ymfalchïai yn ei Gymreictod.

A medrwn ninnau ymfalchïo yn y gwleidydd a chyfreithiwr arswydus o alluog hwn, a fu'n brif weinidog da a diwyd ar Queensland ddwywaith; yn Brif Ustus Queensland; yn bennaf gyfrifol am lunio cyfansoddiad Cymanwlad Awstralia; ac yn Brif Ustus cyntaf Uchel Lys Awstralia am 16 mlynedd tan ei ymddeoliad yn 1919.

Gelyn naturiol oedd Griffith i'r Fasnach Lafur, fel Annibynnwr, fel cynrychiolydd dosbarth gweithiol Queensland, ac o argyhoeddiad ei galon. Fe'i hetholwyd gyntaf yn brif weinidog Queensland yn 1883; a chafodd gyfle'n syth i ymosod ar y Fasnach Lafur.

Roedd y planigfeydd siwgr yn ehangu'n gyflym ar y pryd, ac angen llawer iawn mwy o lafurwyr. Ond ni allai'r hen ynysoedd gwrdd â'r galw, felly ymledodd y recriwtwyr i ynysoedd newydd – ac adfer ar unwaith eu harferion herwgipiol gynt.

Aethant gyntaf i New Ireland. Ni fedrai'r ynyswyr ddygymod ag afiechydon Queensland, a buont farw yno'n lluoedd. Gwaharddodd Griffith recriwtio yn New Ireland.

Aethant wedyn i New Guinea. Cyn hir daeth adroddiadau am dwyll a thrais yn erbyn y brodorion. Gwaharddodd Griffith recriwtio yn New Guinea.

Ond cyn i'r gwaharddiad hwnnw ddod i rym, roedd y sgwner *Hopeful* wedi cychwyn am New Guinea. Trefnwyd y daith gan Robert Philp, o Burns Philp & Co, Townsville.

Gwyddai pawb yn Townsville mai dyn cyfiawn twymgalon oedd Robert Philp. Talai ei filiau'n brydlon ac ni ormesai ei ddyledwyr. Ond nid dyna Philp y Fasnach Lafur. Busnes yw busnes, onid e? Polisi Philp ers blynyddoedd oedd recriwtio cymaint oll ag y medrai o lafurwyr trwy ddethol recriwtwyr selog diegwyddor. Yn hyn o beth, yr *Hopeful* oedd ei gampwaith.

I'r *Hopeful* penododd recriwtiwr cryf selog, Neil McNeil; is-recriwtiwr egnïol selog, Barney Williams o Maine; a chapten ifanc uchelgeisiol, Lewis Shaw o Banff. Ar ben hynny cafodd afael ar yr Asiant Llywodraeth mwyaf dof yn y gwasanaeth, Harry Schofield, diotyn truenus a dreuliai ei ddyddiau yn ei gaban gyda'i botel. Ni fyddai neb, felly, yn llesteirio sêl McNeil a Williams.

Ond y tro hwn roedd Philp wedi mynd yn rhy bell. Nid selogion yn unig mo McNeil a Williams, pan gawsant ryddid, ond sadistiaid lloerig. Eu hysbryd erchyll hwy a feddiannodd yr *Hopeful*; llong wallgof oedd hi. Dilynai eraill o'r criw eu harweiniad, ac ni allai Capten Shaw eu rheoli – ni fynnai efallai. Ac roedd Asiant Schofield yn ddall i bopeth. Aeth McNeil, Williams a'u cynffonwyr trwy ynysoedd New Guinea gan lofruddio â gwn a chyllell, yn meddwi ar waed. Lladdasant yn llawen ddwsinau o frodorion. A phan ddaethant yn ôl i Queensland – taw piau hi! Ni ddywedodd neb air.

Roedd cogydd du ar yr *Hopeful*, Albert Messiah o Antigua, cawr o ddyn, puteiniwr, cwffiwr, hocedwr, oedd wedi gweld tu mewn carchar. Oedodd am fis yn y Post Office Hotel, Townsville, yn myfyrio. Yna ysgrifennodd lythyr am yr hyn a welsai, a chymryd tro i swyddfa Burns Philp, a rhoi'r llythyr yn nwylo Robert Philp ei hun. Darllenodd Philp ef, a deall mai blacmel oedd, a'i roi yn ôl i Messiah, a danfon am Capten Shaw.

Aeth Shaw â Messiah i'r Post Office Hotel, i'r *snug*, a chau'r drws. "Wnaiff arian dy sgwario?" meddai. Gwenodd Messiah; dyn parod ei wên ydoedd. "Aros di yma," meddai Shaw. Daeth yn ôl ymhen hanner awr â'r arian – chwe mis o gyflog Messiah – a chymryd y llythyr a'i losgi. "Nawr mae'n farw," meddai. Archebodd botelaid o siampaen a'i rhannu â Messiah, yna potelaid arall. "Mi wna i dalu bil y gwesty iti," meddai Shaw, "ond iti gymryd y stemar nesaf i Sydney a chadw draw o Townsville o hyn allan." Roedd Messiah yn falch o dderbyn; ofnai am ei fywyd bellach yn Townsville. Shaw a brynodd y tocyn – dosbarth cyntaf.

Ni chyrhaeddodd Messiah Sydney. Gadawodd y stemar yn

Brisbane, a danfon telegram at Asiant Schofield i'w flacmelio yntau. Ond yna – fel yr esboniodd wedyn wrth y llys – "Teimlais bigiad cydwybod." Yn lle aros am ateb Schofield, cerddodd i'r cei, i HMS *Swinger*, a dweud y cyfan wrth Commander Marx.

Yn y prawf a ddilynodd dedfrydwyd Shaw, Schofield ac eraill i gyfnodau hir o lafur caled, a'r blynyddoedd cyntaf mewn heyrn. Dedfrydwyd McNeil a Williams i farwolaeth.

Ac wele storm o brotest yn ysgubo Queensland! Y werin yn llefain ar lywodraeth Griffith am arbed bywydau McNeil a Williams! Safodd Griffith yn gadarn dros benderfyniad y llys, ond plygodd ei gabinet i bwysau'r cyhoedd, a chyfnewidiwyd dedfrydau'r ddau i garchar am oes.

Nid y gosb eithaf oedd mewn cwestiwn; cytunai pawb bron yr adeg honno mai'r crocbren oedd priod ffawd llofruddion. Protestio roedd y bobl yn erbyn *dienyddio dynion gwyn am lofruddio dynion du*. Fu erioed y fath gamwedd yn Queensland – dim o beth oedd lladd brodorion! Ond nid i Griffith. Safai ef dros gydraddoldeb o flaen y gyfraith.

Penododd Griffith Gomisiwn Brenhinol i archwilio'r mordeithiau recriwtio i New Guinea – bu wyth ohonynt, a 625 o lafurwyr wedi listio. Roedd 97 o'r rheiny wedi marw eisoes, o fewn blwyddyn i gyrraedd Queensland, a 21 yn sâl a 27 wedi dianc, ond cyfwelodd y Comisiwn bob un dyn o'r 480 oedd yn weddill, gan bentyrru'r fath fynydd o dystiolaeth yn erbyn y recriwtwyr fel na fedrai neb ei herio. Barnodd y Comisiwn fod pob llong a recriwtiodd yn New Guinea yn euog o herwgipio a thwyll. Disgrifiodd fordaith yr *Hopeful*, mewn geiriau sydd wedi atseinio i lawr y blynyddoedd, fel "*one long record of deceit, cruel treachery, deliberate kidnapping, and cold-blooded murder*".

Canwyd cnul y Fasnach Lafur gan adroddiad y Comisiwn – ni fedrai neb ei chyfiawnhau mwyach. Yn 1886 deddfodd llywodraeth Griffith i'w diddymu gydag effaith o 1890.

Ond pwy wedyn fyddai'n tyfu siwgr? Nid y planigfeydd, heb ddim llafurwyr! Bwriad Griffith oedd cefnogi ffermwyr bychain, a mabwysiadodd bolisi o sefydlu melinau cyhoeddus, lle medrai'r rheiny falu eu câns heb ddibynnu ar felinau'r planigfeydd. Methodd y polisi am nad oedd digon o ffermwyr bychain.

Ymladdwyd etholiad 1888 i raddau helaeth ar gwestiwn carcharorion yr *Hopeful*. Arwyddodd dros 28,000 o bobl – dyna un o bob deuddeg o boblogaeth Queensland ar y pryd – ddeiseb yn mynnu eu rhyddhau; hen ddigon o gosb am ladd brodorion, meddai'r deisebwyr, oedd pedair blynedd dan glo. Collodd Griffith yr etholiad i blaid yr adain dde, a rhyddhawyd y carcharorion, ac eithrio Asiant Schofield oedd wedi marw yng ngharchar Brisbane. Ac ailsefydlwyd y Fasnach Lafur.

Ond roedd honno ar fachlud beth bynnag, a'r planigfeydd hefyd, am fod dydd y ffermwyr bychain yn gwawrio o'r diwedd. Dynion dygn yn ymdrechu dros einioes eu teuluoedd oedd y rhain: mewnfudwyr newydd o Ewrop neu gloddwyr yn cefnu ar y meysydd aur. Cynhyrchent siwgr yn llawer rhatach na'r planigfeydd – a heb fawr o gymorth gan lafurwyr o'r Môr Tawel.

Ac roedd yr hen hiliaeth werinol syml yn diflannu hefyd. Yn ei lle, nid yn Queensland yn unig ond trwy Awstralia, blodeuai bellach ideoleg Awstralia Wen, a fynnai waredu'r wlad o'i holl fewnfudwyr croenlliw, Tsieineaid yn bennaf, ond hefyd llafurwyr y Môr Tawel. Pan sefydlwyd senedd Cymanwlad unedig Awstralia, yn 1901, un o'i phenderfyniadau cyntaf oedd gorfodi gweddill llafurwyr Queensland i ddychwelyd i'w cartrefi: creulondeb canwaith mwy nag unrhyw greulondeb recriwtwyr, oherwydd roedd llawer o'r llafurwyr yn byw yn Queensland ers blynyddoedd, wedi colli pob cysylltiad â'u teuluoedd a'u llwythau a'u hynysoedd, a heb gartrefi i ddychwelyd iddynt.

Ymhlith aelodau'r senedd gyntaf honno roedd un arall o Gymry mawr Awstralia.

Ganed William Morris Hughes o rieni Cymreig yn Llundain yn 1862, a'i fagu yn Llandudno; a symudodd i Awstralia yn 1884. Os oedd Cymraeg ganddo, ni wnâi fôr a mynydd ohoni, nac o'i Gymreictod. Dengys ffotograffau ddyn bach tenau, esgyrnog, â golwg gwerinwr a gwefusau gwawdlyd. Roedd yn areithiwr huawdl a ffraeth gyda llais treiddgar, meddir; yn gymeriad pigog a phenderfynol.

Yn Awstralia daeth Hughes yn arweinydd mudiadau llafur, yn aelod Llafur yn senedd gyntaf y Gymanwlad, ac yn 1915 yn Brif Weinidog – y Prif Weinidog mwyaf a gafodd Awstralia, efallai; y mwyaf, nid y doethaf.

Roedd y Rhyfel Mawr ar ei anterth, a Billy Hughes yn arweinydd rhyfel da; ddim yn rhy bwysig i gyfeillachu â milwyr cyffredin Awstralia ar y ffrynt yn Ffrainc. Ganddynt hwy y cafodd y llysenw a drysorodd: "*the Little Digger*".

Gwirfoddolwyr oedd y milwyr, a'u nifer – dim rhyfedd! – yn lleihau. Yn ôl yn Awstralia, galwodd Hughes am wasanaeth milwrol gorfodol, yn groes i bolisi ei blaid. Diarddelwyd ef o'r Labor Party, felly sefydlodd y National Labor Party, a pharhau'n Brif Weinidog. Am weddill ei oes, bradwr oedd Hughes yng ngolwg ei hen gymdeithion; ond hwy a'i diarddelodd ef. Cynhaliodd refferendwm ar orfodaeth filwrol, a'i golli. Ond enillodd yn hawdd yr etholiad cyffredinol a ddilynodd.

Cynrychiolodd Hughes Awstralia yn y Gynhadledd Heddwch yn Versailles yn 1919. Bu'n gawr yn amddiffyn buddiannau, neu fuddiannau tybiedig, Awstralia.

Cododd cwestiwn New Guinea, cymydog agos i Awstralia. Yn 1884, er mawr siom i'r Awstraliaid, cipiwyd rhan ogledd-ddwyreiniol New Guinea gan yr Almaen. Yn 1914, ar ddechrau'r rhyfel, goresgynnodd yr Awstraliaid hi; ac ar ddiwedd y rhyfel mynnent ei chadw. Ond anghytunai'r Unol Daleithiau, a bu dadlau mawr.

"Ydych chi'n fodlon herio barn yr holl fyd gwareiddiedig?" meddai Woodrow Wilson, Arlywydd America, wrth Hughes.

"*That's about the size of it, Mr President,*" ebe Hughes.

"Pa wlad ych chi'n ei chynrychioli?" gofynnwyd iddo – gyda'r awgrym mai gwlad ddinod oedd Awstralia, â'i phoblogaeth o gwta bum miliwn.

A rhoddodd y Little Digger ei ateb enwog: "*I represent sixty thousand dead.*"

Ac fe gafodd Awstralia ogledd-ddwyrain New Guinea; a'i lywodraethu'n wael.

Cododd cwestiwn am gyfamod Cynghrair y Cenhedloedd, a sefydlwyd yn Versailles. Roedd Japan, y genedl groenlliw ymysg buddugwyr y rhyfel, am gynnwys cymal yn gwarantu "cydraddoldeb i'r cenhedloedd, a thriniaeth gydradd i'w dinasyddion". Perygl i Awstralia Wen oedd hyn, ym marn Hughes, a llwyddodd i ddiddymu'r cymal, gan ennill clod mawr gan ei gydwladwyr. "*It is the greatest thing we have achieved,*" meddai; ond digiwyd y Siapaneaid yn enbyd. Yn rhyfedd ddigon, er gwaethaf gwaharddiadau Awstralia Wen, cafodd perlgragenwyr o Japan barhau yng Nghulfor Torres, am na allai dynion gwyn wneud eu gwaith.

Fel aelod blaenllaw o'r Comisiwn Iawndaliadau, gwasgodd Hughes yn gryf am i'r Almaen dalu'n ddrud am gostau a difrod y rhyfel; ac ar hynny y penderfynwyd.

Gyda doethineb trannoeth, medrwn weld bod Hughes wedi cyfrannu at yrru Japan i gyfeiriad Pearl Harbour, a'r Almaen i freichiau Hitler. Ond nid ef oedd yr unig un; roedd proffwydi'n brin yn Versailles.

A Hughes yn cynrychioli Awstralia yn Versailles, roedd David Lloyd George yn cynrychioli Prydain, a Samuel Walker Griffith yn dal yn Brif Ustus gartref. Caiff eraill ystyried faint o les a gafodd Cymru o'i mawrion.

Collodd Hughes ei swydd fel Prif Weinidog yn 1923, ac nis cafodd yn ôl, er iddo fod yn weinidog mewn sawl llywodraeth wedyn. Bu farw ar 28 Hydref 1952, yn 90 oed. Drannoeth yn senedd Awstralia meddai'r Prif Weinidog Robert Menzies: "*I find it most difficult to realise that this is the first day in the history of the Federal Parliament in which William Morris Hughes has not sat as a member.*" Bu'n aelod am 51 o flynyddoedd a 7 mis, record sy'n dal i sefyll. Cafodd gynhebrwng gwladol, a 450,000 o bobl ar balmentydd Sydney i'w wylio.

Roedd hi'n nosi ar y Bruce Highway. Arhoson ni yn y gwyll i edrych ar Hinchinbrook Island, yn gadwyn o fryniau coediog du, a chymylau pinc tu ôl iddi, a stribed o ddŵr llachar yn ei gwahanu o'r tir mawr ...

Roedd hi'n amlwg bellach na fyddem yn cyrraedd Townsville heno, felly penderfynon ni chwilio am lety yn Ingham. Roeddwn i eisiau gweld Ingham beth bynnag, oherwydd mae'n dwyn enw cymeriad lliwgar ac anffodus a chanddo gysylltiad â'm tad-cu. Cysylltiad go anuniongyrchol, rhaid cyfaddef. Roedd fy nhad-cu'n adnabod Theodore Bevan y fforiwr, a Bevan yn elyn personol i W. G. Lawes y cenhadwr enwog, a Lawes yn cyflogi Ruatoka, athro cenhadol Port Moresby; a Ruatoka a fu'n ffrind a chefn i William Bairstow Ingham adeg Rhuthr Aur Port Moresby yn 1878.

Daeth Ingham i afon Herbert, Queensland, yn 1874, fel glaslanc euraid. Ganed yn Lloegr yn 1850 o deulu cyfoethog – ei ewythr oedd Sir James Ingham, Prif Ynad Llundain – ac addysgwyd yn Ysgol Malvern a Phrifysgol Rhydychen. Personoliaeth fawr, fywiog, ysgafala ac anturus oedd e, a phawb yn ei hoffi. Penodwyd yn Ynad Heddwch yn syth wedi cyrraedd Queensland, yn 24 oed; a phan sefydlwyd tref newydd ar afon Herbert yn 1875, mynnodd y trigolion ei henwi ar ei ôl.

Anturus ... roedd yn *rhy* anturus! Ar afon Herbert buddsoddodd ffortiwn o £60,000 mewn planhigfa a melin siwgr, a cholli'r cyfan pan ddisgynnodd malltod y "rhwd" ar y câns.

Pan sefydlwyd porthladd Cairns yn 1876, cychwynnodd Ingham wasanaeth stemar rhyngddo a Smithfield (ger Parc presennol y Tjapukai, fel y cofiwn). Roedd ei stemar fach, y *Voura*, yn rhyfeddod: dim ond deugain troedfedd o hyd a thair neu bedair troedfedd o ddyfnder, gyda siâp trionglog a chlamp o olwyn badl wrth y starn. Disgrifiwyd gan un a deithiodd ynddi fel "croes rhwng berfa ac Arch Noa". Gwelais luniau ohoni – roedd hi'n debycach i ferfa nag Arch.

Mae stori hynod iawn am Ingham, ac mi allai fod yn wir. Un

diwrnod cafodd Cynfrodor a weithiai iddo ei gipio gan grocodeil, ac o ganlyniad cynddeiriogodd Ingham yn erbyn holl lwyth y crocodeilod. Maes o law, wrth hela gyda ffrindiau ger afon Barron, gwelodd anferth o grocodeil – pedwar metr o hyd – ar y lan, a'i saethu. Llithrodd y creadur ymaith, ond neidiodd Ingham ar ei gefn a chael ei gario i'r dŵr. Bu brwydr arswydus, dyn a bwystfil yn ymgiprys yn yr afon, nes i Ingham blannu cyllell yn llwnc yr anghenfil, a'i ladd, a dychwelyd yn waedlyd fuddugoliaethus at ei ffrindiau. Aeth yr hanes ar wib trwy Queensland, a bu sôn amdano yn y *Times* yn Llundain.

Ar gychwyn Rhuthr Aur Port Moresby, aeth Ingham draw a'i benodi ei hun – heb ganiatâd gan neb! – fel cynrychiolydd llywodraeth Queensland yn New Guinea. Ond roedd awdurdod naturiol ganddo, a hoffusrwydd, a chroesawodd y cloddwyr ei arweiniad siriol. Gwnaeth waith glew, gyda'r athro Ruatoka, yn cadw'r heddwch rhwng y cloddwyr a'r brodorion.

Llofruddiwyd pysgotwr *bêche-de-mer* o'r enw Johnny McOrt, gyda'i ddynion, gan ganibaliaid Ynys Brooker, ymhell draw ymysg ynysoedd dwyrain New Guinea – McOrt oedd ar fai. Aeth Ingham yn y *Voura* i gymodi â'r brodorion ac achub gêr a dalfa McOrt. Credai ei fod yn gwybod sut i drafod brodorion; roedd yn hael a hawddgar iddynt; a lladdasant hwythau ddau fochyn a chynnal gwledd o groeso iddo gan addo adfer pethau McOrt. Ond ddiwrnod neu ddau wedyn, pan oedd Ingham yn nofio yn y môr, aeth rhai o'r brodorion allan i'r *Voura*, a llofruddio'i holl bobl, ac wrth i Ingham, heb ddrwgdybio dim, geisio dringo yn ôl ar y dec, torasant ei law ymaith â bwyell, a'i ladd â gwaywffon yn y dŵr. Yna bu ail wledd, ac Ingham a'i gyfeillion oedd hi. Aeth HMS *Cormorant* i gosbi Ynys Brooker, ac wedi iddi fethu aeth HMS *Wolverene* gyda Commodore Wilson, prif swyddog y Llynges ym moroedd Awstralia, ond dihangodd y brodorion i fynyddoedd coediog yr ynys. Daeth Wilson, fodd bynnag, o hyd i beth o eiddo'r *Voura*, a rhai o lyfrau Ingham: *Boswell's Life of Johnson*, *Hunangofiant Benvenuto Cellini*, rhyw *Life of Oliver*

Cromwell a gafodd yn wobr yn Ysgol Malvern, a nifer o lyfrau coginio.

Daethom i dref Ingham yn y nos – cwpwl o strydoedd llydan efo adeiladau isel oedd hi, yna'r wlad drachefn. Cawsom hyd i'r "Motel Ingham" – motel iawn y tro hwn, gyda rhes o gabanau ger y ffordd, a cheir wedi'u parcio yn eu hymyl; nid fel y Jardine. O flaen y Motel Ingham roedd hysbysfwrdd yn rhestru'r cyfleusterau: pwll nofio, *guest lounge* ac ati ... Dangosodd y ferch hyfryd wrth y cownter ein stafell inni; roedd yn syml ond yn ddigon cysurus ...

"Gawn ni weld y *guest lounge?*" holais.

"Pa *guest lounge?* Does dim *guest lounge* yma!"

"Ond mae'n dweud ma's y ffrynt fod *guest lounge* gennych chi!"

Daeth allan i gael cip. "Wel yn wir, mae'n dweud *guest lounge* ... Doeddwn i erioed wedi sylwi ... Chi yw'r un cynta i sôn ... Ond does dim *guest lounge* 'da ni!"

Yr *all day bar food*; y *bush tucker*; y *see you soon*; ac yn awr y *guest lounge* ... Er fy ngwaethaf, roedd yn rhaid imi'i ddweud e ... "Gwlad wyneb-i-waered yw Awstralia," meddwn.

Daethom ar draws "Casra's Italian Restaurant" ar y stryd fawr. Cafodd fy ngwraig *braised lamb shanks* gyda sglodion tatws, a chefais i *steak involtini* – "*roasted capsicums, zucchini and Sichuan peppers, all wrapped in fillet steak crumbed and oven baked with a mushroom marsala sauce*": plateidiau brawychus o anferthol, addas i rai a fu'n torri câns trwy'r dydd.

O bryd i'w gilydd yn ystod y nos rhuai lori heibio'n stafell, ar ei ffordd i Townsville, Innisfail neu Cairns.

8 Townsville a Charters Towers

Roedd yn fore heulog, ac roeddem allan yn gynnar ar y ffordd i Townsville. Doedd fawr i'n diddori yn Townsville ei hun hyd y gwyddem – olion HMS *Pandora* yn y Museum of Tropical Queensland, efallai? Ond roedden ni eisiau cymryd tro i'r mewndir i weld Charters Towers, prifddinas yr aur yn Queensland yn y dyddiau gynt.

Cawsom frecwast o goffi a *croissants* ar feranda'r "Frosty Mango", caffe-siop gwyn, hir, isel wrth fin yr Highway. Arbenigedd y Frosty Mango oedd gwerthu mango – mango yn ei holl bosibiliadau. Roedd llond silffoedd o ffrwythau mango, mango potel, *compote* mango, *chutney* mango, llond rhewgelloedd o iogwrt mango a hufen iâ mango ... Cafodd fy ngwraig jam mango efo'i *croissant* ... Yn y pellter estynnai perllan mango – coed cymen del fel pompoms, gyda deiliach gwyrdd a choch.

Ond nid mango'n unig ... Yng ngerddi'r Frosty Mango tyfai enghreifftiau o bob math o goed ffrwythau trofannol – pîn-afal, cnau coco, *custard apple*, *jackfruit*, *lychee*, *rambutan*, *soursop*, *papaw* ... Nesaf at y *papaw* roedd coeden ffrwyth bara. Byth er darllen *The Coral Island*, hanner can mlynedd a mwy yn ôl, bu gen i chwilfrydedd am y goeden ffrwyth bara. Cofiaf ddychmygu canghennau'n llwythog o ryw ffrwythau fel torthau tun, gyda chnawd gwyn briwsionllyd ... Ond un ffrwyth unig – a hwnnw'n debyg i rawnffrwyth – a lechai ymysg dail hirdenau hon.

Daethom i Townsville ganol bore, a gyrru ar hyd promenâd uwchben y traeth, oedd yn brysur gan bobl ar eu gwyliau yn cerdded yn yr haul. Gadawsom y car ger Flinders Street Mall, oedd yn amlwg yn brif stryd Townsville.

Stryd eang olau fywiog oedd hi, yn neilltuedig i droedolion. Ymysg y siopau urddasol safai swyddfa bost Fictoraidd hardd, wedi'i pheintio'n lliw hufen, gyda dau bortico uwchben ei gilydd a blwch postio coch henffasiwn wrth y porth. Os dyma'r swyddfa bost, yma hefyd buasai'r Post Office Hotel lle arhosodd Albert Messiah; ond nid oedd arlliw ohono mwyach. Ar hyd canol y Mall rhedai rhesi o giosgau a stondinau marchnad, a hanner canllath o'r rhain roedd yr Holiday Inn, lle cawsom lety.

Tŵr uchaf Townsville oedd yr Holiday Inn, ac aethom i fyny dri deg llawr i'r wylfa ar y gopa. Roedd golwg dros y dref i'r môr a thros wastadedd i'r mynyddoedd, a chyferbyn â ni, tua milltir i ffwrdd, codai clamp o fryn clogwynog yn syth o ganol y strydoedd. Yn Ewrop – yn Sydney! – buasai castell ar ben hwn, yn arglwyddiaethu dros y ddinas. Dolennai afon Ross trwy faestrefi gwyrdd y gwastadedd, a heibio'r gwesty, nes troi'n harbwr i gychod bach rhyngom a'r môr. Yn ymyl yr harbwr rhedai Flinders Street – yn heol gyffredin bellach, gyda thraffig.

Yna cychwynasom am Charters Towers, tref yr aur, wyth deg milltir i ffwrdd yn y gefnwlad.

Darganfuwyd aur yn Charters Towers ym mis Rhagfyr 1871, gan chwilotwyr dan arweiniad rhyw Hugh Mosman. Y stori yw mai Jupiter, crwt o Gynfrodor, oedd y cyntaf i weld melyn yn disgleirio yn y graig. Rhuthrodd Mosman ar ei union yn ôl i wareiddiad i gofrestru'r hawl.

Agorodd y maes aur yn swyddogol ym mis Ionawr 1872. Fe'i henwyd "Charters" ar ôl y Warden Aur lleol, William Skelton Ewbank Melbourne Charters, a "Tors" oherwydd rhyw fryniau bach yn y cylch; ond llygrwyd y "Tors" yn "Towers" mewn dim amser. Cyn pen blwyddyn roedd tair mil o ddynion ar y maes, a'r batris malu cyntaf yn morthwylio.

Batris malu, am mai aur craig nid aur afon oedd yn Charters Towers, ac angen malu i'w ryddhau.

Y cam cyntaf yn y broses oedd dod â'r mwyn o'r pyllau mewn dramiau. Ar ôl ei ddadlwytho, câi ei bwyo'n gnapiau, yna ei fwydo i'r batri a'i falu'n llwch mân.

Teithiai'r llwch wedyn ar flanced symudol dros haen o arian byw a ffurfiai amalgam â'r aur. Ymwahanai'r amalgam o'r llwch, gan adael y sorod i barhau i'r domen.

Yn olaf, câi'r amalgam ei boethi mewn tawddlestr, lle anweddai'r arian byw ac arhosai'r aur gloyw.

Mantais y broses oedd y gellid ailddefnyddio'r rhan fwyaf o'r arian byw. Yr anfantais oedd ei bod yn gadael llawer o'r aur yn y sorod. Ond erbyn 1900 dyfeisiwyd dull o ryddhau hwnnw â seianeid.

Sŵn, llwch a pherygl y peiriannau, gwenwyn y seianeid a'r arian byw – diwydiant brwnt, cyntefig oedd malu aur. Ond roedd 29 o fatris malu yn Charters Towers ar ei hanterth, wrthi'n morthwylio ddydd a nos. Un o'r rhain oedd y Venus Battery, a agorwyd yn 1872 a'i gau – yr olaf oll – yn 1973; fe'i cadwyd fel crair ac fel atyniad i ymwelwyr, ac roeddem yn gobeithio ei weld.

Tyllwyd mwy a mwy o byllau yn Charters Towers, ac wrth i'r cloddwyr ddilyn y gwythiennau, un o dan y llall, troesant y graig yn grwybr gwenyn. Ymgysylltai pwll â phwll, fel y gellid crwydro am filltiroedd ar hyd y galerïau. Cyrhaeddodd pwll y Brilliant dair mil troedfedd o ddyfnder.

Roedd angen arian i dalu am y tyllu, felly agorwyd Cyfnewidfa Stoc yn Charters Towers; yr un fwyaf anghysbell yn y byd, efallai; ond cysylltai'r telegraff hi â Townsville, Sydney a Llundain – a chladdwyd crugyn o arian gwirion Llundain ym mhyllau coeg y Towers. Gwnaeth pyllau eraill, fodd bynnag, elw godidog. Day Dawn, Band of Hope, Stockholm, Black Jack, Bonnie Dundee, Brilliant, Brilliant Extended – o'r rhain a'u tebyg yn y flwyddyn orau, 1899, llifodd 319,572 owns o aur, gwerth rhyw £102 miliwn wrth imi ysgrifennu, i goffrau banciau'r byd.

Berwai Charters Towers â bywyd, yn nyddiau ei gogoniant! Nos Sadwrn oedd y noson fawr, a siopau Gill Street a Mosman Street ar agor i'r torfeydd, a chant namyn wyth o dafarnau'n cyffroi'r mwynwyr sychedig â'u grog a chwrw. Byddai gornestau paffio, ymladd ceiliogod – a chanu! Canys llifai Cymry i'r cloddfeydd, ac roedd y dref yn enwog am ei heisteddfodau. Yna, am hanner nos, sioc o ddistawrwydd, wrth i ddwndwr y batris, curiad calon Charters Towers, dewi am y Saboth.

Rhan nid fechan o'r bywiogrwydd oedd sen afreolus Thadeus O'Kane, golygydd Gwyddelig y *Northern Miner*, papur newydd Charters Towers. Dyma fe wrthi:

> Any jury looking at this man if he were placed in the dock, his low and brute-like forehead, his receding and conical head, his close-set hyena eyes, and savage hatchet face, would say ... "Hang him away at once, try him after"

– ac unig fai'r truan, hyd y gwyddys, oedd codi gwrychyn Thadeus O'Kane!

Ac yna pallodd yr aur. Yn 1903 cynhyrchodd Charters Towers 285,000 owns o aur; yn 1908, 162,000 owns. Yn 1910 cyflogai 2,631 o fwynwyr; yn 1913, 985. Yn 1916 caeodd y Gyfnewidfa Stoc. Dihysbyddwyd y pyllau o un i un. Peidiwyd â phwmpio. Yn ddistaw ar hyd y galerïau lledai dŵr ...

Ac wrth i'r cloddwyr ddiflannu, diflannai hefyd eu tai. Pethau brau o bren a sinc oeddent, hawdd eu datgymalu, hawdd eu hailgodi. Yn 1913 yn unig cipiwyd 220 ohonynt i'w hailosod yn Townsville. Crebachai Charters Towers fel llyn yn sychu; ond ni ddarfu'n llwyr, fel trefi eraill ar feysydd aur gorffenedig. Yr un modd â Thursday Island yng Nghulfor Torres, ceidw Charters Towers o hyd ryw bwysigrwydd fel canolfan Dalrymple Shire. 30,000 oedd ei phoblogaeth ar ei huchaf, 9,000 yw hi heddiw; ond mae 9,000 yn llawer am dref ym mewndir Queensland.

Ffordd wlad oedd hi o Townsville i Charters Towers, ac yng nghwrs y pedwar ugain milltir ni chofiaf weld yr un pentref – na'r un annedd chwaith am bellteroedd ar y tro. Gyrru trwy fforest wasgarog o goed ewcalyptws roedden ni – rhyw goed eiddil, trist, gyda boncyffion ariannaidd main a dim digon o ddail. Llwm a llwyd oedd llawr y fforest, efo tuswau o laswellt gwelw a miloedd ar filoedd o gerrig beddau twmpathau'r termitiaid, er nad oeddent hanner maintioli rhai Horn Island.

Dyma'r ffordd y cerddai'r cloddwyr cynnar gyda'u pynfeirch; ac y trotiai coets fawr Cobb & Co, a adawai Townsville am naw o'r gloch y bore a thywallt ei chwsmeriaid blinedig i Mosman Street ganol prynhawn trannoeth; ac y llafuriai wageni llwythog Burns Philp, yn llawn holl angenrheidiau bywyd a gwaith, a dau ddwsin o fustych corniog penisel yn llusgo pob un ar hyd y trywydd llwch ac i lawr ac i fyny torlannau Five Mile Creek, Seven Mile Creek, Nine Mile Creek, Flinders Creek, Gladstone Creek, a'r holl *creeks* a nentydd eraill – poendod dyfalu faint o amser a gymerai taith y rheiny. Ond daeth hynny i gyd i ben yn 1882 pan agorwyd y rheilffordd sy'n rhedeg wrth ymyl y lôn … A dyma drên nwyddau nawr, yn ein pasio dow-dow, clac-clac, ar ei ffordd i Townsville.

Wrth i'r tir godi, teneuai'r goedwig, a daeth caeau i'r golwg, a gwartheg, a ffermdy isel o bryd i'w gilydd. Yng nghanol cae gwelsom fframwaith metel, fel model o Dŵr Eiffel, a thanc mawr crwn am ei droed ac olwyn o lafnau bach sgleiniog yn troelli uwch ei ben – dyna felin wynt i bwmpio dŵr, y dywedodd rhywun wrthym y gallai fod yn symbol o Awstralia.

Daethom i Charters Towers a pharcio yn Mosman Street, ger y gyffordd â Gill Street. Prynhawn Sadwrn oedd hi, ond yn dawel fel prynhawn Sul – yr hen Sul Cymreig, hynny yw. Doedd fawr neb o gwmpas, ac eithrio dyrnaid o Gynfrodorion yn sefyllian ar y palmant ganllath i ffwrdd.

Yn ôl amserlen y Venus Battery, roedd gennym amser yn sbâr

cyn yr ymweliad nesaf, felly aethom am dro ar hyd Mosman Street.

Ni welsom stryd debyg i Mosman Street mewn unrhyw dref fach arall yn Awstralia. Yma a thraw ymysg y siopau distadl safai rhyw oroesiad clasurol o'r ysblander a fu: Swyddfa'r Post, yr Australian Bank of Commerce (bellach yn theatr), stôr Burns Philp (nawr y Zara Clark Folk Museum), y Queensland National Bank (heddiw'n Neuadd y Dref); ac yn Gill Street, adeilad hardd y *Northern Miner*. Chwiliais am gopi o'r *Northern Miner* mewn siop gyfagos. Roedd yn dal i gael ei gyhoeddi, ddwywaith yr wythnos, meddai'r ferch, ond roedd hi wedi gwerthu allan.

Yn amgueddfa Zara Clark roedd arddangosfa o offer y pyllau a bywyd y mwynwyr: padell a lletwad, caib a rhaw, berfa a dram ... Mewn cas gwydr roedd pentwr o hen feiblau. Gwyddwn beth ddylai fod yno, ac mi roedd – ymysg yr *Holy Bibles* un *Y Bibl*. Gofynnais i'r geidwades a gawn i edrych arno; ond doedd ganddi ddim allwedd i agor y cas.

Ychydig gamau ar hyd Mosman Street, dyma adeilad hufen-lliw hyfryd, gyda feranda hir colofnog a phorth uchel gosgeiddig a'r arysgrif *"The National Trust of Queensland: Stock Exchange Arcade"*. Roedd yr arcêd yn llydan ac awyrog – yn gartref heddiw i gaffes ac orielau celf. Ond yma gynt byddai llawr masnachu'r Gyfnewidfa Stoc, efo tair galwad y dydd, chwe diwrnod yr wythnos ... Ac mor hawdd oedd dychmygu'r brocer chwyslyd yn ei het silc a'i goler startsh, a'r wasgfa o gloddwyr llychlyd o'i gwmpas; ef yn gweiddi ei *"Alabamas"* neu *"Merrie Monarchs"*; hwythau'n gweiddi eu cynigion yn ôl; ef yn eu nodi yn ei lyfr bach du ... A maes o law âi'r cloddiwr i'r swyddfa, a thaflu ei sofrenni ar y bwrdd neu wagio sachaid fach o lwch aur i glorian gain, a derbyn ei dystysgrif engrafiedig ... A misoedd wedyn byddai ei galon yn llawenhau wrth i ddifidend gyrraedd – neu'n suddo i'w esgidiau (os mai *Merrie Monarchs* a brynodd) o glywed bod yr hwch wedi mynd trwy'r siop, a'r Ysgrifennydd wedi ffoi'r wlad, a bod dim byd gwell i'w wneud â'i dystysgrif ddel na'i rholio'n sbilsen i gynnau ei bib.

Bu'r Venus Battery ym mherfedd y dref ers talwm. Ond roedd y dref wedi hen gilio. Gyrasom o Mosman Street ar hyd Gill Street ac yna ar draws talp o wlad noeth, dwmpathog, lle safai unwaith dai cloddwyr a gêr pyllau.

Ar dir y Venus Battery roedd melin falu, nifer o gytiau pren gwasgarog a chwpwl o goed. Safai hen fws melyn ar ei ben ei hun. Oddi amgylch estynnai tomenni sorod, yna diffeithwch. Roedd y maes parcio'n wag.

Anferth o barodi o eglwys gadeiriol oedd y felin falu, gyda tho rhydlyd a waliau estyll llwyd. Roedd simnai frics yn lle meindwr, siediau yn lle bwtresi, a thwll mawr du yn lle porth. A doedd neb yn y golwg. A neb chwaith yn y caban tocynnau. Aethom i chwilio, braidd yn ddigalon, o gwmpas y cytiau eraill.

Allan o unlle, ymddangosodd dyn trwsiadus llosgheulog wrth ein hymyl. Roedd ychydig yn ifancach na ni efallai. Dywedodd mai Fergus Tait oedd ei enw, ac mai tywysydd gwirfoddol oedd e.

Buom yn sgwrsio am sbel yn yr heulwen wrth aros i ymwelwyr eraill ddod. Dywedodd Fergus mai bachgen o Charters Towers oedd e, wedi bod i ffwrdd am flynyddoedd yn gweithio fel pensaer, ond nawr wedi dychwelyd gan obeithio "rhoi'n ôl ychydig o'r hyn gefais i yma". Boi hyfryd dros ben oedd e, yn llawn gwybodaeth ac yn dda am wrando yn ogystal â siarad.

Dywedodd Fergus iddo arfer teithio i'r ysgol yn yr hen fws melyn acw. Trwyn hir o foned ac olwynion fel beisicl oedd gan y bws, ac er i'm gwraig a minnau fynd mewn bws i'r ysgol, ymhell bell yn ôl, fuon ni erioed mewn un mor hynafol â hwnna.

Roedd coeden fawr ddeiliog yn tyfu yn ymyl y cwt tocynnau, a dywedodd Fergus mai tamarind oedd hi. "Brodor o dde Affrica yw'r tamarind," meddai, "ond yn 1845, pan aeth Ludwig Leichardt y fforiwr i Port Essington ar lannau gogledd Awstralia, daeth o hyd i goed tamarind ar eu llawn dwf yno. Efallai mai morwyr Iseldiraidd ddaeth â nhw – roedden nhw'n defnyddio tamarind i atal sgyrfi ..."

Doedd dim golwg bod ymwelwyr eraill am gyrraedd, felly cychwynnon ni – Fergus a'i ddau westai – ar ein cylchdaith o'r Venus Battery. Byddem yn dilyn trefn y gwaith, yn fras.

Wrth ochr y felin roedd tamaid o'r rheilffordd a gariai'r mwyn o'r pyllau, gyda hanner dwsin o ddramiau. Yn ymyl y dramiau safai pentwr o gerrig, yn aros i gludfelt eu codi i fyny a'u gollwng i'r batri.

Aethom trwy'r twll mawr du i grombil y felin. Roedd yn dywyll ac yn llychlyd, efo ambell belydryn damweiniol o heulwen yn trywanu rhwng estyll y mur. A pharhâi'r parodi o eglwys gadeiriol. Y colofnau oedd boncyffion amrwd o goed, yn cynnal to uchel uchel ar goll mewn cysgodion. Yr organ oedd y batri ei hun, yn rhes o bistonau fertigol trwm. Y ceriwbiaid a hedfana fry – neu o leiaf sydd i'w gweld yn gwneud hynny mewn hen baentiadau – oedd nefol lu o chwylolwynion haearn a hongiai'n fygythiol uwch ein pennau, wedi'u cysylltu gan feltiau â ffynhonnell bŵer nad oedd mwyach yn bod.

Eglurodd Fergus fod angen saith tunnell o ddŵr i oeri'r batri am bob tunnell o fwyn a gâi ei falu. Adeg sychder, dim malu.

O flaen y batri estynnai'r blancedi a gariai'r mwyn dros yr arian byw. Dywedodd Fergus fod yr arian byw yn dod o Almadén yn Sbaen. Buom o fewn hanner can milltir i Almadén yr haf diwethaf – dylsem fod wedi mynd yno! ...

Gwelais rybudd hynafol ar y wal: "*The owner of the ore is responsible for any quicksilver lost during the processing of his ore.*"

Roeddwn i'n meddwl bod hynny'n od.

"Dwedwch, Fergus," meddwn, "beth oedd i rwystro'r melinydd rhag cafflo â'r arian byw? Wedi'r cyfan, fe oedd yn rheoli sut câi ei ddefnyddio ..."

"Gwaeth na hynny," meddai Fergus, "gallai gafflo â'r *aur* – cadw tamaid yn ôl iddo'i hun, fel melinwyr ar hyd yr oesoedd!"

Yn y Tjapukai Aboriginal Cultural Park:

1 Ymgais truenus yr awdur i daflu bwmerang
2 Cytiau unnos traddodiadol y Tjapukai
3 Darlith am y llysiau a gasglai'r Tjapukai ers talwm

1 Cyfweliad yng nghyntedd Parc y Tjapukai – David Hudson sydd yng nghanol y rhes o dri

4

5

Amaethu trofannol rhwng
Cairns a Townsville:

2 Planhigfa bananas
3 Planhigfa siwgr, a mwg
  melinau yn y cefndir
4 Trên câns siwgr
5 Perllan coed mango
6 Coeden ffrwyth bara
  (chwith) a choed *papaw* (de)

6

Townsville:

1 Y dref, gyda thŵr yr Holiday Inn
2 Golwg o ben yr Holiday Inn dros afon Ross tua'r mynyddoedd
3 Hen swyddfa Burns Philp & Co

4

Ar y ffordd o Townsville i
Charters Towers:

4 Twmpathau termitiaid
  ar gwr coedwig
5 Tirwedd gyda phwmp i
  godi dŵr

5

Charters Towers, tref yr aur:

1 Mosman Street, yr hen stryd fawr, gyda rhai o'i hadeiladau crand
2 Casgliad o offer mwynwyr yn amgueddfa Zara Clark
3 Yr hen Gyfnewidfa Stoc

4 Enghraifft o fatri malu aur (o Sovereign Hill, Ballarat): yn y cefndir, pistonau malu; yn y blaendir, y flanced symudol a gariai'r llwch mâl dros haenen o arian byw i ryddhau'r aur o'r sorod

Yn y Venus Battery, Charters Towers:

5 Ffwrnais sgwâr a luniwyd, yn ôl y tywysydd, gan grefftwyr o Gymry
6 Ar gyrion y felin: to uchel, colofnau pren a chwylolwynion
7 Tanciau lle câi'r sorod eu trin â seianeid i ryddhau gweddillion yr aur

Brisbane:

1. Lagŵn yn y South Bank Parkland
2. Afon Brisbane a'r Ardal Fusnes Ganolog gyda'r hwyr
3. Blodau yn y Roma Street Parkland
4. Yr awdur gyda changarŵod yn King George Square

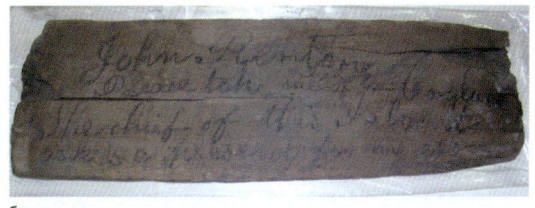

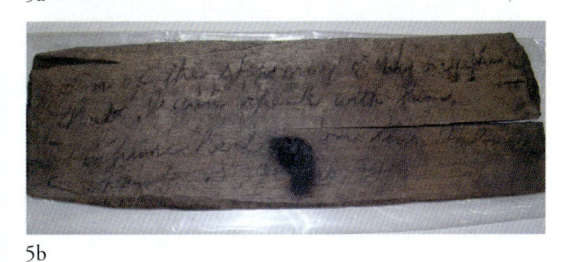

5a

5b

5a/5b
Yn y Queensland Museum, Brisbane: y neges, wedi ei hysgrifennu ar ddarn o hen ganŵ, a ddanfonodd John Renton o ynys Sulu Vou at gapten y *Bobtail Nag* yn 1875:

John Renton. Please take me off to England. The chief of this Island asks a present from you.

One of the ships crew come on shore that I can speak with him. Shipwrecked on this Island about 5 years ago.

6

7

8

Wrth Sydney Cove gyda'r hwyr:

6 Fferis wrth Circular Quay
7 Yr awdur a'i wraig ar lan Sydney Cove
8 Pont Harbwr Sydney

1

Wrth Sydney Cove eto:

1 Tŷ Opera Sydney
2 Campbell's Warehouses

Yn y Royal Botanic Gardens, Sydney:

3 Gwraig yr awdur ymysg y *clivias*
4 Llond coeden o "lwynogod hedfan"

2

3

4

Pen draw teithiau fferi, Sydney:

5 Harbwr Manly
6 Rhodfa lydan y Corso, Manly
7 Harbwr Mosman ar ddiwedd dydd

Yn y Featherdale Wildlife Park:

1 Gwraig yr awdur yn mwytho coala
2 *Fairy penguins* pitw bach
3 Crocodeil dŵr hallt, bron yn anweledig yn y llyn
4 Cangarŵod, walabïod ac ymwelwyr

Ar y Mynyddoedd Gleision:

5 Plygiadau'r mynyddoedd yn nhawch y fforestydd ewcalyptws
6 Creigiau chwedlonol y Tair Chwaer
7 Ein parti yn y Fforest Law Dymherus, a'r tywysydd â'i het "Akubra"
8 Bwthyn colier yn y fforest ger hen lofa Katoomba
9 Stryd fawr Leura ar y glaw

Chwilio am 613 Harris Street, Sydney, lle bu tad-cu'r awdur yn byw:

1 Adeilad "Ascot Teak", a ddisodlodd Rif 613 a sawl tŷ arall
2 Tai cyffelyb, o bosibl, i'r Rhif 613 gwreiddiol

O gwmpas Chinatown, Sydney:

3 Porth addurnol Chinatown, yn Dixon Street, liw nos
4 Paddy's Market
5 Llew Tsieineaidd yn chwilio am fwyd
6 Dosbarth *martial arts* wrth gyntedd swyddfa
7 Yr Ardd Tsieineaidd, gyda'r Dragon Rock, Twin Pavilion, Clear View Pavilion a chwmwlgrafwyr Sydney

5

6

7

8 National Maritime Museum, Sydney, gyda HMAS *Vampire* a'r llong danfor HMAS *Onslow*

1 Sydney Aquarium

2 Blaenddelwau llongau yn y National Maritime Museum

3 Siarc yn Sydney Aquarium

4 Tri choala, dau wombat, *kookaburra*, a changarŵ gyda'i babi

Dim syndod bod 29 o felinau malu yn Charters Towers! Os na fedrai perchennog y pwll ymddiried ym mherchennog y felin, doedd dim amdani ond codi ei felin ei hun … Ond wedyn – a fedrai ymddiried yn ei weithwyr? …

Dangosodd Fergus ddwy ffwrnais fric ar ganol llawr y ffatri, wrth fôn simneiau a ddiflannai i'r to. Roedd un yn grwn a'r llall yn sgwâr.

"Crefftwyr o Gernyw wnaeth y ffwrnais gron," meddai, "a rhai o Gymru wnaeth yr un sgwâr. Dyna oedd eu harfer gartref, siwr o fod."

Ar hyn ymunodd cwpwl o hwyrddyfodiaid â ni – gŵr a gwraig canol oed o Brisbane, yn llawn ymddiheuriadau …

Roedd gan Fergus ffilm fach inni. Ac roedd y sgrîn ei hun yn ddigon o ryfeddod – llen o ddŵr yn syrthio o'r nenfwd. Ffilm am ysbrydion niferus Charters Towers oedd hi, ac yn eu plith ysbryd Thadeus O'Kane, sy'n ymrithio'n ysbeidiol yn y Llysoedd Barn, ar ei brawf hyd dragwyddoldeb am enllib.

Tynnodd Fergus ein sylw at un o'r boncyffion a gynhaliai'r to. Tua llathen o'r llawr roedd hyd o'r pren wedi cael ei dorri allan, a hyd o fetel wedi'i osod yn ei le. Y bwriad, meddai Fergus, oedd lladd termitiaid yn y boncyff. Allai termitiaid ddim goddef metel, felly allen nhw ddim ei groesi i nôl dŵr o'r llawr, a heb ddŵr roedden nhw'n marw o syched.

Roedd gan y cwpwl o Brisbane ddiddordeb byw mewn termitiaid; mae gan bob Awstraliad, am wn i; ond roedd gan y rhain broblem termitiaid yn eu tŷ, rwy'n tybio.

Felly soniodd Fergus am dermitiaid mewn cysylltiad â thai – â thai ar ben polion, fel y rhai a welsom yn Cairns. Gallai termitiaid fwyta pren y tai, esboniodd, ond roedd pren y polion yn rhy galed iddynt. Felly, i'w cadw o'r tai, câi capiau metel eu rhoi ar ben y polion …

Cofiais am gwestiwn a fu'n ein poeni byth er pan oeddem yn Healesville. "Fergus," meddwn, "pam ych chi Awstraliaid cyfoethog yn gwneud tai o bren a sinc yn lle brics a theils? Yn enwedig os yw termitiaid yn bwyta'r pren? ..."

Ateb pensaer a roddodd Fergus. "Mae brics a theils yn iawn mewn gwledydd oer," meddai, "ond gwres yw problem Awstralia. Yn ystod y dydd mae pob tŷ'n casglu gwres, a thai pren a sinc yn ei ollwng yn ystod y nos; ond mae tai brics a theils yn ei gadw, ac yn mynd yn boethach o ddydd i ddydd."

Daethom allan i'r awyr iach ym mhen draw'r felin. Ymysg y tomennydd roedd sied hir, heb waliau, yn cysgodi rhes o danciau bas, ychydig fetrau ar eu traws.

"Yn y rhain câi'r sorod eu trin â seianeid," meddai Fergus, "a'r awel yn gwasgaru'r tarth ..."

A dyna'r ymweliad ar ben.

Er mor wych fu Fergus fel tywysydd, ni fedrai ef na neb arall atgyfodi prysurdeb a dwndwr ac aroglau'r felin, na'r dynion gwydn, byddar, gwenwynedig.

Ond faint o brysurdeb, a faint o ddynion, fuasai ar ôl beth bynnag, erbyn y cau yn 1973? Wrth grwydro'r felin, ni welais arwydd o fuddsoddiad newydd ers diwedd oes Victoria. Dirywio, dirywio fu ei hanes, gydag ambell hwp bach o adfywiad wrth i gystadleuydd arall frathu'r llwch, ac yna'r diriywiad yn parhau. Ymhell cyn y diwedd rhaid bod y Venus Battery bron mor dawel ag eglwys gadeiriol go iawn.

Roedd hi'n nos erbyn inni gyrraedd Townsville. Aethom allan i Flinders Street Mall i chwilio am ginio.

Trodd Flinders Street Mall yn Flinders Street efo ceir – dim llawer ohonynt. Ar un llaw roedd yr harbwr, gyda'r cychod bach wrth angor yn y gwyll; ar y llall, bwytai Eidalaidd a Tsieineaidd a *noodle house*. Ond roedd clwb nos yn lledu sŵn aruthrol, a thwr o lanciau'n chwerthin ar y pafin – yn feddw cyn hanner wedi saith! ...

Tawelodd Flinders Street wedyn, popeth ar gau. Parchusodd hefyd – dacw'r "Maritime Museum" a'r "Museum of Tropical Queensland" (gyda HMS *Pandora*) a hen swyddfa grand Burns

Philp & Co, efo clochdy baróc a philastri; ond aeth Burns Philp oddi yno flynyddoedd yn ôl.

Daethom at barc coediog rhwng yr harbwr a'r traeth, gyda llu o lampau'n melynu'r dail a glaswellt; ac i'r promenâd, yn hollol farwaidd ond am oleuadau pell. Cerddasom ymlaen ac ymlaen.

Ond ynghanol y tywyllwch dyma'r "Naked Fish Restaurant", a *barramundi* ar y fwydlen yn y ffenestr. Archebodd fy ngwraig *crispy skin barramundi fillets on pan fried banana with citrus relish*, a minnau *basil and parmesan crusted lamb rump on panzanella*, ac wedyn cawsom ein dau *cappuccino brûlé with crostini*. Dyna un arall o'n prydau godidog yn y dull Awstralaidd.

Gallai bechgyn y clwb nos fod yn suro erbyn hyn. Aethom ffordd arall yn ôl i'r Holiday Inn.

Roedd rhaid inni fod allan o'r Holiday Inn erbyn 10.15 y bore, er mwyn dal yr awyren i Brisbane. Ond roedd y Museum of Tropical Queensland yn agor am 9.30, ac roeddwn o leiaf am gael cip ar y *Pandora*.

Amserais fy hun yn cerdded rhwng Swyddfa'r Post a swyddfa Burns Philp: pum munud a hanner. Dyna'r amser y buasai Albert Messiah wedi'i gymryd wrth fynd â'i lythyr am yr *Hopeful* at Robert Philp; ond roedd blacmel ar ei feddwl – efallai iddo dindroi.

Nid y *Pandora* ei hun wedi'r cwbl oedd yn y Museum of Tropical Queensland – arhosai honno dan dywod y Great Barrier Reef. Dim ond ysbail y môr-archaeolegwyr oedd i'w gweld: oriawr boced, llawddryll, telesgop, poteli gwin, llestri cinio Capten Edwards ... Roedd yna *leg-iron* fel y gwisgai llong-gipwyr y *Bounty* yn eu carchar cyfyng ar ddec y *Pandora*; dim perygl iddynt ei chipio *hi* ...

Ac i ffwrdd â ni i'r maes awyr, a ffarwelio â'r Pulsar gêr llaw, a chychwyn am Brisbane.

9 Brisbane

Sefydlwyd tref Brisbane ar lan afon Brisbane trwy orchymyn Syr Thomas Brisbane, llywodraethwr New South Wales, yn 1825. Prifddinas Queensland yw Brisbane heddiw, ond nid oedd y fath le â "Queensland" y pryd hynny; "New South Wales" oedd dwyrain Awstralia i gyd. Gwladfa i garcharorion a drawsgludwyd o Brydain oedd hi, a Brisbane yn wersyll carcharorion.

Llifai afon Brisbane i'r môr yn Moreton Bay, a dyna lle angorai'r llongau. Ond o gylch y Bae roedd jyngl a chorsydd, dŵr bas a thywod, fel bod rhaid codi'r dref bymtheg milltir i fyny'r afon, ac i bobl deithio iddi mewn cychod rhwyfo. Ymhen hir a hwyr gwnaed sianel ddyfnach, a daeth Brisbane ei hun yn borthladd.

I Brisbane y danfonid y carcharorion gwaethaf – y rhai a aildroseddodd ar ôl cyrraedd Awstralia. Lle gwaharddedig oedd, a neb yn cael mynd o fewn 50 milltir iddo heb ganiatâd. Roedd y gwaharddiad yn ddiangen braidd – rhwng Brisbane a gwareiddiad estynnai 250 o filltiroedd o wlad wyllt a Chynfrodorion.

Gwneid bywyd yn galed i'r carcharorion drwg hyn. Ystyrid 75 llach yn gosb drom yn Awstralia; ond yn Brisbane, dan arolygiaeth Capten Robert Logan, rhwng 1825 ac 1832, roedd 200 llach yn gyffredin. Rhai a geisiai ffoi a'i câi hi waethaf. Ond daliai dynion i ffoi. Bu rhai'n byw gyda'r Cynfrodorion am flynyddoedd. Diflannodd eraill am byth.

Un o ychydig garcharorion Brisbane y gwyddys rhywfaint amdano yw Morgan Edwards, a ddedfrydwyd i drawsgludiant am oes ym Mrawdlys Trefynwy yn 1822, pan oedd yn ddwy ar hugain oed. Danfonwyd ef i ddechrau i Macquarie Harbour yn Tasmania, lle'r oedd gwaith brics – cynhyrchai'r carcharorion tua 80,000 o frics y flwyddyn. Roedd y gwaith brics ar y tir mawr, a'r carcharorion yn byw ar ynys ac yn cael eu cludo i'r gwaith bob dydd mewn cwch. Torri coed oedd swydd Morgan Edwards ...

Yn gynnar ym mis Medi 1825 dihangodd dau garcharor, Jarrett a Burke, o'r gwaith brics. Gorchmynnodd Pennaeth Macquarie Harbour fod unrhyw un a'u gwelai i gynnau tân arwydd ar ben bryn, er mwyn galw milwyr o'r ynys i'w dal.

Ar 13 Medi 1825 – yn ôl adroddiad swyddog y cwch cludo – gwelodd Cwnstabl James Richardson y ffoaduriaid. Cododd gerpyn fflamllyd o gaban y gwaith, a rhuthro i ben y bryn i gynnau'r tân arwydd. Ar ei ôl prysurodd Morgan Edwards, yn erfyn arno i beidio â chynnau'r tân. Aeth y ddau o'r golwg ...

Chwarter awr wedyn dychwelodd Morgan Edwards ar ei ben ei hun. Roedd mewn strach ofnadwy. Bygythiodd swyddog y cwch â chyllell a bwyell, a chlymodd ei ddwylo. "Dw i ddim am iti gynnau'r tân arwydd," esboniodd. Yna ffodd.

Ymryddhaodd y swyddog, a chynnau'r tân arwydd. Ond roedd Morgan Edwards a Cwnstabl Richardson ill dau wedi diflannu. Danfonodd Pennaeth Macquarie Harbour dri pharti o filwyr i chwilio amdanynt.

Ar 14 Medi – yn ôl adroddiad y Pennaeth – daliwyd Jarrett, Burke a Morgan Edwards gyda'i gilydd. Cydgynllwynwyr oeddent, roedd hynny'n amlwg. Ar 15 Medi cyffesodd Morgan Edwards iddo ladd Cwnstabl Richardson, ac aeth â milwyr at y corff.

Ond roedd rhywbeth o'i le ar y gyffes, on'd oedd? Petai'n sicr bod Morgan Edwards wedi lladd Cwnstabl Richardson, nid oes amheuaeth yn y byd na fuasai wedi dioddef y gosb eithaf. Yn lle hynny trosglwyddwyd ef i Brisbane.

Ceir fersiwn ychydig yn wahanol o'r hanes yng nghofnodion Brisbane. Yn ôl y rhain, bu damwain gwch (heb dystion annibynnol): boddodd Richardson, dihangodd Edwards. Ar sail hyn cafwyd Edwards yn euog ar gyhuddiad go ryfedd (ac anghyfreithlon, synnwn i ddim), sef "*a strong suspicion of having murdered his overseer at Macquarie Harbour*". Ei gosb oedd carchariad am oes mewn sefydliad penyd: ddim mor erchyll o ystyried ei fod wedi'i drawsgludo am oes yn barod, er y câi fywyd caled yn Brisbane.

Flynyddoedd wedyn roedd Morgan Edwards yn dal yn garcharor yn Brisbane, ond nid oes sôn am anfadwaith arall ganddo.

Yn 1842 agorwyd Brisbane i wladychwyr rhydd, a dechreuodd sgwatwyr ddod i'r ardal gyda'u preiddiau. Erbyn 1850, pan ddiddymwyd trawsgludiant i ddwyrain Awstralia, roedd Brisbane wedi derbyn rhyw 2,200 o garcharorion i gyd. Ond tref gwladychwyr oedd hi mwyach, a charcharorion yn y lleiafrif.

Cawn ddarlun difyr o Brisbane yn y cyfnod hwn yn nyddlyfr John Sweatman, swyddog ifanc (fel y cofiwn) ar y llong syrfëo HMS *Bramble*, dan Capten Charles Yule.

Ym mis Ionawr 1846 daeth y *Bramble* i Fae Moreton, ar ei ffordd i syrfëo o gwmpas Culfor Torres; ac aeth Yule a rhai o'r criw i Brisbane, Sweatman yn eu plith.

Nid oedd siartiau'n bod eto o Fae Moreton, a rhedodd y *Bramble* ar fanc tywod. Ond fe'i rhyddhawyd yn fuan gan y llanw.

Hen greadur sobor, diwyd oedd Capten Yule, ac mae Sweatman byth a hefyd yn ei wawdio yn ei ddyddlyfr. Ond maes o law, ger Cape Possession, New Guinea, pan oedd pobl y *Bramble* mewn dirfawr berygl gan frodorion, profodd Yule ei hun yn swyddog o'r radd flaenaf – yn arweinydd pwyllog arwrol.

Pwrpas Capten Yule wrth fynd i Brisbane oedd ymweld â'r Ynad Heddlu, Capten John Wickham (RN wedi ymddeol), a rhoi help llaw iddo wrth siartio Bae Moreton. Syrfëwr morwrol fu Capten Wickham yntau, ac un da iawn hefyd. Yn hanes fforio glannau Awstralia a'r Môr Cwrel, lle anrhydeddus sydd gan Capten Yule a Capten Wickham.

Gyda Yule a Sweatman ar y daith i Brisbane aeth swyddog ifanc arall – Dr McClatchie, meddyg y *Bramble* – a chwmni o longwyr i drafod y cwch. Aethant i fyny mewn tair awr gyda'r llanw, a chlymu wrth gei'r Commissariat. Tra arhosai'r llongwyr gyda'r cwch, aeth y tri swyddog i chwilio am lety a chinio.

Roedd dewis o ddau westy yn Brisbane, y Victoria a'r Caledonian. Y Victoria i bob golwg oedd y gorau, felly yno yr aethant. Roedd y westywraig yn olygus hefyd.

Roedd y tri'n fwy na pharod am ginio. Rhoddwyd clamp o dwrci o'u blaen, ac ymosodasant arno'n ffyrnig. Eisteddai Sweatman a McClatchie un bob ochr i'r landlordes ddel. Ar ôl bwyta aeth Capten Yule i ymweld â Capten Wickham ac i drefnu llety i'r llongwyr.

Roedd nifer o sgwatwyr yn aros yn y Victoria ar y pryd – llanciau ifanc, di-hid, afieithus, ariannog, wedi dod i mewn o'u ffermydd ac yn chwilio am sbri; cyfoedion i Sweatman a McClatchie oeddent, ac wrth eu bodd o gael dynion Llynges yn y parti. Ni adawent iddynt dalu am ddim – torri cyfraith tref Brisbane fyddai hynny, meddent. Ond bu'n rhaid iddynt dalu hefyd – trwy wagio gwydraid am wydraid a chanu cân am gân gyda'u gwesteiwyr. Aeth hi'n gyfeddach wyllt, yn ornest botio – Llynges yn erbyn Sgwatwyr. Llwyddodd Sweatman a McClatchie i ddal eu tir, gan ymfalchïo yn eu pennau caled ...

Maes o law daeth Capten Yule i mewn, ar ôl seiat syrfëo hapus gyda Capten Wickham. Gofynnwyd iddo *ef* am gân! Ymddiheurodd, ymesgusododd, dyn o arferion tawel oedd e, meddai, wedi blino ar ôl prynhawn ar yr afon, roedd yn hen bryd iddo fynd i'r gwely. Ac mi aeth; ond nid i gysgu. Tua hanner nos clywyd ei gri, "Weinydd, weinydd, rho fi rywle arall! Llofft stabal, cwt mochyn, unrhyw le er mwyn distawrwydd!" Mae fy *holl* gydymdeimlad gyda Capten Yule ...

Yn y man aeth un o'r sgwatwyr ifanc i'r gwely. Roedd yn gorfod codi'n gynnar drannoeth; roedd e angen cwsg. Dim perygl! ... Roedd to'r Victoria'n uchel ac yn llawn trawstiau, a bwlch rhyngddo a thop y parwydydd – roedd un gofod hir o'r naill ben i'r llall ... Aeth ffrindiau'r truan ar ei ôl, a dringo ar y trawstiau uwch ei ben, a chlwydo yno a'u gwydrau yn eu dwylo, dan ganu a rhuo a phryfocio – a *lleuadu* arno, medd Sweatman ... Nid tan dri o'r gloch y bore y pasiwyd pleidlais dros huno.

Fore trannoeth aeth Sweatman am dro i weld Brisbane. Dwy ran oedd iddi, North Brisbane a South Brisbane, wedi'u gwahanu gan yr afon a'u cysylltu gan fferi. Tipyn o dwll oedd South Brisbane; North Brisbane oedd orau, gydag un cigydd, un pobydd, un fferyllydd, un crydd, un teiliwr, un siop bopeth, y ddau westy a nifer o dafarnau. Brisbane, y pryd hynny, oedd y dref olaf cyn y cyhydedd.

Gwnaed ail ymweliad â Brisbane wedyn, a Capten Yule yn sefyll yn y Caledonian.

Tyfodd Brisbane yn gyflym. Erbyn yr 1890au roedd hi'n brifddinas trefedigaeth Queensland, gyda Senedd a Llywodraethwr a thros gan mil o drigolion. Roedd ganddi reilffyrdd, tramffyrdd, eglwysi, siopau a diwydiannau di-ri ... Gyda'r eglwysi daeth enwadaeth. Yn 1892 tynnodd y Parchedig Ganon Montagu Stone-Wigg (Esgob New Guinea yn nes ymlaen) nyth cacwn Presbyteraidd am ei ben trwy feirniadu Cymry Brisbane am gynnal eisteddfod ar ddydd Gwener y Groglith.

Mae Townsville yn Queensland, ac mae Brisbane yn Queensland, ond mae 850 o filltiroedd rhyngddynt, a hyd yn oed mewn awyren mae hynny'n cymryd amser. Ac roedd yr awyren yn hwyr yn cychwyn. O bryd i'w gilydd deuai neges siriol dros uchelseinydd y maes awyr: "*Ladies and gentlemen, boys and girls ...*"

Ar y ffordd i Brisbane aethom dros Rockhampton a hen gloddfa aur Mount Morgan. A maddeuwch imi am holi cwestiwn cwis – gwyddoch yr ateb yn barod efallai ... Beth yw'r cysylltiad rhwng Mount Morgan a Morgannwg?

Yn 1882 prynodd tri brawd – Frederick, Thomas ac Edwin

Morgan (nid Cymry mohonynt, hyd y gwn) – hawl aur ar ddarn o dir ger Rockhampton a gafodd yr enw Mount Morgan. Daethant o hyd i wythïen aur, ond nid oedd ganddynt y cyllid i'w datblygu, felly cymerasant dri gŵr cefnog lleol yn bartneriaid, a gwerthu gweddill yr hawl iddynt ddwy flynedd wedyn. Un o'r partneriaid newydd oedd cyfreithiwr yn Rockhampton o'r enw William Knox D'Arcy (ac yn fan'na ceir yr ateb i'r cwestiwn).

Darganfuwyd bod Mount Morgan yn llythrennol yn fynydd o aur. Cost yr hawl gwreiddiol, meddir, oedd £16, ond ymhen ychydig roedd yn werth £16 miliwn. Symudodd D'Arcy i Lundain gyda ffortiwn o £6 miliwn – lled agos at chwarter biliwn yn arian heddiw – a byw fel brenin. Dywedir i Melba a Caruso berfformio mewn cyngherddau preifat a roddodd.

Trwy gyd-ddigwyddiad pur, stori ddau Forgan yw hon. Tua 1890 daeth Ffrancwr o'r enw de Morgan ar draws olew ym Mhersia. Ond ni fedrai ef a'i ffrindiau, mwy na Morganiaid Mount Morgan gynt, fforddio ei ddatblygu. Gofynnwyd i William Knox D'Arcy gyllido'r fenter, ac fe wnaeth, a bu'n llwyddiant anhygoel. Allan ohoni tyfodd yr Anglo-Persian Oil Company – British Petroleum wedyn – a agorodd burfa olew ger Abertawe yn 1922, a'i galw'n Llandarcy.

Dyna'r unig "Llan" y gwn amdani a enwyd ar ôl dyn busnes am ei fod yn ddyn busnes. Roedd Pedr wrth gwrs yn feistr-bysgotwr, ond roedd hefyd yn sant.

Caeodd y burfa ers amser. Caeodd cloddfa Mount Morgan hefyd. Yr hyn a erys o'r mynydd aur yw un o dyllau artiffisial mwya'r byd, mil o droedfeddi o ddyfnder, milltir a hanner o hyd, ac yn llawn dŵr asid.

Yn Brisbane roeddem yn sefyll yn y Carlton Crest Hotel, Ann Street, yng nghanol y ddinas. Anferth o westy oedd y Carlton Crest, gyda dau dŵr anghyfartal, y Carlton Tower â 210 stafell, a'r Crest Tower â 228 stafell. Ymhob gwesty lle buom yn y gogledd – y Sheridan a'r Holiday Inn, y Jardine Motel a'r Motel Ingham

– cawsom jwgaid o ddŵr oer yn y rhewgell wrth gyrraedd. Ond nid yn y Carlton Crest – roeddem wedi gadael y trofannau!

Yn ôl y map, safai canol Brisbane ar drwyn o dir yn ymwthio allan i afon Brisbane. Ar flaen y trwyn roedd y Botanic Gardens. Patrwm grid oedd i'r strydoedd o'u cwmpas.

Enwau Fictoraidd gwladgarol braf oedd ar y strydoedd: brenhinoedd a thywysogion yn gyfochrog â'r afon; breninesau a thywysogesau yn eu croesi (fel mewn bywyd). Popeth yn gwbl glir. A phob tro y mentrais allan o'r gwesty heb fy ngwraig, euthum ar goll.

Roedd hi'n hwyr y prynhawn cyn inni gychwyn allan i weld y golygfeydd. Aethom ar hyd Ann Street, George Street, Elizabeth Street a William Street, a gweld yr hen Treasury Building, yr hen Land Administration Building, a'r hen State Library; urddasol iawn, ddim yn ddiddorol iawn … Dyna'r Swyddfa Bost, lle byddai Albert Messiah wedi danfon ei delegram at Schofield, cyn ymweld â Commander Marx … Daethom at lan yr afon; tipyn o siom – *expressway* oedd yno … Croesasom Bont Victoria i South Brisbane …

Tu hwnt i Bont Victoria roedd y South Bank Parklands – lle hyfryd! Gweai'r llwybr dan fwâu *bougainvillea*, heibio pagoda Nepalaidd a chlytiau o goedwig a phobl yn gorweddian ar lawntiau; heibio lagŵn, gyda phalmwydd yn tyfu ar y traethau. Ym mhen pella'r parc roedd marchnad awyr agored ac amgueddfa fôr – ac HMAS *Diamantina*, canllath o fagneli a dur llwyd wedi eu rhwymo wrth fin yr afon … Ond roedd hi'n tywyllu, a'r farchnad yn cau, a'r amgueddfa a'r *Diamantina* wedi cau … Aethom yn ôl i North Brisbane dros bont droed, ac eistedd ar fainc wrth glwyd yr Ardd Fotaneg.

Daeth dyn caredig yn cerdded ei gi atom. "Ga i'ch helpu?" holodd.

"Jyst gorffwys ein traed rydyn ni!"

"Mae'r Ardd Fotaneg yn werth ei gweld," meddai.

Roedd yn wir bod ffordd trwy'r gerddi yn arwain i gyfeiriad y gwesty …

Aethom trwy'r glwyd a toc roeddem ar lwybr estyll yn crwydro trwy gelli mangrof: coed trwchus canghennog deiliog a'u traed yn nŵr yr afon. Ond roedd hi'n dywyll ac yn mynd yn dywyllach, a phan ddaethom allan i'r gerddi eto, roedd y llwyni a'r llysiau a'r Fotaneg oll ynghudd dan fôr o gysgod. Ond wnaeth neb ein mygio; ac roedd y glwyd ym mhen draw'r parc yn dal ar agor, wrth lwc; a chafodd fy ngwraig hyd i'r ffordd i'r Carlton Crest.

Cwrddasom â dyn digalon yn y lifft. Roedd ei stafell wedi diflannu, a hyd yn oed y llawr yr oedd hi arno wedi diflannu. Roedd yn tybio ei fod efallai yn chwilio yn y tŵr anghywir.

Cawsom ginio yn "Picasso's Restaurant", rhan o'r Carlton Crest; rhagor o goginiaeth wych Awstralaidd: *vegetarian pizza* i'm gwraig a *lamb shank ravioli* i mi, ac i'w ddilyn pedwar math o gaws gyda mefus, tafellau o afal sych, bricyll sych a *grissini*.

Roedd y caws yn ardderchog – Cheddar, glas, Brie a Port Salut, i gyd wedi'u cynhyrchu yn Awstralia. Mae gwinoedd Awstralia hefyd yn ardderchog, yr holl winwydd gwreiddiol wedi dod o'r Hen Fyd. Cartref oddi cartref i estroniaid a phethau estron yw Awstralia. Does dim llawer o bethau hanfodol Awstralaidd ganddi.

Un diwrnod, ar y teledu yn y gwesty, clywodd fy ngwraig rywun yn ailadrodd hen jôc: "*What's the difference between Australia and a pot of yoghurt? ... If you leave a pot of yoghurt for two hundred years, maybe it will acquire some culture ...*" Jôc gwbl wirion ac annheg wrth gwrs (ac Awstraliad a'i hailadroddodd). Ond buasai'n hollol ddisynnwyr mewn cysylltiad â gwledydd Ewrop; neu rai ohonynt.

Newyddion drwg ar y teledu fore trannoeth – roedd Lloegr wedi ennill yr Ashes. A oes unrhyw beth mwy cyfoglyd na thorf o gefnogwyr Lloegr tew, meddw, chwyslyd, yn clochdar ganu "*There'll always be an England*"? Ac eithrio efallai torf o gefnogwyr Cymru tew, meddw &c, ar ôl rhyw lwyddiant anghyfarwydd ...

Tra oeddwn yn Brisbane roeddwn i'n gobeithio ymweld â'r Queensland State Archives a'r Queensland Museum, felly bûm ar y ffôn am sbel yn gwneud trefniadau. Yna cychwynnais am yr Archifau. Roedden nhw wedi dweud wrthyf am ddal trên yn yr Orsaf Ganolog, disgyn yng ngorsaf Fruitgrove, a chymryd tacsi.

Roedd yr Orsaf Ganolog, fel y Carlton Crest, yn Ann Street; ond collais dipyn o amser cyn dod o hyd iddi am imi droi i'r cyfeiriad anghywir wrth adael y gwesty. Lle mawr dyrys oedd hi, a rhaid fy mod yn edrych braidd yn ddiymadferth wrth chwilio am y trên i Fruitgrove, oherwydd digwyddodd rhywbeth rhyfedd: daeth aelod o'r staff ataf a gofyn a allai fy helpu. "Fruitgrove ... Rych chi eisiau'r Beenleigh Line," meddai, a dangosodd lle i ffeindio'r Beenleigh Line.

Roedd fy ngwraig wedi sylwi gwlad mor dwt a glân oedd Awstralia, ac roedd hi'n iawn. Ond nid felly'r Beenleigh Line. Am filltiroedd a milltiroedd roedd y muriau wrth fin y cledrau yn gyforiog o graffiti – y graffiti igam-ogam annarllenadwy hynny sy'n tystio i feddwl drylliedig; rhaid mai ffrwyth blynyddoedd o oferedd gan ddynion lawer oeddent.

Lein arw oedd y Beenleigh Line. Meddai hysbysiad yn y cerbyd, *"Plain clothes and uniformed police patrol this train."* Pâr o heddweision â llawddryll wrth eu clun a archwiliodd fy nhocyn.

Taith ddigon araf oedd hi, trwy ardaloedd tlawd i gychwyn, maestrefi esmwyth wedyn. A phedwar stop ar bymtheg ... Fairfield, Yeronga, Yeerongpilly ... Moorooka, Rockleigh ... Sunnybank, Altandi, Runcorn a *Fruitgrove*. Gorsaf fach wladaidd oedd Fruitgrove. Fi oedd yr unig un i ddisgyn.

Euthum i chwilio am dacsi, ac roedd car a allai fod yn dacsi yn sefyll wrth fynedfa'r orsaf ...

"Tacsi ych chi?" holais y gyrrwr.

"Na, dwi'n aros am fy merch ..."

Felly gofynnais i'r fenyw yn y swyddfa docynnau sut y medrwn gael tacsi. A digwyddodd peth od arall. *Hi*, o'i phen a'i phastwn ei hun, a ffoniodd am dacsi imi.

Lle braf ymysg coed a blodau oedd yr Archifau. Yno, trwy hap, y cwrddais â'r Arbenigwraig Go Iawn a esboniodd imi am ieithoedd Culfor Torres. Cyfeiriodd fi hefyd at ddogfennau'n ymwneud â'm tad-cu – rhyw antur ysgytiol a gafodd, oedd yn gwbl newydd imi …

Cymerais dacsi eto yn ôl i Fruitgrove. Siarad am yr Ashes a wnaeth y gyrrwr, wrth reswm, ond dywedodd bethau annisgwyl:

"Llongyfarchiadau i Loegr ar ennill! … Roedd yn hen bryd iddyn nhw gael tro …"

Dywedais nad oedd ots gen i yn y byd am Loegr. Y peth pwysig oedd bod y Cymry yn y tîm yn gwneud yn dda. Soniais am sgôr-lein yn un o'r gemau prawf – *Gilchrist caught Geraint Jones bowled Simon Jones* – a cheisio esbonio ei harwyddocâd. Dwi ddim yn credu iddo ddeall gair – dim rhyfedd efallai!

Ond roeddwn i'n hoffi agwedd y gyrrwr. Roedd yn fy atgoffa o'r dyddiau Corinthaidd gynt, cyn i athletwyr droi at gyffuriau a phêl-droedwyr ddechrau cusanu ei gilydd; dyddiau chwarae teg, a *"well played, sir!"* a'r diwrnod hwnnw yn yr Oval yn 1948 pan fatiodd Bradman am y tro olaf i Awstralia, a'r *Saeson* yn ei gymeradwyo bob cam i'r wiced …

Ond yn y cyswllt hwn, ysywaeth, y ceir un o gyfraniadau prin Awstralia i ddiwylliant byd. Ys dywed y geiriadur: *To sledge: verb (esp. cricket): Heap insults on an opposing player with the object of breaking his or her concentration (orig. Austral. late 20C).*

Roedd y docynwraig garedig yng ngorsaf Fruitgrove wedi mynd adre, a llanc ifanc wedi cymryd ei lle. Wrth imi sbio ar yr amserlen, daeth allan o'i gwt a gofyn a fedrai fy helpu.

Dywedais mor hyfryd a chymwynasgar oedd staff rheilffyrdd Awstralia – mor wahanol i … wel, dwedwch chi.

"Roedd grŵp o Saeson yma yr wythnos o'r blaen yn dweud yr un peth," meddai. A lledodd ei freichiau i feimio'u syndod.

Buom yn sgwrsio ychydig wrth aros am y trên. Dywedodd iddo ddod i Queensland o Port Laoise, Iwerddon, pan oedd yn wyth oed; ond doedd dim arlliw o Wyddeleg yn ei acen.

Criced, yn ddiamau, oedd pwnc y dydd. Pennawd pob papur newydd oedd y dyfarniad yn achos David Hookes, a fu'n hoelio sylw Awstralia ers pythefnos.

"*Cricket great*" oedd disgrifiad *Courier-Mail* Brisbane o David Hookes. Nid wyf yn dilyn criced yn agos iawn – o *deep extra cover*, megis – ond roedd yr enw David Hookes yn canu cloch. Ymddengys iddo chwarae i Awstralia mewn 23 o gêmau prawf rhwng 1977 ac 1986, gan sgorio 1,306 o rediadau am gyfartaledd o 34.36; ddim mor grêt â hynny, felly. Ond roedd yn llygad y cyhoedd, fel hyfforddwr tîm Victoria. Pan fu farw, ar 19 Ionawr 2004, roedd yn 48 oed.

Y dyn a laddodd David Hookes oedd Zdravko Micevic, 21 oed, brodor o Serbia, paffiwr amatur a bownsiwr yn y Beaconsfield Hotel (bellach wedi cau), St Kilda, Melbourne. Safodd ei brawf ar gyhuddiad o ddynladdiad.

Ar ddiwrnod y lladd roedd Victoria wedi curo South Australia ... Tua naw o'r gloch yr hwyr daeth Hookes gyda ffrindiau i'r Beaconsfield i "ddadansoddi'r chwarae", chwedl yr erlyniad; rhyw ddadansoddi go arwynebol, gallwn feddwl, achos daethant â'u cariadon, a chariad Hookes – roedd ei wraig rywle arall – yn eu plith.

Dechreuodd yr helynt amser "diodydd olaf". Dywedodd Micevic wrth un o'r merched am orffen ei glasiad. Dywedodd Hookes wrtho am ffycio bant. Bu cricedwyr a bownswyr yn cega a rhegi. Cydiodd Micevic ym mraich Hookes. Neidiodd merch ar gefn Micevic. Rhoes Micevic benglo ar Hookes a'i daflu allan ar Cowdury Street.

Aeth ffrindiau Hookes gydag ef. Aeth pedwar bownsiwr ar eu hôl. Bu'r ddwy garfan yn ymladd ar hyd y stryd.

Roedd dwy fersiwn o beth ddigwyddodd nesaf, a rhaid oedd i'r rheithgor ddewis rhyngddynt.

Yn ôl yr erlyniad, Micevic a fwriodd Hookes gyntaf, heb gyfiawnhad.

Yn ôl Micevic, Hookes a'i bwriodd ef gyntaf – dau bwniad yn y stumog. "*I was outnumbered. I was scared. I gave him a haymaker.*"

Os yr erlyniad oedd yn iawn, dynladdiad oedd; os Micevic, hunanamddiffyn.

Ni welodd neb bwniadau Hookes. Dim ond un neu ddau a welodd yr *haymaker*. Ond clywodd bron pawb y crensh wrth i ben Hookes daro Cowdury Street a thorri fel wy.

Unwaith eto nid oedd Ysbyty'r Alfred ond munudau i ffwrdd, ac yno yr aethpwyd â Hookes. Ond roedd ei ymennydd yn jeli, a diffoddwyd y peiriant bywyd drannoeth. Rhoddwyd ei organau i feddygaeth, gan ysgogi dygyfor o organroddi yn Awstralia.

Bu'r rheithgor allan am bum diwrnod. Ar fore'r chweched dychwelsant i'r llys gyda chwestiwn i'r barnwr – beth yn union oedd ystyr *"beyond reasonable doubt"*? Saith awr yn ddiweddarach cawsant Micevic yn ddieuog.

Roeddwn yn meddwl bod gofal y rheithgor yn dipyn o glod i Awstralia. Pwy a ŵyr? – efallai daethant i'r penderfyniad iawn …

Cinio'r nos yn Picasso's eto … Cefais *pan-fried snapper with Mediterranean vegetables on roasted chat potatoes, tomatoes and spinach, with pumpkin-and-leek cream* … Dyna'r trydydd o'r tri physgodyn gwych a gawsom yn Awstralia: *barramundi, trevally, snapper.*

Bore trannoeth euthum i'r Queensland Museum. Euthum yno gan obeithio gweld "Neges John Renton", a ddanfonwyd gan forwr o'r enw John Renton at y sgwner llafur *Bobtail Nag* yn 1875, pan oedd Renton yn byw ar ynys Sulu Vou, ger ynys Malaita, un o Ynysoedd Solomon.

Sulu Vou! … Ar hyd arfordir dwyreiniol Malaita rhed rîff hir, a lagŵn hir tu mewn iddo, yn ddiogel rhag stormydd. Mae'r lagŵn yn frith o ynysoedd, ac un o'r rhai mwyaf yw Sulu Vou.

Ond ynysoedd gwneud ydynt! Y brodorion eu hunain a'u lluniodd, trwy gasglu creigiau cwrel a'u pentyrru yn y lagŵn, a rhoi llawr o dywod drostynt. Codasant drigfannau arnynt, a phlannu coed. Os byddai angen helaethu ynys, dodent ragor o greigiau …

Ni ŵyr neb pam y gwnaed yr ynysoedd – yn sicr, ni ŵyr y brodorion. Er diogelwch rhag gelynion efallai? I osgoi mosgitos ac afiechydon y tir mawr? ...

Roedd Sulu Vou, erbyn amser Renton, tua dau can mlynedd oed ac yn mesur tri chan llath o'i chwmpas. Roedd oddeutu tri chant o bobl yn byw arni, wedi'u rhannu'n bedwar tylwyth, a phob tylwyth â'i bennaeth. Câi'r rhain fywoliaeth trwy bysgota yn y lagŵn ac amaethu ar y tir mawr, hanner milltir i ffwrdd.

Rwyf wedi gweld hen luniau o Sulu Vou. Dangosant domen fach o gytiau a choed, yn gorffwys ar ganol y lli fel powlen ffrwythau ar fwrdd gwydr ... Pren a dail yw deunydd y cytiau, ac maent ar wasgar blith draphlith dros yr ynys, a rhai yn estyn ar ben polion uwchben y môr: cytiau i deuluoedd, i ganŵs, i'r dynion, i wragedd neilltuedig, a chwt mawr i'r cysegr ... Mae coed cnau coco yn tyfu yno i roi bwyd, coed *alu* am gysgod, a choeden *barringtonia* geinciog sanctaidd ... Mae glanfeydd, claddfa a thair dawnsfa agored eang ... Tybed a welai'r brodorion harddwch a rhamant Sulu Vou?

Daeth y Sgotyn ifanc John Renton i Sulu Vou yn 1868. Roedd ef, gyda phedwar morwr arall, wedi ffoi o long Americanaidd oedd yn casglu gwano ar ynys ger y cyhydedd. Teithiasant gannoedd o filltiroedd dros y cefnfor mewn cwch agored, nes i'r cwch ddryllio ger Sulu Vou. Bu farw'r pedwar, o effaith caledi neu wedi'u lladd gan frodorion; ond arbedwyd Renton, a'i dderbyn i'r llwyth. Bu'n hela a physgota ac amaethu a rhyfela gyda dynion Sulu Vou. Siaradai'r iaith. Cynigiwyd gwraig iddo, ond fe'i gwrthododd. Treuliodd ei ddillad ymaith ac âi o amgylch yn noethlymun fel y brodorion.

Erbyn 1875 roedd planigfeydd siwgr Queensland yn ehangu, ac angen mwy o weithwyr. Dechreuodd sgwners llafur recriwtio ymysg Ynysoedd Solomon, ac yn eu plith y *Bobtail Nag* (Capten Murray). Un diwrnod gwelodd Renton y *Bobtail Nag* ar bwys arfordir Malaita. Ni allai ef ei hun fynd ati, oherwydd byddai'r brodorion yn ofni ei fod am ddianc. Ond danfonodd frodor ati gyda neges wedi'i hysgrifennu ar ddarn o bren. Ni wyddai'r brodor ei fod yn cario neges; ni wyddai beth oedd ysgrifen.

Daeth Capten Murray i'r lan a phrynu Renton oddi ar y llwyth am lawer iawn o nwyddau, a mynd ag ef i Queensland. Llwyddodd hefyd i recriwtio llafurwyr o Sulu Vou.

Roeddwn wedi darllen am neges Renton yn llyfr Capten William Wawn, *The South Sea Islanders and the Queensland Labour Trade*, a gyhoeddwyd yn 1893. Bu Wawn ei hun yn gapten am gyfnod ar y *Bobtail Nag* – ef a'i llongddrylliodd! Yn ôl Wawn, roedd y neges i'w gweld "mewn amgueddfa yn Brisbane". Holais amdani yn y Queensland Museum am mai honno, hyd y gwyddwn, oedd amgueddfa hynaf Brisbane. Ond byddwn yn lwcus iawn petai'r neges yn dal yno dros ganrif wedyn!

Roedd y bachgen wrth y cownter yn hoffi'r stori, ond yn gwybod dim am y neges, felly danfonodd fi at y ferch yn Ymholiadau. Doedd hithau chwaith wedi clywed am y neges, ond chwiliodd amdani yn y bas data, ac roedd yno! Daeth â hi ataf o'r storfa. Roedd rhywun er 1875 wedi ei lapio mewn bag plastig.

Roedd y neges wedi'i hysgrifennu â rhyw ddeunydd tywyll – siarcol neu baent rhyfel efallai – ar ddarn gwastad o bren a fu unwaith, yn amlwg, yn rhan o ganŵ. Fe'i copïais. Mae'n dweud:

John Renton. Please take me off to England. The chief of this Island asks a present from you. One of the ships crew come on shore that I can speak with him. Shipwrecked on this Island about 5 years ago.

Roedd Renton wedi colli cownt ar amser! Bu *saith* mlynedd ar Sulu Vou …

Wedi cyrraedd Queensland, cyflogwyd Renton fel Asiant Llywodraeth ar sgwners llafur. Buasech yn meddwl y byddai ef, o bawb, yn gallu gofalu amdano'i hun ymhlith brodorion. Ond cyn pen tair blynedd fe'i llofruddiwyd gan bobl ynys Aoba yn y New Hebrides.

Un o'r llafurwyr a aeth gyda Capten Murray yn y *Bobtail Nag* i Queensland oedd Kwaisulia o Ada Gege, a ddaeth wedyn yn bennaeth grymus ac enwog, a'i ddylanwad ar hyd holl arfordir dwyreiniol Malaita. Daeth fy nhad-cu i adnabod Kwaisulia o Ada Gege – yn anffodus iawn i'm tad-cu!

Cwrddais â'm gwraig yn ôl yn y Carlton Crest. Roedd hi wedi bod o gwmpas y siopau yng nghyffiniau Queen Street Mall a'r Myer Centre, rhwng Adelaide Street ac Elizabeth Street, ac wedi prynu llyfrau stori am anifeiliaid Awstralaidd i'r plant – *Possum Magic*, *Possum in the House*, *Wombat Stew* ... Roedd llond gwlad o fwytai yn y Myer Centre, meddai, gallem fwyta yno heno. Roedd hi hefyd wedi bod i amgueddfa'r Commissariat, ac awgrymodd fy mod innau'n mynd yno tra dychwelai hi i'r siopau. Caem gyfarfod maes o law yn y Roma Street Parkland ...

Roeddwn i'n hollol fodlon mynd i'r Commissariat, lle clymodd Yule a Sweatman eu cwch 160 o flynyddoedd yn ôl, a'i lenwi, mi dybiaf, â nwyddau o stôr y Commissariat ar gyfer y *Bramble*. Cefais dipyn o drafferth i ddod o hyd iddo, bron o'r golwg ar lan yr afon – adeilad maen, plaen, cadarn oedd e, wedi'i godi gan garcharorion ac yn debyg i dloty. Hen foi penwyn oedd yn dywysydd gwirfoddol yno – daethom ymlaen yn dda! Roedd ganddo straeon am y carcharorion, ac am greulondeb Capten Logan, a lluniau o adeiladau maen, plaen eraill o waith y carcharorion: barics y carchar, barics y milwyr, lletŷ'r swyddogion, cartref y *commandant* – enaid y Brisbane wreiddiol, a phob un ond y Commissariat wedi hen ddiflannu.

Roedd y Roma Street Parkland yn ddigon breuddwydiol ... Cerddasom trwy erddi blodau'n gyforiog o liwgarwch ... ar hyd rhodfa ar lannau llyn ... trwy bwt o fforest isdrofannol – stribed o goed a rhedyn yn ymylu nant ... Lle hyfryd oedd e i hamddena ar brynhawn diwedd gaeaf yn Brisbane, lle mae gaeaf yn haf ...

Pan ddaethom i'r Myer Centre i chwilio am ginio, roedd ar gau: roedd yr holl gymhlethfa ddeuddeg llawr o lifftiau a grisiau symudol a ffynhonnau a phatios a sinemâu a dau gant o siopau a deugain o leoedd bwyta (gan gynnwys *dau* McDonald's) – lle

byddai hanner Brisbane yn difyrru eu nosweithiau, gallech feddwl
– wedi cloi a bolltio'i drysau am hanner awr wedi pump ... Felly
beth am drio Eagle Street Pier? – roedd hwnna'n adnabyddus am
ei fwytai ...

Yn King George Square, ar y ffordd i Eagle Street Pier, roedd
cerflun efydd hardd o ddau gangarŵ yn chwarae ... Daeth arnaf
awydd angerddol cael ffotograff ohonof fy hun gyda'r cangarŵod,
os medrai fy ngwraig drafod y camera â'i braich mewn plastr.
Ond roedd pobl yno'n barod yn ffotograffu ei gilydd, ac eraill yn
aros eu tro ... Cerddasom ymlaen trwy'r nos, ar hyd strydoedd
gosgeiddig tawel ...

Roedd Eagle Street Pier yn fwrlwm o fywyd: goleuadau, ffenestri
llachar, pobl yn crwydro, cychod ar yr afon – a bwytai di-ri ...
Ond, wn i ddim, roedd rhyw hwyl gysetlyd wedi disgyn arnom ...
Roedd y lle hwn yn rhy brysur, hwn yn rhy ddrud, hwn yn rhy
swnllyd ... Aethom yn ôl ar hyd y strydoedd tawel, heibio'r ffoto-
graffwyr yn King George Square, a daethom o hyd i "Jo Jo's".

Roedd Jo Jo's i fyny grisiau uwchben siop, gyda "*superb views
of Brisbane*" yn ôl y daflen, nid bod hynny o bwys liw nos. Roedd
yn brysur, drud a swnllyd, ond erbyn hyn roeddem eisiau bwyd.

Ymffrostiai Jo Jo's yn ei "bedair cegin". Roedd ganddo geginau
Char Grill, Môr Canoldir, Pizza a Thai, ac roedd gan bob cegin
ei chownter ei hun, lle'r oedd rhaid mynd ar y cychwyn cyntaf i
archebu, talu a derbyn postyn â rhif ar ei ben i'w ddodi ar eich
bwrdd – os oedd bwrdd yn sbâr – i'r weinyddes fedru dod o hyd
i chi. Archebodd fy ngwraig *BBQ Lebanese chicken* o'r Char Grill,
a minnau *spaghetti marinara* o'r gegin Fôr Canoldir, a chawsom
bostyn yr un; a rhywsut cyrhaeddodd y ddau blataid y bwrdd cywir,
os nad ar yr un pryd ... Os am ddiod, rhaid ei phrynu wrth y bar
...

Aethom yn ôl i'r Carlton Crest trwy King George Square, a
thynnodd fy ngwraig lun ohonof gyda'r cangarŵod ...

A thrannoeth byddem yn hedfan i Sydney.

10 Sydney

Trwy ffenestr yr awyren, wrth inni ddisgyn tua Sydney, gwelem dair neu bedair cainc o'r môr yn ymestyn ymhell i'r tir, fel rhedyn glas golau wedi'u pastio mewn albwm. Hen ddyffrynnoedd afon wedi'u llenwi gan yr heli oeddent; a'r rhedynen â chysgod trefol llwyd o'i chwmpas oedd Harbwr Sydney.

Roedd dyn yn yr awyren yn darllen y *Sydney Morning Herald*, a chefais gip ar y pennawd. Allwn i ddim credu fy llygaid: "*Eisteddfod Supplement: full results and competitions*". Byddai'n rhaid ymholi am hwnna ar ôl cyrraedd!

Yn Sydney byddem yn aros yn y "Meriton Rialto Serviced Apartments", Pitt Street, ger Darling Harbour: fflat gyfan am bris stafell westy – ond dim brecwast!

Tu allan i'r terminal, eisteddon ni ar fainc yn yr haul i aros am fws gwennol i'r Meriton.

Ymhen ychydig eisteddodd hen wraig wrth ein hymyl – hen wraig groendywyll, fechan, dwt; Indies oedd hi, yn amlwg, ond siaradai Saesneg diwylliedig, heb acen bron. Ac un fusneslyd oedd hi! … O ble'r oedden ni'n dod? Pam roedden ni yn Sydney? … Ond cewch fod yn fusneslyd yn Awstralia, rwy'n meddwl.

Roedd hithau'n byw yn Ffiji, meddai, a dyma'i phedwaredd daith eleni i Sydney i weld ei brawd a'i mam. "Mi adawson nhw Ffiji ar ôl y *coup* … Does fawr o drefn yn Ffiji mwyach. Gwell aros yn y tŷ ar ôl iddi nosi, a chloi'r drws …"

Rhoddodd ddarlith ddifyr inni am addysg yn Ffiji, o'r 1950au, pan oedd hi yn yr ysgol, hyd at heddiw.

"Athrawes ych chi?" holais.

Nage, nid athrawes. "Rwy'n gweithio i deulu gwyn o'r enw Wilkinson sy ar Ffiji ers dyddiau Thakombau, adeg yr ildiodd e'r wlad i Brydain ..."

"Roedd fy nhad-cu yn Ffiji yn amser Thakombau," meddwn. "Yn 1879 aeth â llwyth o goed o Sydney i Levuka ar y frigantîn *Surprise*, cyn hwylio ymlaen i Auckland ..."

Cawsom sgwrs hyfryd tan i'r bws gyrraedd ...

Indies o Ffiji yn ymweld â'i theulu yn Awstralia – does dim angen synnu at hynny ...

Archipelago o 844 o ynysoedd mawr a mân ynghanol y Môr Tawel yw Ffiji, a'i phoblogaeth heddiw tua 900,000. Y ddau ddyddiad i'w cofio yn hanes Ffiji yw 1874, pan ddaeth yn drefedigaeth Brydeinig, ac 1970, pan gafodd annibyniaeth drachefn.

O'r 900,000 o Ffijïaid mae 54 y cant o dras Ffijïaidd a 38 y cant o dras Indiaidd. Ar y dechrau wrth gwrs – cyn i'r dyn gwyn gyrraedd – doedd yno neb ond Ffijïaid Ffijïaidd: llwythau canibalaidd gwyllt, yn bythol ryfela.

Daeth y dynion gwyn cyntaf i Ffiji tua diwedd y ddeunawfed ganrif. Dyrnaid o forwyr wedi'u llongddryllio neu wedi ffoi o'u llongau oeddent, bron mor anwar â'r Ffijïaid eu hunain. Rhyw "Charlie Savage" oedd eu harweinydd amlycaf, ac ni ŵyr neb ai enw ai llysenw oedd y "Savage".

Waeth pa mor anwar, roedd gan y dynion gwyn fysgedau. Ymunasant yn rhyfeloedd y Ffijïaid, gan dywallt llawer o waed, a gwnaethant bobl ardal Mbau yn llwyth grymusaf Ffiji.

Yn 1835 daeth cenhadon Wesleaidd i Ffiji, a hyd heddiw mae'r mwyafrif llethol o Ffijïaid Ffijïaidd yn Wesleaid. Llwyddodd y cenhadon gydag amser i atal y ganibaliaeth – ond nid y rhyfela.

Yn 1837 daeth Thakombau yn ben ar Mbau a theyrnasu tan 1883, yr enwocaf o holl benaethiaid Ffiji. Daeth yn Wesle yn y man, ond arhosai'n hen ganibal ffyrnig dan y croen. Buasai'n batrwm perffaith i'r gân boblogaidd gynt –

> *Hikey, pikey, wankey, fum,*
> *How do you like your 'taters done?*
> *I likes 'em with their jackets on,*
> *Says the King of the Cannibal Islands.*

Tua 1860 dechreuodd Prydeinwyr ac Awstraliaid ddod i Ffiji i dyfu cotwm ac wedyn siwgr. Daeth cannoedd ohonynt, gan brynu tir i'w planigfeydd trwy werthu gynnau i'r Ffijïaid, oedd eisiau gynnau ar gyfer eu rhyfeloedd. Sefyllfa arswydus oedd hi i'r Ffijïaid. Heb dir, ni fedrent dyfu bwyd; heb ynnau, ni fedrent eu hamddiffyn eu hunain. Y cwestiwn oedd – ai newyn ai'r fwled a'u difodai gyntaf?

A phoendod arall. Mynnai planhigwyr Ffiji, fel rhai Queensland, recriwtio llafurwyr o ynysoedd eraill. Ond doedd neb na dim – nid Llywodraeth, nid Cyfraith – ag awdurdod dros recriwtwyr Ffiji, a chyn hir daeth eu herchyllterau'n ddiarhebol.

Achosai'r dynion gwyn lanastr llwyr yn Ffiji. A doedd dim gobaith gan Thakombau a'r penaethiaid llai eu rheoli. Felly, trwy ddylanwad cenhadon ac eraill, gofynnodd Thakombau i Brydain gymryd Ffiji dan ei gofal; ac yn 1874 gwnaed Ffiji'n drefedigaeth.

Cyflawnodd Prydain waith da yn Ffiji. Sefydlodd heddwch a threfn, a dofi'r estroniaid a'r recriwtwyr. Dychwelodd dir i'r brodorion, a rhoi llywodraeth y llwythau yn nwylo'r penaethiaid, gan ddodi cymdeithas y Ffijïaid ar seiliau cadarn sy'n para hyd heddiw. Cymharwch hynny â Hawaii, a syrthiodd i ddwylo planhigwyr o America. Collodd yr Hawaiaid eu brenin, eu tir, eu hiaith, eu traddodiadau – collasant bob dim.

Ond ochr yn ochr â'r Ffijïaid creodd Prydain gymdeithas arall yn Ffiji. Roedd problem ganddi, on'd oedd? O ddofi'r recriwtwyr, pwy nawr oedd i weithio'r planigfeydd? Yr ateb oedd dod â gweithwyr dan gytundeb o India. Daethpwyd â degau o filoedd o Indiaid, ac arhosodd llawer, ac amlhau'n gyflym. Ymhen amser daethant yn fwyafrif yn y wlad, nes yn 1987 etholwyd llywodraeth Indiaidd ar Ffiji. Ac ar hynny bu *coup* gan y fyddin, canys Ffijïaid Ffijïaidd oedd 99 y cant o'r fyddin – rhyfelwyr oeddent byth! Pwrpas y *coup* oedd newid y cyfansoddiad i sicrhau bod grym yn aros yn barhaol yn nwylo'r Ffijïaid Ffijïaidd. Dechreuodd yr Indiaid allfudo; a dyna pam nad ydynt ond lleiafrif mwyach, a pham bod ein ffrind yn gorfod hedfan i Sydney i weld ei theulu.

Yn nyddiau Thakombau dechreuodd stemars trawsgefnfor alw yn Ffiji, ar eu ffordd rhwng Awstralia a California; a maes o law roedd y Ffijïaid – er eu bod wedi hen gefnu ar ganibaliaeth – yn cerfio "ffyrc canibalaidd" i'w gwerthu fel swfenîrs i'r ymwelwyr. Gwnânt hynny o hyd, a Ffiji nawr yn gyrchfan dwristaidd. Rhaid talu rhyw $120 am fforc ganibalaidd yn Ffiji, rwy'n deall; ond gwerthwyd un trwy eBay dro yn ôl am £8.50 a'r cludiant.

Ffijïaid Ffijïaidd yw'r rhyfelwyr concrit a welwn ar gaeau rygbi. Golff yw balchder y Ffijïaid Indiaidd, a Vijay Singh yn Rhif Un diweddar yn nhrefn swyddogol golffwyr y byd.

Roedd y bws gwennol bron â chyrraedd y Meriton, ond yna trodd o'r neilltu ac igam-ogamu o westy i westy o gwmpas canol Sydney. Disgynnodd ein ffrind o Ffiji, disgynnodd pawb. Erbyn i'n tro ni ddod, roedd hi'n nesu at ganol prynhawn.

Roedd ein fflat yn y Meriton ar lefel 35, ond rwy'n meddwl mai llawr 24 oedd honno, am fod un ar ddeg o lefelau tanddaearol ar gyfer meysydd parcio ac ati. Roedd fflatiau i bobl fel ni yn y Meriton, ond roedd eraill, ar ochr ogleddol yr adeilad, wedi'u gosod i gwmnïau; fel *pied-à-terre* i staff yn Sydney ar fusnes, rwy'n tybio. Roedd wastad ryw iypis serennog – llanciau a llancesau – yn gwibio mewn a maes.

Roedd i'n fflat ddwy stafell wely fawr, dau *en-suite*, cegin gyda'r holl beiriannau, a chlamp o stafell fyw gyda bwrdd cinio a stolion, soffa a theledu; a balconi twt efo bwrdd a chadeiriau a golygfa dros y ddinas tua'r Harbwr.

Ein gorchwyl cyntaf oedd cael bwyd ar gyfer brecwast fore trannoeth ...

Hyd yma, yn y gwestyau, buom yn mwynhau brecwastau bwffe gwestyaidd anferth: sudd ffrwythau, grawnfwyd, powlaid o ddarnau ffrwythau gyda iogwrt; platiad poeth o facwn, wy wedi'i ffrio, wy wedi'i sgramblo, selsig, madarch, *hash browns* a phwdin gwaed; platiad oer o gaws a salami; *brioche*, *croissant* neu ddau, sawl paned o goffi, rhagor o sudd ffrwythau ... Nid trachwant – buddsoddiad! Doedd dim angen inni feddwl eto am fwyd tan ginio'r hwyr.

Ond mor braf, yn y Meriton, oedd edrych ymlaen at frecwast bach syml o *muesli*, tost a choffi!

Gofynnon ni i'r ferch yn y dderbynfa ble medrem gael y pethau hyn. Yn Woolworths rownd y gornel, meddai.

Roedd y Woolworths hwn yn gwbl wahanol i'n Woolworths ni. Roedd 'na fwyd, dillad, nwyddau o bob math, a chwsmeriaid.

Chwiliais yn Woolworths ac mewn ciosg ar y stryd am y *Sydney Morning Herald* gyda'r atodiad eisteddfod. Ond doedd dim golwg ohono. Rhaid mai rhifyn ddoe neu echdoe oedd e.

Felly holais y ferch yn nerbynfa'r Meriton am yr eisteddfod. Ar ôl cywiro fy ynganiad, dyfalodd fy mod yn sôn am yr Eisteddfod Roc a orffennodd y penwythnos diwethaf.

"Sut beth oedd hi?" gofynnais.

"Cystadlaethau cerdd, cyngherddau ..."

Am ddisgrifiad byrfyfyr o eisteddfod, roeddwn i'n teimlo bod hwnnw'n eithaf da – gwell nag a gaech gan lawer Cymro. Cefais syniad rhyfedd – tybed ai *Awstralia* yw gwir gadarnle'r eisteddfod heddiw? ...

Ar ôl dod adref chwiliais am yr Eisteddfod Roc ar y rhyngrwyd – a methu dod o hyd iddi. Ond roedd 104 o gyfeiriadau at wahanol eisteddfodau ym mhapurau'r Fairfax Group dros y deuddeg mis diwethaf (sef tua 103 yn fwy nag mewn ambell bapur newydd sy'n cylchredeg yng Nghymru), gan gynnwys

Eisteddfod Wollongong, oedd yn disgwyl perfformiadau gan 10,000 o artistiaid dros gyfnod o saith wythnos. Felly chwiliais am Wollongong, a dod o hyd i'r "Wollongong Welsh Choir", sydd â 40 o aelodau, traean ohonynt wedi eu geni yng Nghymru, a *repertoire* sy'n amrywio o "*traditional Welsh hymns and folk songs to popular songs from musicals ... Knowledge of the Welsh language is not essential for joining the choir.*" Mae Wollongong ychydig i'r de o Sydney – ar faes glo Illawarra.

Roedd hi'n 4.30 y prynhawn cyn inni gychwyn allan i gael cip ar Sydney. Roedden ni eisiau gweld y ddwy olygfa enwog, Pont Harbwr Sydney a'r Tŷ Opera; ac roeddem wedi clywed bod ardal y Rocks yn ddiddorol; ac roedd rhyw chwilfrydedd gen i ynglŷn â Circular Quay ... Roedden nhw i gyd yng nghyffiniau Sydney Cove, felly daliasom fws a gofyn i'r gyrrwr ddweud wrthym ble i ddisgyn ...

Roeddem mewn sgwâr mawr agored, yn brysur gan fysiau'n cyrraedd ac ymadael. Ar y naill ochr inni safai adeilad gosgeiddig lliw mêl – yr hen Dŷ Tollau. Ar y llall roedd trafnidiaeth y Cahill Expressway, a thu hwnt i hwnnw, Circular Quay.

Bu gen i ryw syniad gwirion am Circular Quay. Roeddwn i wedi ei ddychmygu fel ynys gron goncrit â dŵr o'i hamgylch ... I'r gwrthwyneb wrth gwrs, y cei concrit oedd yn amgylchynu'r dŵr. Ac nid crwn ond sgwâr oedd Circular Quay, efo tair glanfa hir unionsyth a'r bedwaredd ochr yn ddŵr agored.

Circular Quay oedd porthladd Sydney ers talwm – ac mi *roedd* yn grwn pryd hynny, fel y dengys hen luniau. Ys dywedodd Anthony Trollope tua 1872: "*When the wool ships from England are here, lying in a circle all round the margin, no port has a pleasanter appearance*" ... Llongau gwlân, mi sylwch – nid llongau cig na menyn, am nad oedd y llong rew wedi'i dyfeisio eto, er bod allforwyr Sydney yn gweithio arni. Ond roedd fferis ager o Circular Quay eisoes yn croesi Harbwr Sydney i'r maestrefi tu draw.

Y fferis a etifeddodd. Un terminal fferi mawr yw Circular Quay mwyach – lle cyffrous, rhyw Paddington dyfrllyd! Roedd siopau papurau, caffes a thocynfeydd; pobl yn llifo trwy byrth, yn tyrru oddi ar longau, yn ciwio'n ufudd wrth glwydi ... A fferis! ... Hen fferis mawr trwm gwyrdd-a-melyn trillawr ffenestrog, ac ambell fferi catamaran isel ariannaidd lyfn; fferi yn aros fel trenau wrth y jetis, fferi yn nesu a phellhau dros Sydney Cove; fferi i Manly neu Cremorne & Mosman, fferi i Birkenhead Point, Kissing Point, Pyrmont Bay, Taronga Zoo, Balmain neu Parramatta ... O, roeddwn i eisiau mynd ar un o'r fferis! ... Ond roedd hi'n hwyrhau – gallem fynd, ond a allem ddod yn ôl? ...

Felly aethom am dro ar hyd ymyl Sydney Cove, i gyfeiriad y Rocks. Roedd y Tŷ Opera yr ochr draw i'r Cove, a Phont Harbwr Sydney yn syth o'n blaen – hanner lleuad haearn lom uwchben y dyfroedd. Daeth imi atgof lleddf o Draphont Crymlyn gynt – nid llai mawreddog na Phont Harbwr Sydney, ac yn sicr nid llai hardd; ond fe'i tynasom i lawr, anwariaid ag yr ydym.

Stopiodd dyn ifanc Tsieineaidd fi, a gofyn imi dynnu llun ohono a'r Tŷ Opera yn gefndir. Bu'n hynod gwrtais a diolchgar. Roedd yn dod o Beijing, meddai, a gobeithiai ein croesawu yno rywbryd ...

Yn wyrthiol, disgynnodd pelydrau ola'r haul ar y Tŷ Opera, a phaentio'r cregyn llwyd yn aur i gyd ...

Roeddem ar y cei yn edrych tua'r Rocks – bys tew o dir garw'n procio bola Harbwr Sydney.

Ar y Rocks, meddir, y cododd y gwladychwyr cyntaf eu cartrefi – cyn i Resymeg ddod â strydoedd grid i Sydney, na Pheirianneg â chwmwlgrafwyr ... O'n blaen roedd pentwr blêr o strydoedd cul crwca, fel rhyw *bourg* yn Ffrainc neu *pueblo* yn Sbaen; telpyn o'r hen Ewrop, heb ei debyg yn Awstralia, am wn i.

Wrth i Sydney ehangu, dirywiodd y Rocks yn slymiau. Tua 1900 bu yno epidemig o'r pla du a briodolwyd i gyflwr afiach y tai, felly dymchwelwyd llawer ohonynt. Dymchwelwyd rhagor i wneud lle i'r Bont, a rhagor eto ar gyfer *expressway*. Yna daeth oes cadwraeth, gan bert-bertio gweddillion y Rocks â *boutiques* cain a bwytai a chartrefi *bijou* i gyfoethogion.

Aethom i swyddfa dwristiaeth a phrynu llyfryn hunandywys, *Sydney Rocks*, ac ar yr un pryd codasom docynnau ar gyfer gwibdaith i'r Blue Mountains ymhen deuddydd. Yna dechreusom grwydro.

A dyma ni wrth Campbell's Warehouses, rhes o stordai unffurf hynafol yn wynebu'r dŵr, a'u toeau trionglog fel top ffens – a phob stordy'n fwyty bellach. Un o'r gwladychwyr rhydd cynnar a wnaeth ffortiwn gyflym yn Sydney oedd Robert Campbell; fel y gwnaeth sawl carcharor o ran hynny. Hapus y troseddwr a drawsgludwyd i Awstralia, o dlodi'r henwlad i wlad o gyfle! Ar ddiwedd ei garchariad câi geisio am grant o dir – ym Mhrydain, pa obaith iddo ddod yn berchen tir? A beth bynnag – gwell cael eich trawsgludo na'ch crogi ...

Ac ymlaen â ni ar hyd y cei. Ac wele, yng nghesail y Bont, adeilad isel llwyd trawiadol o hyll: ond hwn oedd y Park Hyatt Hotel, un o westyau drutaf Sydney, lle saif cyfarwyddwyr cwmnïau o Lundain am £500 y nos ar draul eu cyfranddalwyr ...

Ac yn union o dan y Bont, dacw'r Dawes Point Battery, bryncyn gwyrdd gydag amryw hen fagnelau yn anelu dros yr Harbwr. Pwrpas y magnelau oedd cadw draw elynion o'r môr – na fygythiwyd Sydney ganddynt erioed. Mwy peryglus i Sydney oedd y carcharorion, yn enwedig rebeliaid o Iwerddon. Ond gwaethaf oll oedd milwyr llygredig y llywodraeth ei hun – y "New South Wales Corps", a lysenwyd y "Rum Corps" ar ôl i'w swyddogion fonopoleiddio masnach wirodydd Sydney. Yn 1808 carcharasant lywodraethwr a geisiodd eu meistroli – ei garcharu'n anghyfreithlon am yr ail dro, oherwydd neb llai na William Bligh, cyn-gapten y *Bounty*, oedd e. Yn ei le daeth y Llywodraethwr Lachlan Macquarie, gyda milwyr newydd; a danfonwyd y Rum Corps adref dan warth.

Roedd hi'n nosi'n gyflym. Aethom dan yr *expressway* i ardal henaidd ddifyr ... Ferry Lane, lle cychwynnodd y pla du ... tafarn yr "Hero of Waterloo" ... Eglwys y Garsiwn ... tŵr a chromen Arsyllfa Sydney, mewn golch o lifolau melyn ar ben bryn ...

Ac yn ôl dan yr *expressway*, ac i fyny ac i lawr bryniau bach, ac ar hyd llwybrau tawel mewn goleuni tirion ... O Susannah Place roedd golwg ar ganol Sydney, rhengoedd o gwmwlgrafwyr yn tywynnu yn erbyn y tywyllwch ... A dyma Atherden Street bengaead, stryd fyrraf Sydney, efo hanner dwsin o gartrefi bach pert a hysbysiad trist wrth y gornel: "Tai preifat yw'r rhain. Peidiwch â sbecian trwy'r ffenestri!" ...

Daethom i Greenway Lane, lôn fach bengaead arall, wedi ei henwi ar ôl y pensaer Francis Greenway o Fryste, a ddedfrydwyd i farwolaeth am *forgery* yn 1812, ond a arbedwyd a'i drawsgludo i Sydney. Ar fyr o dro enillodd ffafr y Llywodraethwr Macquarie, a dyluniodd sawl adeilad enwog iddo. Bu'n bwriadu codi tŷ iddo'i hun yn Greenway Lane, ond ysywaeth! – dangoswyd bod ei weithredoedd teitl ar y tir wedi'u ffugio.

Gwelsom hysbyseb gan ryw fwyty am ei *"Oompah Band"* ... Ac wrth inni ddod i Playfair Street, dacw fe! ... Pobl yn ciniawa ar y pafin dan arwyddion Löwenbräu; a thri dyn esgyrnog efo coesau hir noeth, *lederhosen* cwta, crys gwyn a het bluen, yn chwarae tonau Almaenaidd *oompah* â thrwmped, trombôn a drwm ...

Roedd hi'n hwyr, ac roeddem yn ôl wrth Circular Quay. Cawsom fws i gyffiniau'r Meriton, a chwilio am ryw fwyty ecsotig tawel, a phenderfynu arbrofi â bwyd Siapaneaidd yn y "Yutaka Japanese Restaurant", Bathurst Street. Roedd cyn lleied o Saesneg gan y weinyddes fach ag oedd o Siapanaeg gennym ni; ond daeth gweinyddes hŷn, ac awgrymu dwmplins cig *gyoza* gyda dip melys, a chyw iâr wedi'i ffrio gyda saws *teriyaki*; ac roedden nhw'n dda iawn, ond braidd yn undonog rywsut. Dylem fod wedi gwneud fel yr holl gwsmeriaid Siapaneaidd a dewis o'r bwffe bwytewch-faint-fynnoch-chi, oedd yn orlawn o fwydydd diddorol ... Ond beth yn union *oedden* nhw? ...

Bore trannoeth euthum i lyfrgell yn Macquarie Street, lle cwrddais â'm gwraig wedyn ... Roedd hi wedi cerdded i ben arall Macquarie Street at yr Hyde Park Barracks, a ddyluniwyd gan Francis Greenway a'i godi gan lafur carcharorion; bu'n farics i garcharorion gwryw tan 1848, ac yn llawer o bethau wedyn, ac mae bellach yn amgueddfa garcharorion. Ymunodd hi â grŵp o hen bobl, ac roedd y tywysydd yn arbennig o dda. Dywedodd nad oedd pocedau yn nillad y carcharorion, am nad oedd ganddynt hawl i unrhyw eiddo personol – ond dangosodd drowsus a berthynai i garcharor o deiliwr, a bwythodd boced y tu mewn. Dywedodd fod troseddwyr mor ifanc â deg oed yn cael eu trawsgludo i Awstralia, ac wele enghraifft o ysgrifen *copperplate* goeth a wnaed gan blentyn yn ysgol y carchar … Hapus y plant tlawd a drawsgludwyd i Awstralia – caent *addysg* yno! …

"Mae'r tywysydd 'ma'n eithriadol," meddai fy ngwraig ymhen ychydig wrth fenyw arall.

"Mi ddylai fod! Ef yw'r curadur. Ef osododd yr arddangosfa 'ma i fyny! … A grŵp o Brifysgol y Trydydd Oed ydyn ni – ond peidiwch poeni, cewch aros, rych chi'n ddigon hen! …"

Aethom o'r llyfrgell i'r Royal Botanic Gardens gerllaw – gofynnais i'm gwraig droedio'n ofalus … Roedd y Gerddi'n heulog ac yn hyfryd. Roedd maes o *clivias* oren llachar; a choeden uchel â miloedd o bacedi bach llwyd yn hongian o'i changhennau: llwynogod hedfan oeddent, sef ystlumod ffrwythau.

Cwrddasom â thair o foneddigesau Prifysgol y Trydydd Oed, a holodd am ein cynlluniau. Roeddem yn bwriadu mynd ar fferi, meddem.

"Gwell ichi beidio ag aros yn rhy hir," meddai un, "rhag ofn i'r tywydd newid."

Ategodd un arall hi. "*Carpe diem!*" meddai.

Ah, Awstralia – lle mae pobl yn dal i siarad Lladin! …

Roeddem eisiau bwyd – dim ond brecwast bach gawsom heddiw … A dyma gaffe yn yr awyr iach dan y coed. Roeddwn i am drio pastai – mae Awstralia'n ymfalchïo yn ei phasteiod. Ac nid pasteiod cyffredin mohonynt – "*gourmet pies*" ydynt i gyd. Felly cawsom "*chicken and mushroom gourmet pie*", ac roedd yn ardderchog.

A chefais gwrw sinsir i'w yfed, fel yn y dyddiau gynt. A chafodd fy ngwraig ddiod *"Nudie Crushie passion fruit and mango"*. Roeddwn wedi sylwi cyn hyn ar hysbysebion diodydd Nudie, a meddwl efallai fod rhyw athroniaeth y tu ôl iddynt – rhyw ddelfryd iachusol o sudd ffrwythau, awyr iach a noethlymundod, hwyrach ... Felly gofynnais i'r llanc wrth y cownter beth oedd arwyddocâd "Nudie".

"Mr Nudie sefydlodd y cwmni," meddai (yn gwbl gelwyddog, fel y dysgais fisoedd wedyn).

Roedd yn hen bryd inni fynd ar fferi. Cerddasom ar draws y Gerddi a disgyn yn syth i brysurdeb Circular Quay, lle cawsom docynnau ac ymuno â'r ciw wrth glwyd y jeti.

Roeddem wedi penderfynu mynd i Manly, ar ôl clywed bod hwnnw'n lle dymunol ... Roedd gen i frith gof darllen yn rhywle sut cafodd Manly ei enw. Roedd rhyw uchel swyddog cynnar yn New South Wales, wrth hwylio i mewn i Harbwr Sydney, wedi gweld Cynfrodor dewr ac urddasol ei osgo yn sefyll ar benrhyn, ac enwodd y penrhyn yn "Manly" ar ei ôl. Ond pa werth oedd ei wroldeb, iddo ef neu i'w lwyth?

Daeth y fferi i mewn – un o'r fferis mawr gwyrdd-a-melyn – a llifodd y bobl oddi arni, ac agorwyd y glwyd, a dringasom i fyny gyda'r dorf. Cawsom seddau yn yr awyr iach wrth ochr y llong; buom yn ffodus, dyna lle roedd pawb eisiau eistedd. Tynnodd hi o'r jeti, ac ar hyd Sydney Cove rhwng y Bont a'r Tŷ Opera, yna troi i'r dde i gyfeiriad y môr mawr.

Ysgrifennodd Anthony Trollope ar ôl taith dros Harbwr Sydney: *"Sydney is one of those places which, when a man leaves it knowing that he will never return, he cannot leave without a pang and a tear. Such is its loveliness."*

Aethom heibio bae a phenrhyn, a bae arall a phenrhyn, a'r castell bach ar ynys Fort Denison, a rhagor o faeau a phenrhynnoedd, a Clarke Island, a Shark Island. Bu'r glannau'n nesu a phellhau, efo bryniau a thai a choed, a chychod wrth angor ymhob cilfach. Roedd yr awyr yn las, a'r tonnau'n disgleirio yn yr heulwen, a byddai fferi arall yn ein croesi bob hyn a hyn ar ei ffordd i Circular Quay. Aethom heibio'r goleudy ar y South Head, ac edrych allan am ychydig dros y môr agored; yna pasio penrhyn Manly ac i mewn i'r harbwr.

Daethom allan o'r terminal i stryd fawr lydan – y Corso. Roedd siopau prysur ar hyd y ddwy ochr, ond dim un ohonynt dros dri llawr o uchder. A doedd dim ceir – ffordd droedolion oedd hi.

Stryd brydferth, awyrog, hamddenol – perffaith at fynd am dro bach yn yr haul!

Prynasom hufen iâ mewn parlwr "Royal Danish Ice Cream" – *mocha almond fudge* i'm gwraig, *boysenberry ripple* i mi – a dechrau rhodio ar hyd y Corso. Ar ganol y ffordd roedd palmwydd a phamau blodau a cherfluniau, byrddau a meinciau, ac ymbaréls i gysgodi rhag yr haul.

Ond yn sydyn daeth y Corso i ben. Roeddem ar bromenâd uwchben traeth, yn edrych allan dros eangderau'r Pasiffig, wedi cerdded megis o fôr i fôr. Yma byddai'r lle i weld pengwiniaid – *fairy penguins* enwog Manly. Ond ni ddaeth yr un i'r golwg.

Roedd traethau Manly yn wag. Does dim crocodeilod mor bell i'r de â Sydney, ond mae siarcod, a diflanna nofwyr o dro i dro.

Aethom yn ôl i Circular Quay ar un o'r catamaraniaid ariannaidd llyfn, y "Manly Jetcat". Suodd heibio'r holl fferis eraill ...

Buom yn sgwrsio â dyn gwyn a llanc croendywyll oedd yn siarad Ffrangeg nesaf atom ar y Jetcat. Roedd y dyn yn dod o Le Havre, meddai, ac yn byw yn Sydney ers pedair blynedd ar ddeg, a'i blant yn mynd i'r Lycée Condorcet, yr ysgol Ffrangeg yn Sydney, lle roedd ei wraig yn athrawes. Dywedodd fod dros 400 o ddisgyblion gan y Lycée Condorcet, a 30,000 o Ffrancod yn Awstralia. Roedd yn meddwl bod Awstraliaid yn bobl hyfryd iawn!

Un o Galedonia Newydd oedd y llanc ... Buaswn wedi hoffi ei holi amdani – ond dyma ni yn Circular Quay! ... Roeddwn wedi darllen am Galedonia Newydd yn y llyfr *Cannibals & Convicts* gan "The Vagabond", a gyhoeddwyd yn 1886. Meddiannodd y Ffrancod yr ynys yn 1853, a dwyn tir y brodorion, a'u camdrin mor ddychrynllyd nes sbarduno gwrthryfel a dorrodd allan yn 1878 ac a gosbwyd yn filain tu hwnt. Dyna pryd yr aeth y Vagabond i Galedonia Newydd, fel gohebydd y *Melbourne Argus*. Roedd wedi byw ym Mharis, a siaradai Ffrangeg yn rhugl.

Alltudfa i droseddwyr oedd Caledonia Newydd tan 1897, genhedlaeth ar ôl i drawsgludiant i Awstralia orffen. Hon oedd yr arswydus "La Nouvelle", rhyw Ynys y Diafol yn y Môr Tawel. Dihangai carcharorion i Awstralia weithiau, gan groesi mil o filltiroedd o fôr agored mewn cychod bach; ond wedi cyrraedd, camweddau trueiniaid a gyflawnent – mân ladrad, byw ar buteiniaid, rhyw gydag anifeiliaid, ymddinoethiad anweddus ... Roedden nhw'n bla ... Cofnodwyd 247 o ffoaduriaid Caledonia Newydd yn Awstralia rhwng 1874 ac 1883, 158 ohonynt yn New South Wales. Yn Sydney penodwyd heddwas arbennig – Ditectif Jules Roche – i gadw llygad arnynt.

Y Vagabond (*alias* John Stanley James, *alias* Julian Thomas) oedd newyddiadurwr disgleiriaf Awstralia yn ei ddydd. Ysgrifennodd erthyglau cyfareddol am ei deithiau yn y Môr Tawel – i Seland Newydd, Ffiji, Caledonia Newydd, Norfolk Island, New Guinea, ac i'r New Hebrides ar y sgwner llafur *Lizzie* – a chasgliad ohonynt oedd *Cannibals & Convicts* ... Ar ynys Aneityum yn y New Hebrides cafodd ei boeni gan bennaeth neilltuol o dwyllodrus. Felly – medd y Vagabond – "*I told him in Welsh that he was an old humbug.*"

Doedd un daith fferi ddim yn ddigon! ... Beth am drio Cremorne & Mosman? ... Eisteddasom ar fainc ar Circular Quay i aros ...

Daeth y creadur rhyfeddaf yn clunhercian tuag atom trwy'r dorf: dyn ifanc byr, difrifol o gloff, ychydig yn ddiniwed efallai, gyda gwên fawr annwyl. Roedd yn cario *didgeridoo* – un talach o lawer nag ef ei hun.

Stopiodd gyferbyn â ni.

"Ydych chi wedi gweld un o'r rhain o'r blaen?" holodd.

"Ydyn wir!"

Gorffwysodd safn y *didgeridoo* ar lawr, a chodi'r cegddarn at ei wefus, a chwarae tôn fach ddofn *didgeridoo*aidd inni, yna ysgwyddo'r *didgeridoo* a mynd i'w hynt.

Roedd Cremorne & Mosman yr ochr draw i Harbwr Sydney, bron gyferbyn â Sydney Cove, a chroesodd y fferi mewn ychydig funudau; ond erbyn cyrraedd roedd hi bron yn nos. A dyma ni yn Harbwr Mosman, cilfach hir dywyll ynghanol cylch o fryniau, gyda llu o gychod bach wrth angor, a Cremorne ar y naill lan a Mosman ar y llall, a'r fferi'n gweu rhyngddynt i fyny'r harbwr fel bws gwlad, gan aros wrth jetis pren i ddau neu dri o deithwyr gael esgyn neu ddisgyn … Cremorne Point, Mosman South, Old Cremorne, Mosman Avenue Road … Mosman Avenue Road oedd y terminws, a glaniasom gan feddwl mynd am dro; ond roedd y llongwr a rwymodd y fferi eisoes yn ei datod …

"Pryd ych chi'n gadael?" holais.

"Nawr!" meddai.

Felly dyma neidio ar frys i fyny'r gangwe, ac yn ôl i Circular Quay, a dal bws i'r Meriton …

Uffern yw cymudo, onid e? – trên gorlawn, tagfeydd ar y priffyrdd, wedi blino cyn cyrraedd y gwaith … Ond meddyliwch am groesi Harbwr Sydney mewn fferi yn awelon y bore bach … ac yn ôl ym mhrydferthwch y machlud, a phrynu hufen iâ efallai wrth y lanfa, a rhodio adref ling-di-long dan ddeiliach Old Cremorne neu Mosman South neu'r Corso …

Doedd Chinatown ddim yn bell o'r Meriton, felly dyna lle penderfynon ni chwilio am ginio. Nid bod arnom eisiau bwyd Tsieineaidd – mae hwnnw i'w gael gartref – ond clywsom fod Chinatowns Awstralia yn amgyffred pob math o fwytai dwyreiniol ecsotig – Cambodaidd, Mongolaidd, Fietnamaidd, Indonesaidd … Un o'r rheina roedden ni eisiau.

Cerddasom i lawr Pitt Street, a throi i Goulburn Street, a chroesi Sussex Street, a'r naws Tsieineaidd yn dwysáu bob munud: mwy a mwy o arwyddion Tsieineaidd pert, a siopau brodwaith

Tsieineaidd, a siopau gemwaith Tsieineaidd, a siopau bwyd Tsieineaidd ... Ac yn Dixon Street dyma'r porth i Chinatown – trawst addurnol uwchben yr heol yn dwyn cymeriadau Tsieineaidd euraidd ... Roedd Tsieineaid hyd y lle – ond mwy fyth o dwristiaid ...

Yn ffenestr yr "Yet Song Groceries Shop" gwelsom gyrn ceirw ar werth, a chucumerau môr wedi'u sychu a'u pacio mewn bagiau plastig tryloyw, oddeutu tri phwys i'r bag. Llwydaidd a chrychlyd oedd y cucumerau môr bellach, ond llawn mor affrodisaidd eu golwg â rhai byw y Great Barrier Reef. A rhaid eu bod yn gweithio, achos roedden nhw'n costio tua £100 y bag ...

Roedd rhif y gwlith o fwytai Tsieineaidd yn Chinatown, yn cystadlu'n ffyrnig â'i gilydd am fusnes. Allan ohonynt deuai merched bach del mewn sgertiau cwta gan lafarganu bwydlenni a chydio yn ein breichiau er mwyn ein llusgo at y byrddau ... Ond chwilio am fwytai Cambodaidd, Mongolaidd, Fietnamaidd, Indonesaidd yr oeddem. A doedd dim un i'w gael, nid yn Dixon Street na Sussex Street na Goulburn Street, er inni eu tramwyo'r eilwaith, nac yn Hay Street na Harbour Street chwaith ... Roedd fy ngwraig yn colli amynedd! ... Doedd dim amdani ond Tsieineaidd felly; ond o leiaf ryw Tsieineaidd gwahanol i'r Hong Kong, Canton, Shanghai a Szechuan sy'n britho De Cymru ...

Daethom i'r "Yee King North Chinese Restaurant" ... Mwy o *caff* na *restaurant*, mewn gwirionedd, efo stolion caled a byrddau top plastig, a gweinydd ifanc tal heb fawr o Saesneg a awgrymodd, fel danteithion nodweddiadol o ogledd Tsieina, *boiled chive and pork dumplings* a *fried four season beans with pork mince*. Fe'u bwytasom heb frwdfrydedd; a gwrthod yn llwyr y rhestr bwdinau, a ddarllenai yn ei chrynswth:

> *Milk bean curd* $3.80
> *Sweet glutinous rice ball in ginger soup* $3.80
> *Sweet glutinous rice ball in boil water* $3.80.

Ond nid wyf yn cwyno, llai byth yn gwawdio. Nid pobman sy'n chwennych cwstwm twristiaid; encil i alltudion oedd hwn.

Yn ôl yn y Meriton, y brif eitem ar y newyddion oedd bod y Dywysoges Mary o Ddenmarc, oedd yn disgwyl babi, wedi gorfod cael ei rhuthro i'r ysbyty. Allwn i ddim yn fy myw ddeall pam fod hynny o ddiddordeb i Awstraliaid, ond esboniodd fy ngwraig mai Awstrales oedd y Dywysoges Mary, wedi priodi â Thywysog Coronog Denmarc. Fyddai dim rhagor o sôn am Weriniaeth Awstralia, mae'n debyg, petai Awstrales yn priodi etifedd Windsor. Ond beth ddwedai'r Canadiaid?

Euthum allan ar y balconi i gael gweld yr olygfa yn y nos. Roeddwn yn uchel uchel ymysg y cwmwlgrafwyr llachar, ac yn edrych dros ben rhai ohonynt – gallwn weld goleuadau ochr bellaf Harbwr Sydney … Ond cefais syniad annifyr … Beth petaswn, mewn rhyw eiliad o anghofrwydd neu wallgofrwydd, yn pwyso'n rhy bell dros y rheilen a syrthio gyda gwaedd hir i'r gwacter? … Camais yn ôl i'r stafell fyw a throi'r allwedd ar fy ôl.

Ac nid fi oedd yr unig un i deimlo swyn sinistr y balconïau … Cyn inni adael, postiwyd neges yng nghyntedd y Meriton fod holl falconïau gogledd y tŵr – sef ochr yr iypis – i gael eu cloi o hyn allan oherwydd "ymddygiad gwirion nifer o'r tenantiaid".

11 Mynyddoedd Gleision

Trannoeth bu'n rhaid inni godi'n gynnar, i fynd ar ein taith i'r Blue Mountains. Roedden ni wedi bwcio gyda "Tours-R-Us" (*"Join our small group, max 21"*), ac i fod yn aros tu allan i'r Metro Hotel, hanner canllath i lawr Pitt Street o'r Meriton, am chwarter i wyth.

Roedden ni yn y lifft ar lefel 35 erbyn hanner wedi saith, ac wrth ein cwt cyrhaeddodd dau ddyn busnes ifanc, yn llewys eu crys ond yn smart a llawn pwrpas, ar eu ffordd i ryw "frecwast gwaith", mae'n debyg. Daethant i mewn fel pwff o awel iach.

"Bore da!" meddent.

"Does neb yn siarad mewn lifft yn Llundain!" meddai fy ngwraig.

"Cefais i bobl Llundain yn berffaith gyfeillgar," atebodd y dyn busnes cyntaf.

"Doedd dynion y Tollau yn Heathrow ddim yn gyfeillgar," meddai'r ail.

"Achos dy fod ti'n cario cyffuriau," meddai'r cyntaf.

"Ond dim llawer," meddai'r ail.

A dyma ddrws y lobi'n agor a phawb yn ymadael.

Sgwrs dda am chwarter munud mewn lifft, roeddwn i'n meddwl! Ond jocan neu beidio roedden nhw am y cyffuriau?

Roedden ni'n falch o'n cotiau yn sefyll yn yr oerfel tu allan i'r Metro Hotel …

Tynnodd minibws Tours-R-Us at y pafin, a neidiodd dyn tal

llydan hwyliog allan i chwilio am ei gwsmeriaid. Dyma Reg, y gyrrwr-dywysydd. Cawsom seddau ac i ffwrdd â ni.

Roedd saith o bobl yn y minibws eisoes, ar wasgar yma a thraw. Yn nhrefn eu hoedran tebygol, roedd yna bâr lled ifanc gyda'u bachgen bach tua wyth oed; gŵr rywfaint yn hŷn, pryd tywyll, ar ei ben ei hun; cwpwl parchus, tua'r un oed â ni efallai; a gŵr trwm solet, hefyd ar ei ben ei hun.

Ni oedd y rhai olaf. Cychwynnodd Reg ar ei drywydd troellog trwy ganol Sydney, a thrwy'r maestrefi, tua'r mynyddoedd.

Nid gwaith hawdd yw bod yn yrrwr-dywysydd, yn gorfod cofio'r ffordd, sylwebu ac osgoi damweiniau, i gyd ar yr un pryd.

Roedd angen mwy na sylwebaeth i ddifyrru diflastod y maestrefi. Ceisiai Reg lenwi'r distawrwydd trwy gynnal deialog pryfoclyd, dros ei feicroffon, â hwn neu'r llall ymysg ei deithwyr.

Dechreuodd gyda'r pâr ifanc – pobl olygus, ddosbarth canol. O ble roedden nhw'n dod? holodd Reg. O Seland Newydd, meddent, ef ar fusnes, hi a'r crwt i gael gwyliau gyda fe. Galwodd Reg nhw'n "Kiwis" a sôn am ryw aflwydd a ddioddefodd Seland Newydd ar y meysydd chwarae yn ddiweddar. Ond chafodd fawr o lwyddiant: nid pawb sy eisiau gornest herian yn y bore bach ...

Nid ni oedd y rhai olaf! ... Ymhell allan mewn rhyw ystad ddiffaith arhosodd y minibws a daeth dwy ferch i mewn; un yn swil, tua'r ugain oed, a'r llall yn Awstrales lew, dew, ddel, benfelen, lawen.

Pigodd Reg ar y benfelen. Roedd e braidd yn hy, yn fy marn i. Ond cewch fod yn hy yn Awstralia, mae'n debyg.

Roedd e eisiau gwybod beth roedd hi'n wneud allan heb "*hubby*". Cafodd ateb da – trueni na fedraf ei gofio!

A maes o law: "Y Blue Mountains – dyna'r lle iti fynd ar ail fis mêl ... Gofyn i Hubby!"

"Y Blue Mountains? Mi wnaethon ni'n well na hynny, aethon ni i Ffiji ..."

Ac yn y blaen – stwff siriol!

Roedden ni'n mynd gyntaf i safle'r Gemau Olympaidd a gynhaliwyd yn Sydney yn y flwyddyn 2000, gan ddod â'r fath fri, meddir, i Sydney ac Awstralia.

Roedd y safle, yn ôl Reg, mewn hen ardal ddiwydiannol ger Harbwr Sydney a gliriwyd gan y Cyngor ar gyfer parciau a thai – dan rai o'r tai roedd gwastraff *dioxin* ffatri Union Carbide. Trowyd Pentre'r Athletwyr wedyn yn dref newydd a'i galw'n "Newington": teilwng o Capten Bligh efallai.

A dyma ni ynghanol parcdir o bensaernïaeth wen, athletaidd, uchelgeisiol, brydferth: yr Acer Arena a'r Telstra Stadium; yr Athletic Centre, yr Aquatic Centre, y Golf Centre, y Tennis Centre a'r Hockey Centre; y Skate Park, y Sports Halls, y Sports Centre a'r Quasar Trapeze; heb sôn am y Sydney Showground, yr Orsaf Reilffordd Olympaidd a sawl gwesty. Ysblennydd! Roedd Reg yn meddwl y byd o'r campws Olympaidd. Roedd ganddo ddiddordeb byw mewn chwaraeon, a bu ef ei hun yn stiward yn y Gemau.

Ond doedd dim llawer o bobl o gwmpas; ac roedd golwg ddiymgeledd braidd ar yr adeiladau, a graffiti'n dechrau ymddangos ar y waliau. Cyfaddefodd Reg nad oedd digon o ddefnyddio arnynt, a'u bod yn dal yn faich ar y trethdalwyr ... Cefais ryw argraff mai teganau Nadolig yr anghofiwyd amdanynt erbyn Calan oedd y stadiwms Olympaidd; mai gyr o eliffantod gwyn oedd yn pori'r parcdir ...

Buom yn sgwrsio â'n cyfoedion parchus – gŵr tawel a gwraig siaradus eto ... Yn ôl y wraig, roedd y gŵr yn gaplan yn Awyrlu'r Unol Daleithiau, a buont yn byw mewn llawer o leoedd, gan gynnwys High Wycombe ar un adeg – roedd prisiau *real estate* ym Mhrydain yn ddychrynllyd! Arizona oedd eu cartref bellach, ac roedd ganddynt fab ac wyres yn Seattle – dyna ffordd hir i fam-gu a thad-cu!

Yna ymlaen â ni, allan o Sydney a dringo ychydig i'r bryniau, nes cyrraedd y "Featherdale Wildlife Park".

Gadawodd Reg inni wneud ein ffordd ein hun o gwmpas y Parc. Ond roedd yn rhaid inni fod yn ôl wrth y minibws erbyn hanner dydd ...

Yn y Featherdale Wildlife Park, fel yn yr Healesville Sanctuary, dim ond creaduriaid brodorol Awstralaidd oedd i'w gweld. Ond roedd naws y Parc yn wahanol iawn i'r Sanctuary: popeth yn llai difrifol, yn fwy "poblogaidd" a "masnachol". Ac eto, roedd llu o ofalwyr gwybodus o gwmpas, yn eiddgar i ateb eich cwestiynau. Pobl ifanc oeddent gan mwyaf, myfyrwyr rwy'n tybio. Profiad gwych i gyw söolegydd neu filfeddyg fyddai gweithio yn y Parc – a fydden nhw ddim yn disgwyl llawer o dâl.

Os oedd hi'n oer yn Sydney, roedd hi'n oerach yma. Ond roedd llu o ymwelwyr yn llenwi'r llwybrau.

Roedd yno gasowari, aderyn mawr dihedfan o Queensland – bûm yn awyddus i weld un o'r rhain. Roedd brodorion New Guinea a gogledd Awstralia yn mawr edmygu nerth a chwimdra'r casowari, ac yn ofni ei gic angheuol, ac yn defnyddio'i grafanc flaenllym i wneud dagerau a phigau gwaywffyn. O gwmpas lloc y casowari roedd ffens wifrau gadarn.

A gwelsom *fairy penguins* wedi'r cwbl. Roedd rhyw hanner dwsin ohonynt yn tyrru o gylch llanc o ofalwr gyda bwcedaid o fwyd. Edrychent yn union fel pengwiniaid cyffredin – ond eu bod tua maint colomen.

Ac fe welais i grocodeil o'r diwedd! – anferth o grocodeil dŵr hallt, yn gysgod hir annelwig dan wyneb y llyn, a dim ond ei ffroenau'n brigo i'r awyr.

Roedd man agored lle gallech gymdeithasu â changarŵod a walabïod dof, o wahanol liw a maint, a'u mwytho a'u bwydo os dymunech.

Ond yr atyniad mawr oedd y coala – roedd cwt o bobl yn disgwyl eu tro i'w anwesu a chael tynnu eu llun gydag ef. Roedd yn eistedd fel dol fflwfflyd ar bwt o goeden ewcalyptws – y peth pertaf! – a gofalwr gwyliadwrus yn ei ymyl. Roedd y creadur yn rhy gysglyd i symud llawer, ond weithiau mynnai guddio tu ôl i'r boncyff. Yna byddai'r gofalwr yn ei ddychwelyd chwap i'r golwg, achos safai'r goeden ar fwrdd troi ...

Wn i ddim a ddylid manteisio fel hyn ar anifeiliaid mud. Ond roedd fy ngwraig yn benderfynol o fwytho coala, felly cymeron ni'n lle yn y cwt ...

Roeddem yn ôl wrth y minibws yn brydlon am ddeuddeg – ni, Reg a dau neu dri arall.

Wrth aros am y lleill bûm yn sgwrsio â'r hen ŵr ar ei ben ei hun; yn trio sgwrsio, hynny yw, achos un o'r Ffindir oedd e, heb lawer o Saesneg. Clamp o foi tal a chydnerth oedd e, o'i weld ar ei sefyll. Dywedodd ei fod yn "gwireddu breuddwyd" wrth deithio o gylch y byd; heblaw Awstralia, roedd yn mynd i Honolulu, Seoul (ddwywaith), San José yn Costa Rica a sawl lle yn yr Unol Daleithiau; i fannau eraill hefyd efallai.

Bu yn Awstralia bum mlynedd yn ôl, meddai, gyda'i wraig. Doedd dim golwg o'r wraig nawr, ond ni ddywedodd pam.

Maes o law cawsom air hefyd â'r dyn pryd tywyll ar ei ben ei hun. Roedd yn enedigol o Uruguay ond yn byw ers ugain mlynedd yn California.

Mae gen i barch mawr at bobl sy'n ymwroli i deithio ar eu pen eu hun. Ond tybiaf mai mwy o hwyl yw cael cwmni'ch priod! ...

Ac ymlaen â ni i berfeddion y Mynyddoedd Gleision, heibio trefi Parramatta a Leura am Katoomba ...

Gorchuddir y Mynyddoedd Gleision gan drwch o fforestydd ewcalyptws; ac o'r tawch glasddu tenau a ryddheir gan y rheiny y tardda'r enw. Mynyddoedd go isel ydynt – fawr uwch na'r Wyddfa, mi gredaf – ond yn arw a dyrys, ac er mor agos ydynt i Sydney cymerodd dros ugain mlynedd i'r arloeswyr cyntaf eu croesi i'r gwastadedd tu hwnt. Y dyffrynnoedd oedd y rhwystr: wedi eu hamgylchynu gan glogwyni fertigol, cannoedd o droedfeddi o ddyfnder, a dim ond ambell hollt, lle dihangai afonig, yn eu cysylltu â'r byd allanol.

Rhyfeddai (a rhyfedda) daearyddwyr at y dyffrynnoedd hynod hyn, fel y rhyfeddodd Charles Darwin, a ddaeth ffordd yma yn 1836 pan alwodd HMS *Beagle* yn Sydney yn ystod ei mordaith enwog. Llogodd was a dau geffyl a marchogodd i bentref Bathurst, 120 o filltiroedd i ffwrdd yn y mewndir. Un noson arhosodd yn nhafarn y Blackheath ger Katoomba – "*a very comfortable inn, kept by an old soldier; and it reminded me of the small inns in North Wales.*"

Sylwodd Darwin mor brin oedd Cynfrodorion bellach. Yn ystod siwrnai o tua deg diwrnod a 240 milltir, ni welodd ond dau grŵp ohonynt. Bu'n siarad â'r un cyntaf – cwmni o oddeutu ugain dyn yn gwisgo rhywfaint o ddillad ac yn medru ychydig o Saesneg, a phob un yn cario bwndel o arfau. Rhoddodd swllt iddynt i arddangos eu medr gyda'r waywffon, gan ddodi cap ryw bellter i ffwrdd fel nod. Ehedodd y waywffon trwy'r cap, gyda chymorth *woomera*, mor syth a chyflym â saeth.

Yn ôl Darwin, roedd y Cynfrodorion yn parhau eu hen elyniaethau fel pe na bai'r dyn gwyn yn bod – braidd fel yr ymladdai'r Hen Gymry ymhlith ei gilydd gan ddiystyru'r Gelyn Mawr i'r dwyrain. Soniodd am ddau lwyth yn trefnu brwydr yng nghanol pentref Bathurst, a'r estroniaid yn ei gwylio, mae'n debyg, fel darn o theatr fyw. Ond cawsant ran ynddi hefyd, oherwydd ffodd y rhyfelwyr gorchfygedig i farics y milwyr am loches.

Daeth Theodore Bevan, y Cymro *déraciné* a fu'n fforio wedyn gyda'm tad-cu, i awyr lân ardal Katoomba i adfer ei iechyd ar ôl dioddef o falaria yn New Guinea – "*for there among the 'blue-gums,' one drinks as of some life-giving elixir, pure ether undefiled and fresh.*" Tybiodd iddo gael gwellhad llwyr; ac efallai y gwnaeth; ond bu farw o'r diciâu cyn cyrraedd ei hanner cant oed.

Daethom i dref Katoomba a gadawodd Reg ni yn y stryd fawr i chwilio am fwyd. Cawsom hyd i'r Treahorne Café, lle dewisodd fy ngwraig gawl pys a ham a minnau gawl pwmpen, ac roedden nhw'n wych. Yna yn ôl i'r minibws a gyrru milltir neu ddwy i wylfa Echo Point.

Ar Echo Point roeddem uwchben un o'r dyffrynnoedd a synnodd Darwin: disgynnai dibyn yn syth i goedwig bell, a'r tu draw estynnai haen ar ôl haen o fryniau, a'u siapiau'n feddal gan dawch. Rhaid bod Reg o ddifri am fisoedd mêl yn y Mynyddoedd Gleision, achos roedd y rhodfa wrth y parapet dan ei sang o gariadon yn tynnu lluniau o'i gilydd.

Roedd golwg da o Echo Point ar y tair colofn o graig arw a elwir "The Three Sisters". Yn ôl y chwedl Gynfrodorol, meddai Reg, roedd tri llanc eisiau priodi tair chwaer o lwyth arall, ond bod teulu'r chwiorydd yn anghytuno, a'r ddau lwyth wedi mynd i ryfel yn eu cylch. Trodd rhyw swynwr y tair chwaer yn greigiau, i'w diogelu tra parhâi'r helbul; ond cafodd ef ei hun ei ladd mewn brwydr, ac ni fedrai neb eu troi'n ôl.

Heb fod ymhell o Echo Point roedd clogwyn aruthrol "Govett's Leap", chwarter milltir o ddyfnder. Roedd i hwn hefyd ei chwedl – chwedl dyn gwyn y tro hwn. Y stori oedd bod *bushranger* o'r enw Govett wedi dwyn o fanc, ond daeth y *troopers* ar ei ôl, ac yn hytrach na cholli ei ryddid sbardunodd ei farch dros y dibyn: adlais o *swagman* Banjo Paterson yn ei foddi ei hun yn y *billabong*, onid e? Dengys yr archifau, fodd bynnag, fod Syrfëwr Cyffredinol New South Wales wedi enwi Govett's Leap ar ôl yr arloeswr William Romaine Govett a'i darganfu tua 1835.

Heb unrhyw reswm amlwg, holodd Reg a oeddwn wedi darllen Henry Reynolds.

"Mae gen i lyfr ganddo," meddwn – yr un a brynais ym Mharc y Tjapukai – "ond dwi heb ei ddarllen eto."

"*Black armband history!*" ebychodd Reg.

Roedd hi'n dechrau pigo'r glaw, ac aeth Reg i'r minibws i nôl ei het. Het helaeth braf oedd hi, â naws yr Outback arni; rhywbeth fel ffedora, ond heb yr olwg gangsteraidd.

Roeddwn wedi gweld hetiau tebyg ar werth mewn meysydd awyr, dan frand "Akubra". Mae hetiau Akubra i fod yn nodweddiadol o Awstralia, fel mae Stetsons o Texas. Cadarnhaodd Reg mai Akubra oedd hi: wedi'i gwneud o groen cwningen, meddai.

"Pam dwi ddim yn gweld rhagor o bobl yn eu gwisgo?" holais.

"Mae fy ewyrth, sy'n ffermio yn yr Hunter Valley, wastad yn gwisgo Akubra," meddai'r Awstrales benfelen.

Roeddwn wedi cael fy nhemtio i brynu Akubra. Ond roedd y rhai a welais yn y meysydd awyr yn costio tua 150 canga yr un; a buasen nhw wedi edrych yn od yng Nghaerdydd ...

Roeddem wedi cyrraedd canolfan dwristaidd "Scenic World", a gynigiai ddewis o dair gwahanol wibdaith i lawr y clogwyn at hen lofa Katoomba a'r "*Temperate Rain Forest*". Roedd y "Scenic Skyway" a'r "Scenic Flyway" yn eich hedfan dros y coed mewn ceir cebl; ond tocynnau i'r "Scenic Railway" a gododd Reg.

Yn ôl Reg, y Scenic Railway oedd un o reilffyrdd serthaf y byd, yn disgyn 250 o droedfeddi ar ongl o 52 gradd. Yn y dyddiau gynt bu'n cario sgipiau glo o'r lofa; ond ar ôl i honno gau yn 1945, cafodd ei haddasu ar gyfer ymwelwyr.

Doedd yr addasiad ddim yn gyflawn, rywsut! Doedd dim drysau ar ochrau'r cerbydau, a gwasgai pawb mor bell ag y medrent tua'r canol rhag ofn cwympo i'r gwagle.

Disgynnon ni o'r trên ar blatfform isel a dilyn llwybr estyll trwy'r goedwig. Esboniodd yr Awstrales benfelen mai un o Wlad Belg oedd y ferch ifanc gyda hi, wedi cyrraedd ddoe dan ryw drefn gyfnewid. Dim syndod ei bod yn dawel – fedrai hi ddim siarad Saesneg ...

Doedd y pwll glo ddim yn ddiddorol iawn – dim ond twll du yn ochr y graig a rhybudd o'i flaen yn dweud "*Danger Keep Out*". Ond roedd y "*Miner's Hut*" a welsom wedyn yn ddifyr: bron yn anweledig yn nyfnder y goedwig am fod y cyfan – waliau, to a simnai – wedi'i lunio o haearn tonnog gwyrdd.

Yn Fforest Law Dymherus Katoomba, fel yn Fforest Law Drofannol Kuranda, roedd boncyffion tal, dringedyddion, canopi uchel o ddail ... Ond roedd hefyd greaduriaid. Yn ymyl y llwybr safai carreg fedd twmpath termitiaid: pwt o beth o'i gymharu â rhai Horn Island neu hyd yn oed Townsville, ond meddai'r plac fod miliwn o dermitiaid yn cartrefu ynddo, gan gario bwyd ar hyd rhwydwaith o gannoedd o fetrau o'dwneli. Gwelsom gocatŵ gwyn crib-sylffwr a rhyw aderyn eithriadol o brydferth gyda chynffon ddu, corff gwyrdd a phen sgarlad – "*Rainbow lorikeet* yw hwnna, dwi'n meddwl," meddai'r Awstrales.

Ac roedd glaw yn y Fforest Law hon; glaw oer, a chyson bellach, yn diferu rhwng y canghennau. Dewisodd Reg y llwybr byrraf i orsaf y Scenic Flyway i'n hedfan i fyny at y minibws.

Ar y ffordd yn ôl i Sydney arhoson ni yn Leura, lle llywiodd Reg ni i "The Candy Store" – y math o siop a fyddai gynt yn llwyr ddibynnol am ei fasnach ar Reg a'i gymrodyr a'u twristiaid ond sydd bellach â gwefan. Ar ei silffoedd safai rhesi ar resi o boteli gwydr llawn melysion "treftadol" – *pear drops, bonbons, peppermint creams, fruit gums, aniseed balls, sherbert fountains* ("*Relive your childhood memories with this treat*") ... Roeddwn i'n hoff iawn o *sherbert* unwaith, ond mae trigain mlynedd wedi pylu ei apêl ... Ceid hen ffefrynnau honedig Awstralaidd hefyd: *Cobbers chocolate coated chewy caramel pieces*; *Bertoldos' macadamia French nougat*; *eucalyptus drops* ... Onid losin peswch oedd *eucalyptus drops?*

"*Garden city*" oedd disgrifiad Reg o Leura; ond doedd fawr o flodau i'w mwynhau ar brynhawn glawog ar ddiwedd gaeaf. Aethom am dro ar hyd y stryd fawr; a phan oedd siop â gorchudd dros y pafin, dyna lle safem i edrych yn y ffenestr.

Eitem olaf rhaglen Tours-R-Us, wrth i'r minibws ddisgyn i'r gwastadedd, oedd "*our legendary Aussie Folk Song singalong*" ... Ystyr *Aussie folk songs* oedd "*Waltzing Matilda*", "*Tie me kangaroo down, sport*", "*Pub with no beer*", "*Redback Spider*" ... Ond ni chawsom *singalong*, dim ond gwrando'n swrth ar y cryno-ddisg; oherwydd bu'n ddiwrnod hir, a phawb yn fwy parod i gysgu nag i ganu, hyd yn oed yr Awstrales – a phwy arall fyddai'n gwybod y geiriau?

Roedd Reg wedi gorffen ei ddiwrnod o waith, a gwaith da hefyd. Gadawodd ni wrth gei Parramatta i suo i lawr afon Parramatta yn y Parramatta Rivercat, trwy'r gwyll gwlyb, i Circular Quay.

Aethom am ginio i fwyty Groegaidd "Diethnes", yn Pitt Street, ger y Meriton; lle mawr ac yn llond dop o bobl. Cawsom *homemade fish soup* (gyda llawer o foron ond dim arlliw o bysgod) ac anferth o gaserol cig oen ...

Roedd y gweinydd yn fwy diddorol na'r bwyd ... Roedd yn byw ers saith mlynedd yn Awstralia, meddai, wedi priodi ag Awstrales Roegaidd a gwrddodd pan oedd hi draw yn Ewrop. Roedd yn teimlo llawer mwy o bwysau wrth fyw yn Sydney na gartref ...

"Ble mae gartref?" gofynnodd fy ngwraig.

"Zacynthos," meddai.

Felly ysgrifennais y pennill hwnnw iddo ar napcyn, gyda throsiad.

Ac yfory fyddai ein diwrnod llawn olaf yn Awstralia.

12 Sydney eto, ac adre

Roedd gen i gyfeiriad tŷ yn Sydney lle bu fy nhad-cu yn byw. Os na wnaem ddim byd arall cyn ymadael ag Awstralia, roedd rhaid inni chwilio am hwnnw.

Y cyfeiriad oedd "613 Harris Street, Ultimo", ac roedd ar ben llythyr a ysgrifennodd fy nhad-cu yn 1887. A dweud y gwir, bûm yn meddwl mai ymgais i ddyddio'r llythyr, yn y dull Fictoraidd, oedd "Ultimo"; ond trodd allan mai ardal o Sydney oedd hi … Ond eto roedd yn ddyddiad hefyd … Yr hanes oedd bod tirfeddiannwr cynnar – Dr John Harris – wedi cymryd y cam ecsentrig o enwi ei ystad ar ôl gwall technegol a'i galluogodd i ennill achos cyfreithiol. Ei ystad oedd yr ardal dan sylw; a'r gwall oedd bod clerc esgeulus wedi dyddio dogfen allweddol i'r achos fel "*ultimo*" ("mis diwethaf") yn lle "*instant*" ("y mis hwn").

Yn ôl y map, roedd Harris Street tu draw i Darling Harbour – ddim yn bell, gallem gerdded yn hawdd. Ac roedd digon o bethau roeddem am eu gweld o gwmpas Darling Harbour beth bynnag: yr Ardd Tsieineaidd, yr Amgueddfa Fôr, yr Acwariwm, y Paddy's Market …

Bore heulog ond gwyntog oedd hi tu allan i'r Meriton. Wrth inni fynd i lawr Pitt Street, gwibiodd y Monorail uwch ein pennau. Troesom i Bathurst Street, a dod ar fyrder i Darling Harbour.

Darling Harbour oedd prif borthladd Sydney tua diwedd y bedwaredd ganrif ar bymtheg. Dengys hen luniau longau mawr hwylbrennog drwyn wrth starn yn ymyl y cei, gyda stordai,

tygiau a stemars, a chledrau rheilffyrdd ochr yn ochr fel sbageti
– prysurdeb mawr! Yna daeth trai. Newidiodd natur y llongau
a'u cargos, a chafodd mannau eraill gyfleusterau gwell. Yn yr
1980au caewyd y porthladd a dadwreiddiwyd y rheilffyrdd; a
dechreuwyd ailddatblygu Darling Harbour.

A dyma ni ar gwr yr ailddatblygiad: parc, o goncrit gan mwyaf;
ymnyddiad rhyfeddol o bontydd concrit wrth i dair priffordd
ymgroesi uwchben; a rhagfur sarrug lle safai'r Sydney Exhibition
Centre, y Sydney Convention Centre a'r Harbourside Shopping
Centre ysgwydd yn ysgwydd yr ochr draw. Gormod o goncrit!
Ond roedd ibis mawr gwyn gyda phig hir crwm – rhyw belican
tir sych – yn bwydo ar glwt o laswellt yn y parc.

Cymerodd chwarter awr inni ddarganfod bwlch rhwng y tri
Centre a'n cael ein hun yn Harris Street. Stryd lydan, brysur,
amrywiol oedd hi, ond â'i thai a'i siopau'n henaidd a di-raen.
Stryd hir hefyd – bu'n eitha taith i Rif 613.

A doedd dim Rhif 613! Roedd hwnnw a sawl rhif arall wedi'u
llyncu gan un adeilad estynedig yn dyddio o'r 1930au, dywedwn
i, gyda phorth eang yn y canol fel pe buasai'n wreiddiol yn garej.
Perthynai bellach i gwmni "Ascot Teak"; ond ddim am hir eto,
achos roedd arwerthiant stoc ar y gweill a bordyn *"For Lease or
Sale"* i fyny ... Y cyfan a ddywedai wrthym am breswyl fy nhad-
cu oedd iddo gael ei chwalu oesoedd yn ôl.

Nesaf at Ascot Teak roedd teras o dai oedrannus, gweddol
ddel, gyda balconïau addurnol o haearn gyr. Mwy na thebyg
mai rhai fel yna a dynnwyd i lawr i roi lle i adeilad Ascot Teak.
Aeth fy ngwraig i siop a gofyn i'r siopwr pryd y cafodd y tai eu
codi. Roedd e'n meddwl mai tua 1880 neu 1890. Roedd hynny'n
swnio'n rhesymol a byddai'n gweddu i'r dim i lythyr fy nhad-cu
– gallem ei ddychmygu'n byw mewn tŷ tebyg.

Lletya byddai fe yn Rhif 613, rwy'n meddwl, oherwydd dyn ar
symud oedd e: morflaidd garw yn disgwyl am ei long nesaf; yn 34
oed, dibriod, ac yn unig o bosibl. Ond roedd yn mwynhau tipyn
o enwogrwydd am y tro, ar ôl capteinio taith fforio i New Guinea

a ddododd ddwy afon fawr newydd ar fap y byd. Dyna destun y llythyr hir roedd wrthi'n ei ysgrifennu; ac o bryd i'w gilydd cymerai hoe efallai, a dod allan i loetran yn yr heulwen, fel ni.

Waeth inni heb holi a oedd rhywun yma'n cofio rhyw sôn amdano – ddim mwy nag am fy hen ewythr ar Thursday Island ...

Ond heb fod ymhell o Rif 613 roedd Rhif 500 Harris Street, safle'r hen Ultimo Power Station, a gynhyrchai drydan i system dramiau Sydney nes i'r tramiau orffen yn 1961 ac y gweddnewidiwyd y pwerdy'n amgueddfa – y "Powerhouse Museum", lle cedwir papurau Lawrence Hargrave. Cofir am Hargrave heddiw fel arloeswr ym maes gwyddor hedfan, ond yn ŵr ifanc yn yr 1870au bu'n anturio o gwmpas New Guinea a Chulfor Torres, lle cwrddodd â nifer o bobl a fuasai wedyn yn adnabod fy hen ewythr a'm tad-cu. Cadwodd ddyddlyfr o'i brofiadau, ac roeddwn i'n gobeithio ei weld ... Ysywaeth, roeddem wedi colli cyfrif ar ddyddiau'r wythnos; dydd Sadwrn oedd hi, a'r archifau ar gau ... Ond roedd replicas o *box kites* Hargrave i'w gweld yn hongian o'r nenfwd ...

Difyrrach na'r *box kites* oedd moeth a braint y cerbyd rheilffordd a ddarparwyd ar gyfer seithfed Iarll Jersey, Llywodraethwr New South Wales, yn 1891: adeg pan oedd Awstraliaid yn addoli eu Brenhines anghysbell, ac yn tywallt parch a bri ar ei dirprwyon pendefigaidd ... Buom yn sbecian trwy ffenestri'r cerbyd (o wydr wedi'i fewnforio'n unswydd o Ffrainc) ... Yng ngherbyd Iarll Jersey roedd salŵn hir, stafell smygu i'r boneddigion, *boudoir* i'r boneddigesau, tŷ bach i'r meibion a thŷ bach i'r merched; coedwaith a dodrefn o gedrwydd, satinwydd, cypreswydd, derw a mahogani; llenni sidan, clustogwaith o sidan glas a moroco gwyrdd ... Popeth yn ddrudfawr a chain! ... Yn yr haf âi'r Iarll yn ei gerbyd i'w blasty tymhorol yn y bryniau, gan ddychwelyd ynddo – am un diwrnod yr wythnos! – i'w ddyletswyddi yn y ddinas, wedi'i gyplysu wrth gwt y trên cymudwyr. Teithiodd Dug a Duges Efrog – Siôr V a Brenhines Mary y dyfodol – yn y cerbyd hefyd, pan ddaethant i Awstralia yn 1901. Aeth y Dduges ynddo ar wibdaith i Katoomba – neb yn gofyn iddi *hi* pam roedd hi allan heb Hubby ...

Ein tasg bwysig nesaf oedd mynd i'r Paddy's Market i gael rhagor o anrhegion, yn enwedig i'r wyrion a'r wyresau. Y Paddy's Market, yn ôl a glywsom, oedd ateb Sydney i Queen Victoria Market fawr werinol Melbourne. A dim ond pum munud o gerdded oedd hi, yn yr haul a'r gwynt, o'r Powerhouse Museum.

Ac roedden ni wrth y Paddy's Market, adeilad hir hyll o briddfeini sobor ...

Ond roedd cyffro ar y stryd tu allan! ... Torf o bobl swnllyd yn llifo heibio ... Ac yn dawnsio yn eu canol roedd llew Tsieineaidd hardd gyda chorff hir euraidd, pen mawr oren efo corn bach a thuswau o fflwff, a dau bâr o goesau dynol mewn trowsus sidanaidd yn sgipio odano ... Rhoddodd y llew un llam uchel olaf a diflannu i fwyty trwyddedig yr "Emperor's Garden B.B.Q. & Noodles" ...

Tsieineesau bach twt, gyda gwenau gwylaidd, oedd yn cadw'r stondinau yn y Paddy's Market. Prynon ni sanau gyda phatrymau platypws, echidna a changarŵ, ond yn bennaf oll, deganau meddal ... *"Got another wombat?"* gofynnodd fy ngwraig i ferch y stondin.

Ar y ffordd yn ôl i'r Meriton gwelsom y "Tokyo Sushi Bar" ... Doedden ni erioed wedi trio *sushi*, serch bod bwytai *sushi* yng Nghaerdydd ... Reis gyda physgod heb eu coginio oedd *sushi*, esboniodd y Siapanees wrth y cownter, a phrynasom *takeaway* am chwe changa, gyda chwpanaid o gawl ffa am ddim, a mynd i'r fflat i'w bwyta. Yn ein blwch *sushi*, roedd pedair adran gyda reis a gwahanol fathau o bysgod, a phedwar pacedyn bach o reis, pysgod a llysiau wedi eu lapio ynghyd mewn gwymon; a dyna'r pryd mwyaf ecsotig a gawsom ers gadael Victoria ...

Yna rhoesom ein holl deganau meddal i eistedd gyda'i gilydd ar y soffa. Roedd gennym un *kookaburra*, dau wombat, tri choala, ac un cangarŵ gyda'i babi ynghlwm wrth ddarn o lastig.

Roedden ni eisiau mynd i'r Ardd Tsieineaidd ar y Monorail, felly cerddasom ar hyd Pitt Street i orsaf Galeries Victoria, talu naw canga am ddau docyn, ac i fyny yn y lifft. Yn y tair munud cyn i'r trên gyrraedd heriodd Awstraliad siriol ryw beiriant, taro'r jacpot, casglu ei enillion oddi ar y platfform, a dosbarthu'r cyfan ymysg ei holl gyd-deithwyr. Cawsom ddernyn tebyg i bisyn dwybunt yn dwyn lluniau o'r Monorail a changarŵ a'r geiriau *"Australia Souvenir Tourist Coin: Metro Monorail"*; beth yw ei bwrpas, ni wn.

Daeth y trên i mewn – lindysyn o saith cerbyd llyfn yn eistedd o boptu'r gledren – ac ymaith yr aethom, gan wylio am orsaf Garden Plaza. Cylch un-cyfeiriad gydag wyth gorsaf oedd y Monorail, ac aeth â ni dros ddyfroedd Darling Harbour i Sydney Convention Centre ... Paddy's Market ... Chinatown ... World Square ... Disgynnon ni yn World Square am mai Galeries Victoria oedd nesaf ... "Beth sy wedi digwydd i Garden Plaza?" holasom rywun ... Wedi newid ei enw i Chinatown roedd e.

Dan borth bloc o swyddfeydd, wrth inni gerdded yn ôl i Chinatown, roedd dosbarth *martial arts* ar droed: dwsin o blant a llanciau, mewn iwnifform ddu o'u gên i'w sodlau, yn pwnio'r awyr dan arweiniad hyfforddwr ... Mae wastad rhywbeth yn digwydd ar strydoedd Sydney!

Rhodd raslon gan Gomiwnyddiaeth i Gyfalafiaeth oedd yr Ardd Tsieineaidd, a gyflwynwyd gan ddinas Guangzhou i ddinas Sydney yn 1988, adeg dathlu daucanmlwyddiant sefydlu pentref Sydney. Rhodd addas ac amserol oedd hi hefyd, achos dyna gyfnod ailddatblygu Darling Harbour, a gellid lleoli'r Ardd yn ymyl Chinatown.

"Canton" (ynganiad Cantón) oedd yr enw cyfarwydd gynt ar Guangzhou, a chroesawaf y newid, am iddo ddiddymu'r dryswch rhwng honno a'r Canton (ynganiad Cánton) yng ngorllewin Caerdydd. Pan oedd fy nhad yn ddisgybl yn yr hen Canton Secondary School, arferai un o'r meistri ddangos llythyr a bostiwyd yn Ne Cymru ac a ffranciwyd yn y Canton ar Afon

Perl cyn dychwelyd i'r Canton gywir ar lannau Taf.

Creigiau, dŵr, planhigion ac adeiladau yw elfennau traddodiadol Gardd Tsieineaidd; dim lawntiau na phamau blodau, ond harmoni cydbwysedd *yin* a *yang*, egwyddorion y benywaidd a'r gwrywaidd. Adlewyrchu, ar raddfa fach, tirwedd fynyddig, goediog Tsieina ddylai Gardd Tsieineaidd.

Yn yr Ardd Tsieineaidd hon roedd llyn mawr amlgeinciog, a phontydd bach yn croesi'r culfannau, a rhaeadrau'n disgyn o uchelderau'r glannau. Safai creigiau amrwd o'r dŵr, a'u siapiau'n awgrymu draig, crwban, uncorn ... Roedd coed lluniaidd a llwyni blodeuog, a themlau bach yn sbecian rhwng y brigau, a'u toeau o deils coch yn troi i fyny at y bargod. Wrth ddilyn y llwybrau, ni welech yr un olygfa ddwywaith. Mwynder a harmoni oedd yr Ardd i gyd – nes ichi godi'ch llygaid. Yna o'ch cwmpas tyrrai *yang* digymrodedd cwmwlgrafwyr ymosodol Sydney.

Roedden ni am fynd i'r "National Maritime Museum", wrth Darling Harbour. Dyma gychwyn dros y parc concrit, mewn gwynt cryf erbyn hyn, a heibio'r Harbourside Shopping Centre, a dan Bont Pyrmont a groesasom yn y Monorail, a dacw'r Amgueddfa ar lan y dyfroedd.

Roedd nifer o longau ynghlwm wrth y cei, yn rhan o'r Amgueddfa: llong danfor, cwch patrôl, nifer o gychod llai, a'r *destroyer* HMAS *Vampire*. Honno roeddwn i eisiau'i gweld!

Roedd y replica o *Endeavour* Capten Cook, sydd hefyd yn perthyn i'r Amgueddfa, i ffwrdd ar ymweliad â rhywle. Ond dim ots – fe'i gwelsom pan ddaeth i Gaerdydd ...

Y National Maritime Museum ... Efallai nad yw rhywun yn meddwl am Awstralia fel gwlad forwrol. Ond mae ganddi ei llynges ei hun er 1909, a bu'n rym yn y Môr Tawel byth wedyn. Llynges leol, amddiffynnol yw hi, gyda rhyw drigain o longau rhyfel ond dim byd tebyg i'r carwyr awyrennau 100,000 tunnell sy'n dod â holl arswyd dinistriol yr Unol Daleithiau at stepen drws y gelyn. *Frigates* 4,000 tunnell yw llongau mwyaf llynges Awstralia: *gunboats* chwim, peryglus, technolegol sy'n dda at ostegu anhrefn mewn gwledydd bach cyfagos – Ffiji adeg y *coup* diwethaf, Ynysoedd Solomon, Timor Dwyreiniol ...

Tan 1909 y Llynges Frenhinol oedd yn amddiffyn Awstralia, trwy gyfrwng sgwadron yr "Australia Station". Costiai hwnnw yn yr 1880au tua £157,000 y flwyddyn, i gyd ar draul trethdalwyr Prydain – ac ychydig o ddiolch a gaent ... Nid yw £157,000 yn swnio'n swm anferth (ac nid oedd, hyd yn oed pryd hynny), ond talai am chwech neu saith o lestri pwrpasol, gan gynnwys HMS *Nelson*, llumanlong y Commodore a *"battleship second class"*. Roedd y *Nelson* (7,473 tunnell) bron ddwywaith gymaint â llongau rhyfel mwyaf Awstralia heddiw.

Sydney oedd pencadlys yr Australia Station. Yma y cyrchodd HMS *Calliope* a'i chapten Gwyddelig, Henry Kane, adeg Storm Fawr Samoa yn 1889 ... Roedd argyfwng rhyngwladol yn Samoa ar y pryd – yr Almaen yn ceisio cipio'r wlad a Phrydain a'r Unol Daleithiau yn ceisio ei rhwystro. O bellafoedd y Môr Tawel danfonodd y tri phŵer longau rhyfel i Samoa i amddiffyn eu buddiannau, nes bod saith ohonynt wedi eu gwasgu i harbwr cyfyng Apia, oedd yn llawn riffiau a thywod ac yn agored i'r eigion. Roedd yno dair llong o'r Almaen, tair o America ac HMS *Calliope* – casgen bowdr, yn aros am fatsien!

Yn lle brwydr daeth corwynt, gan chwipio tonnau dychrynllyd i harbwr Apia. Ceisiodd y capteiniaid eraill ei wrthsefyll trwy ollwng pob angor a chychwyn y peiriannau er mwyn rheoli'r llongau. Dim ond Capten Kane a welodd na cheid diogelwch ond trwy farchogaeth ar yr uchel fôr.

Dechreuodd cadwyni'r angorau chwalu, a'r llongau glatsio'n ffyrnig a diymadferth yn erbyn ei gilydd wrth ddrifftio dros yr harbwr. O un i un aethant i'w tranc, ar y traeth, ar y riffiau neu i'r gwaelod – SMS *Eber*, *Adler* ac *Olga*, USS *Nipsic*, *Vandallia* a'r *Trenton* fawreddog ... Trwy'r lladdfa gweai Capten Kane, gan wneud hanner milltir yr awr yn wyneb y dymestl ...

Pwy na allai ryfeddu at fedr a phenderfyniad capten y *Calliope*, at ddewrder a disgyblaeth ei llongwyr? ... Bloeddiodd criw'r

Trenton golledig eu cymeradwyaeth wrth iddi fodfeddu heibio tua'r môr agored ...

Wedi i'r gwyntoedd ostwng, dychwelodd Capten Kane i Apia i roi hynny a fedrai o gymorth i ffrind a gelyn, yna llywiodd am Sydney.

Rhannu traddodiad y Llynges Frenhinol mae llynges Awstralia. Dylid ei chymryd o ddifri.

Ond roedd hi'n hwyr y prynhawn, a'r ymweliadau ag HMAS *Vampire*, a phob llong arall, wedi gorffen. Byddai'n rhaid gwneud amser i ddod yn ôl yn y bore.

Roedd yr Amgueddfa hefyd ar fin cau. Dechreusom ar ryw arddangosfa hyfryd o flaenddelwau llongau: cerfluniau urddasol clasurol o frenhinoedd, duwiau a môr-forynion – rhai Ffrengig, ar fenthyg o Quebec. Ond yn y man roedd gofalwyr wrth ein sodlau, yn ein hysio tua'r drws ...

Ar lan gyferbyn Darling Harbour, roedd Sydney Aquarium i fod ar agor tan naw o'r gloch. Wrth groesi Pont Pyrmont buom yn pwyso ar y gwynt, a glaw yn pigo yn y chwaon. Roeddem yn falch o gyrraedd cysgod y cyntedd.

Yn ôl ein taflen, Sydney Aquarium yw atynfa dwristiaid bennaf Awstralia, gyda dros filiwn o ymwelwyr bob blwyddyn.

Roedd yno "Oceanarium" – tanc enfawr o ddŵr gloyw, tua maint capel, wedi'i boblogi â chreigiau a chwrel, gwymon ac anemonïau môr a chregyn, a physgod o bob llun a lliw.

O gylch yr Oceanarium, dan y dŵr, rhedai coridor persbecs. Roedd fel petaem yn cerdded yng ngwaelod llyn.

Yn ddigyffro ymysg y creigiau llifai siarcod – siarcod iawn, mawr, brawychus, angenfilod y dyfnfor. Rhai diniwed oeddent, mae'n siwr – onid e, buasai'n galed ar y pysgod eraill. Ond profiad go ysgytiol oedd gwylio'r llygaid oer a'r dannedd crwca yn llithro heibio hyd braich o'ch trwyn.

"Edrycha!" meddai fy ngwraig ... Roedd clamp o *manta* neu *stingray* o ryw fath wedi'i daenu fel carped ar do tryloyw'r coridor, droedfedd uwch fy mhen ...

Aethom i chwilio am ginio. Erbyn hyn roedd Sydney fel harbwr Apia o wynt a glaw. Cawsom loches yn y World Square Piazza, rhyw arcêd lydan wydrog gydag ambell gongl lle na threiddiai'r storm.

Yn un o'r conglau llechai bwyty'r "Caliniere". Doedd arnom ddim awydd brwydro ragor â'r elfennau, felly aethom i mewn.

Bwydlen "Awstralaidd gyfoes" oedd gan y Caliniere. Fel prif gwrs dewisodd fy ngwraig *roasted barramundi with pesto and citron sauce, ratatouille and asparagus*, ac i ddilyn, *crème brûlée with poached pears*. Cefais i *Scotch fillet steak with blue cheese sauce, capsicum, pumpkin and potato*, yna *crêpes Collette filled with honey almond mousse and orange sauce*. A chawsom wydraid yr un o win: Ingolby Shiraz o South Australia i'm gwraig, a Cape Schank Pinot Noir o Victoria i minnau.

Ac roedd yn bryd godidog! Lle perffaith oedd y Caliniere i orffen ein pererindod "gastronomaidd" – os dyna'r gair – trwy Awstralia; safai gyda'r Sheridan yn Cairns, y Naked Fish yn Townsville a Picasso's yn Brisbane, ein pencampwyr eraill ym myd y "goginiaeth Awstralaidd". Gwirion yw honni nad oes "diwylliant" gan Awstralia! Hwyrach nad coginiaeth yw'r aruchaf o'r celfyddydau cain, ond hi sy'n rhoi'r mwyaf o bleser i'r mwyaf o bobl.

Nid dyna'r unig goginiaeth Awstralaidd a brofasom, wrth gwrs; roedd hefyd goginiaeth y plateidiau anferth, a fu'n gymaint o her inni. Doedd dim rhaid llowcio'r briwsionyn olaf, efallai, ond mae gwastraffu bwyd yn poeni'r cydwybod. Ys dywedai mamau'r genhedlaeth o'r blaen, "Meddwl am y plant bach sy'n llwgu yn Tsieina, a gorffen dy blât!"

A oes angen sôn am y drydedd goginiaeth – yr un fwyaf nodweddiadol o Awstralia? ... Mae gan bob stryd bron, yng nghanol y dinasoedd, ei McDonald's, ei Subway, a'i his-gangen o Burger King a elwir yn Awstralia "Hungry Jack's".

Roeddem allan yn y bore bach i ymweld ag HMAS *Vampire*.

Hynny yw, es i i'r *Vampire*, aeth fy ngwraig yn ôl i'r Amgueddfa Fôr, gan fy siarsio i gofio bod rhaid inni gychwyn mewn da bryd am y maes awyr.

Codais docyn wrth glwyd y jeti, a dringo'r gangwe i'r llong. Roeddwn i'n gynnar, doedd neb i'w weld. Ymhen ychydig deuthum ar draws rhywun yn eistedd ar ei ben ei hun mewn cornel gysgodol o'r dec.

Rhyw Capten Birdseye o hen fachgen hapus barfog oedd e. Dywedodd mai Jay Robertson oedd ei enw, a'i fod yn dywysydd gwirfoddol. Ar ôl Fergus Tait yn y Venus Battery a'm ffrind yn y Commissariat yn Brisbane, roedd y disgrifiad "tywysydd gwirfoddol" wrth fy modd.

Ond doedd Jay ddim eisiau dechrau gyda dim ond un cwsmer! … Maes o law cyrhaeddodd gŵr a gwraig canol oed a ddywedodd eu bod yn dod o Newcastle, New South Wales; ac roedd tri yn ddigon.

Dywedodd Jay mai "*Daring class destroyer*" oedd y *Vampire*, 389 troedfedd o hyd, 43 o led, 18 o ddyfnder, ac yn dadleoli 3,888 tunnell – sef tua maint ffrigatiaid Awstralia heddiw – ac y byddai'n cario tri chant o longwyr ac ugain swyddog. Roedd tair llong yn y *Daring class*, meddai, wedi'u hadeiladu yn Awstralia ond ar sail cynllun Prydeinig – y lleill oedd HMAS *Voyager* a *Vendetta*. Cafodd y *Vampire* ei chomisiynu yn 1959 a'i datgomisiynu yn 1986 …

"Blwyddyn dda oedd 1959," meddai'r gŵr o Newcastle. "Dyna pryd cefais i fy ngeni …"

Aethom i fyny i do'r *Vampire*, at y bont. Fy syniad i o bont llong oedd yr hyn a welwch ar fferis y Sianel – anferth o swyddfa lydan ffenestrog, lawn technoleg, yn rhoi cysgod cysurus i'r capten a chlwstwr o swyddogion. Nid felly pont y *Vampire*. Doedd fawr ddim technoleg a dim ond un sedd, ar gyfer y gwyliwr. Ef oedd llygaid y capten, y swyddogion a'r olwyndy, i gyd o'r golwg ar y dec islaw.

A doedd dim ffenestri i'r bont; dim to na waliau chwaith!

Roedd yn anhygoel! Dan haul y trofannau, yn wyneb seiclons y Môr Tawel, o flaen rhewynt eiraog yr Antarctig, eisteddai'r gwyliwr yn yr awyr iach!

"Dyna oedd y traddodiad Prydeinig," ebe Jay, "a ninnau'n ei ddilyn."

"*Mad dogs and Englishmen*," meddwn.

"*Go out in the midday sun*," meddai Jay.

Roedd sedd y gwyliwr yn edrych yn hynod debyg i sedd car. Sedd car oedd hi, meddai Jay: dygwyd yr un iawn ...

Gallai'r *Vampire* lansio torpedos, ac roedd ganddi nifer o ynnau gwrthawyren Bofors, ond ei phrif arfogaeth oedd chwe gwn grymus 4.5 modfedd a fedrai saethu 15 siel uchel-ffrwydrad bob munud dros bellter o 12 milltir. Deuai'r sieliau i fyny o'r storfeydd i'r gynnau mewn llifftiau, ond â llaw byddai'r chwe dyn wrth bob gwn yn eu trafod a'u llwytho – gwaith enbyd, yn ôl Jay, ymysg drewdod y cordeit, sŵn y tanio a symudiadau sydyn y llong. Ond dim ond gwaith ymarfer oedd e. Yn ystod 27 o flynyddoedd o wasanaeth, ni saethodd y *Vampire* unwaith mewn llid.

Aethom i lawr i waelod y llong, lle dangosodd Jay ffenestr fach gron yn ffreutur y llongwyr. Hatsh ddianc oedd hi, meddai, ond nid un o'r rhai gwreiddiol, achos newidiwyd y rheiny ar ôl trychineb y *Voyager* ... Roedd yn cymryd yn ganiataol bod pawb yn gwybod am drychineb y *Voyager*, ac mi roedd y ddau o Newcastle, ond doedd gen i ddim clem am beth roedd yn sôn ... Honno, esboniodd Jay, oedd yr anffawd waethaf a ddioddefodd llynges Awstralia erioed yn amser heddwch. Suddodd y *Voyager*, chwaer-long y *Vampire*, ar ôl gwrthdaro â chariwr awyrennau yn ystod ymarferion yn 1964, a chollwyd 82 o fywydau ... Wrth i'r dyfroedd godi, ymladdai'r llongwyr â hatshys a wrthodai agor. Os agorent, ni allai dynion corffog wasgu trwyddynt ...

Dringasom i fyny eto, i ddec y swyddogion. Pwt o le oedd caban y capten – ddim i'w gymharu â chaban mawr moethus Capten Cook ar draws starn yr *Endeavour*. Helaethach o lawer oedd y Wardroom, stafell gyffredin y swyddogion, lle na châi'r capten fynd heb ganiatâd ei llywydd, yr "*Executive Officer*". Ar y dechrau, meddai Jay, nenfwd o drawstiau oedd gan y Wardroom; ond bu'n rhaid gorchuddio'r rheina am fod swyddogion ifainc, gan gymryd enw'r *Vampire* yn ormod o ddifrif, yn arfer hongian wrthynt gerfydd bysedd eu traed …

Bu'n ymweliad ardderchog, a dywedais hynny wrth Jay. "Dyn Llynges ych chi?" holais.

"Nage, ond dwi wedi byw o gwmpas Harbwr Sydney ar hyd fy oes ac mae gen i ddiddordeb mawr mewn llongau … Dyn Llynges ych *chi?*" gofynnodd – roedd yn rhy garedig!

"Nage," meddwn, "ond roedd fy nhad-cu'n gapten ar longau masnach …"

Atebodd Jay ganiad ei ffôn symudol. "Chi yw Roger Boore?" gofynnodd. "Mae'r swyddfa'n dweud bod eich gwraig yn chwilio amdanoch …"

O diar, o diar! Dacw hi'n chwifio (â'r fraich ddi-blastr) wrth glwyd y jeti. Yn ôl â ni ar frys i'r Meriton i orffen pacio a galw am dacsi i'r maes awyr …

AWSTRALIA

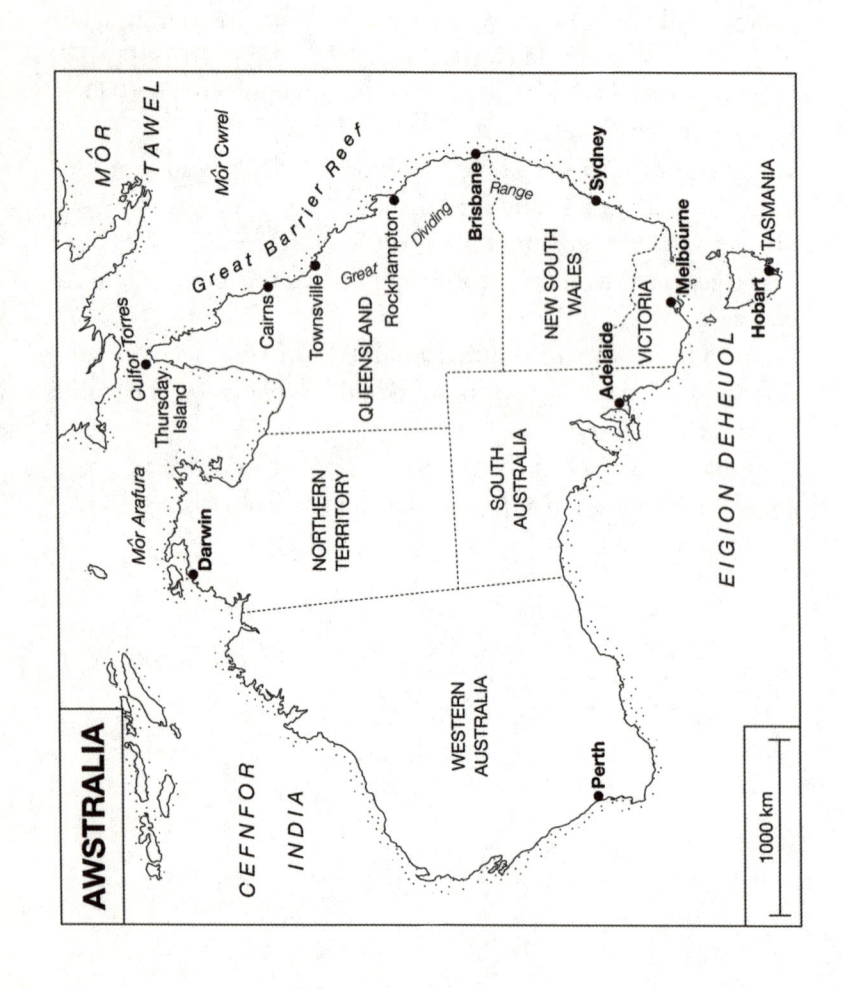

MÔR TAWEL

Môr Cwrel

Great Barrier Reef

Culfor Torres
Thursday Island
Cairns
Townsville
Rockhampton
Great Dividing Range
Brisbane
Sydney
Melbourne
Adelaide
Hobart
TASMANIA

Môr Arafura
Darwin

NORTHERN TERRITORY
QUEENSLAND
SOUTH AUSTRALIA
NEW SOUTH WALES
VICTORIA
WESTERN AUSTRALIA

Perth

CEFNFOR INDIA

EIGION DEHEUOL

1000 km

CANOL MELBOURNE

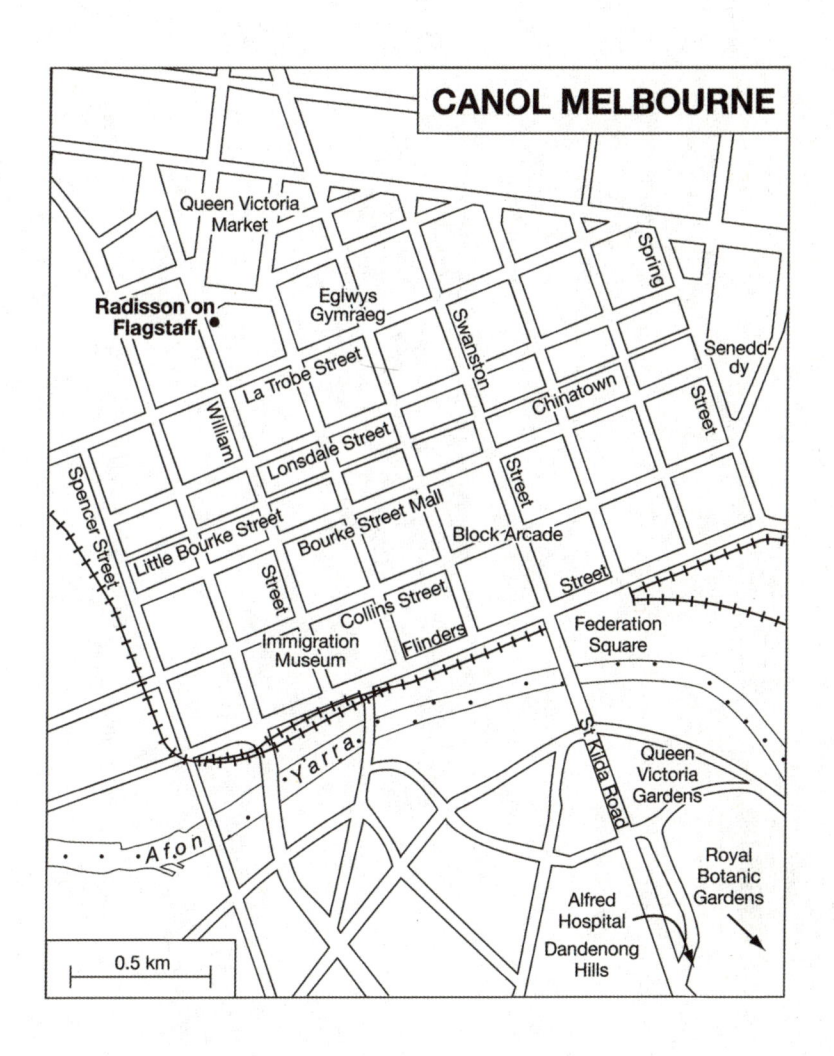

Queen Victoria Market
Radisson on Flagstaff
Eglwys Gymraeg
La Trobe Street
Lonsdale Street
Little Bourke Street
Bourke Street Mall
Collins Street
Flinders Street
Immigration Museum
Block Arcade
Chinatown
Swanston Street
Spring Street
Senedd-dy
William Street
Spencer Street
Federation Square
St Kilda Road
Queen Victoria Gardens
Royal Botanic Gardens
Alfred Hospital
Dandenong Hills
Afon Yarra

0.5 km

Rhan o VICTORIA

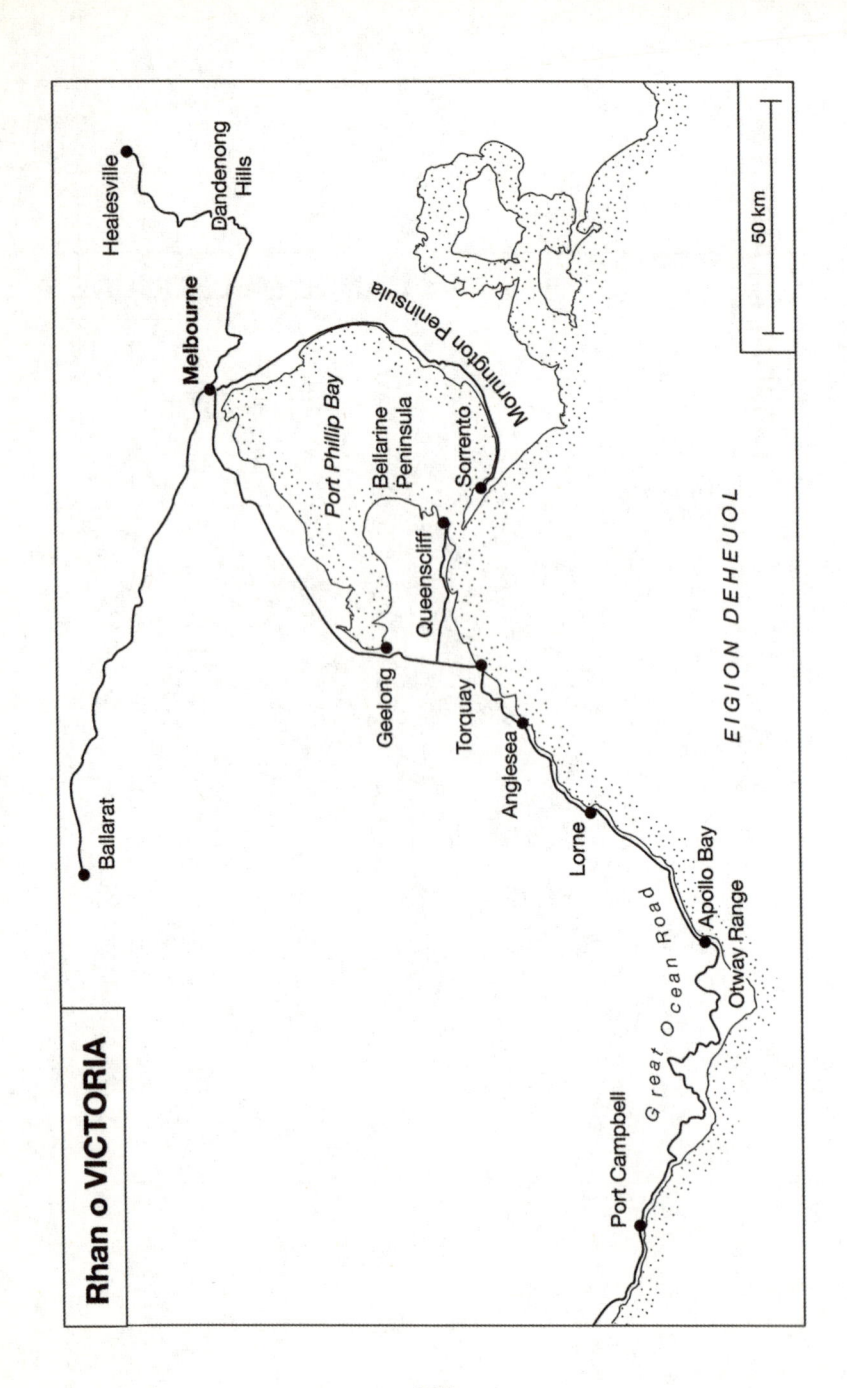

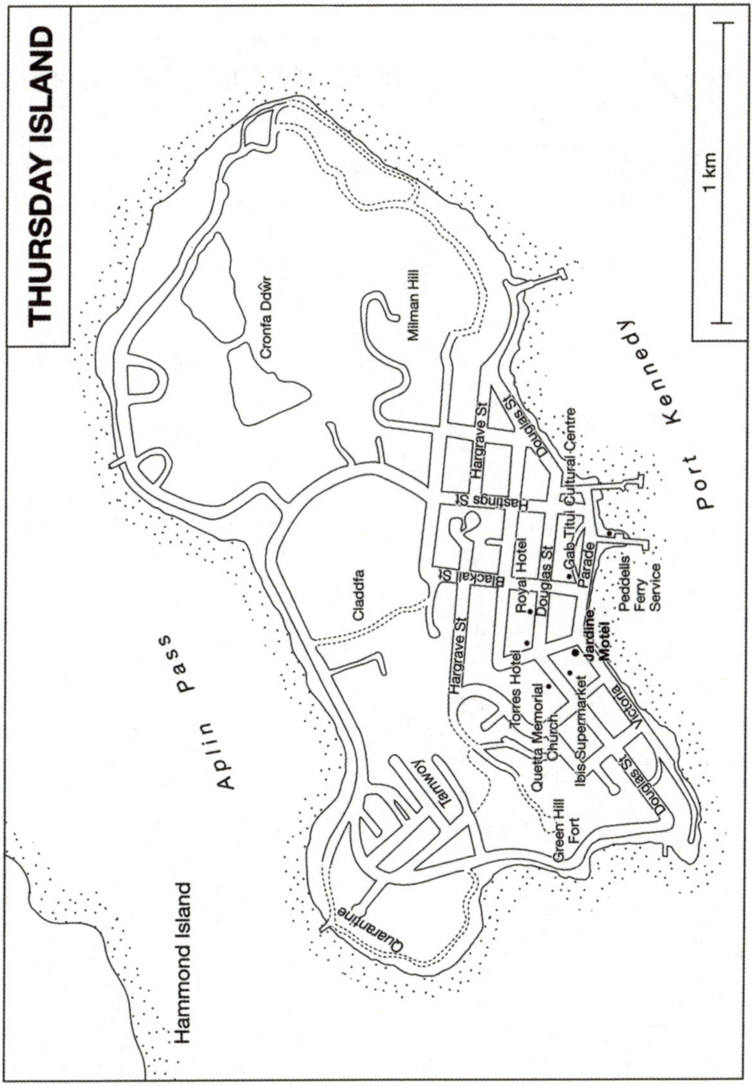
THURSDAY ISLAND
1 km
Hammond Island
Aplin Pass
Port Kennedy
Cronfa Ddŵr
Milman Hill
Claddfa
Hargrave St
Douglas St
Hastings St
Blackall St
Gab Titui Cultural Centre
Parade
Royal Hotel
Douglas St
Hargrave St
Peddells Ferry Service
Jardine Motel
Torres Hotel
Quetta Memorial Church
Ibis Supermarket
Victoria
Douglas St
Green Hill Fort
Tamwoy
Quarantine

Rhan o OGLEDD QUEENSLAND

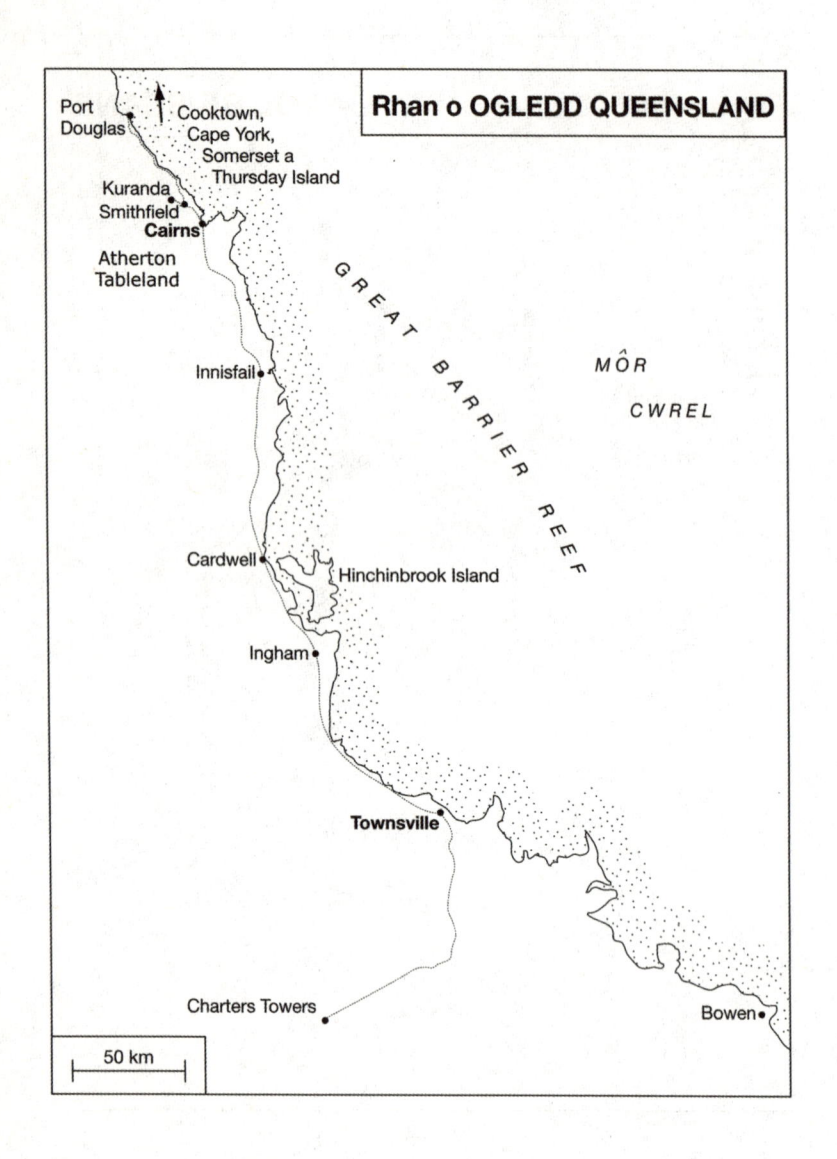

Port Douglas
Cooktown, Cape York, Somerset a Thursday Island
Kuranda
Smithfield
Cairns
Atherton Tableland
Innisfail
GREAT BARRIER REEF
MÔR CWREL
Cardwell
Hinchinbrook Island
Ingham
Townsville
Charters Towers
Bowen

50 km

CANOL BRISBANE

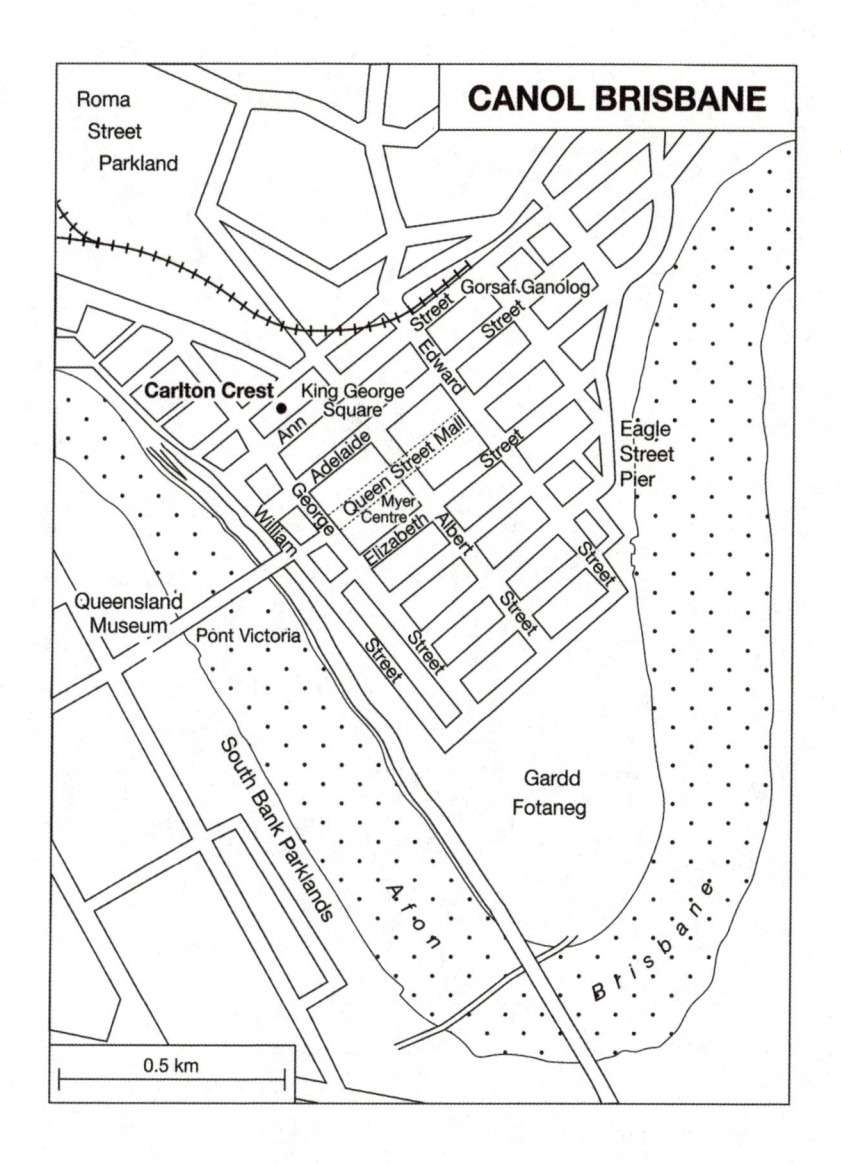

Roma Street Parkland

Gorsaf Ganolog

Carlton Crest • King George Square

Ann
Adelaide
Queen Street Mall
Myer Centre
Elizabeth
George
William
Edward Street
Albert Street
Street

Eagle Street Pier

Queensland Museum

Pont Victoria

South Bank Parklands

Afon Brisbane

Gardd Fotaneg

0.5 km

CANOL SYDNEY

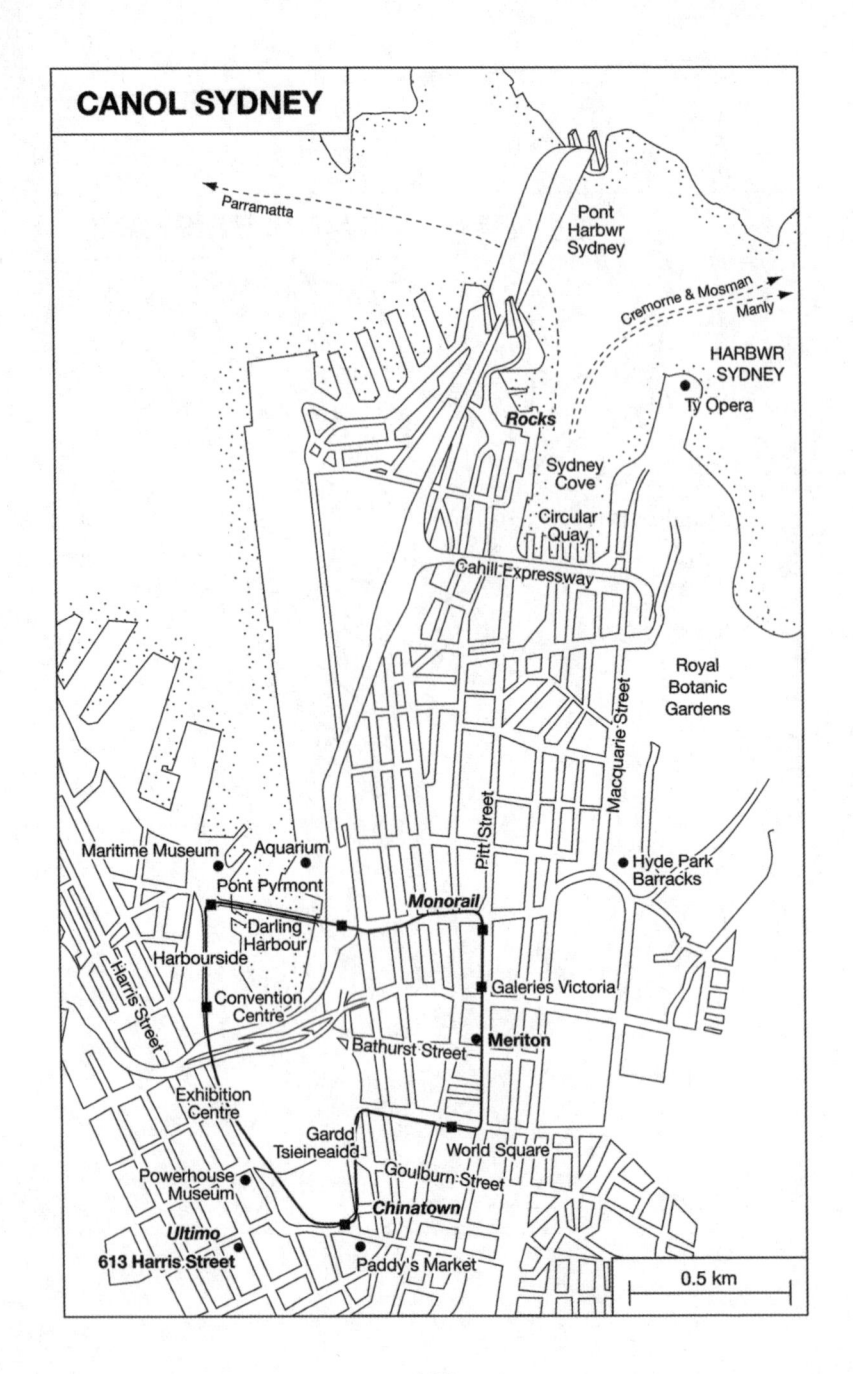

Parramatta

Pont Harbwr Sydney

Cremorne & Mosman
Manly

HARBWR SYDNEY

Ty Opera

Rocks

Sydney Cove

Circular Quay

Cahill Expressway

Royal Botanic Gardens

Macquarie Street

Pitt Street

Maritime Museum

Aquarium

Pont Pyrmont

Monorail

Darling Harbour

Harbourside

Harris Street

Convention Centre

Galeries Victoria

Hyde Park Barracks

Bathurst Street

Meriton

Exhibition Centre

Gardd Tsieineaidd

Goulburn Street

World Square

Powerhouse Museum

Ultimo
613 Harris Street

Chinatown

Paddy's Market

0.5 km